KB169405

어제와 오늘이 만나는 교실
학생과 교사의 역사수업 에세이

어제와 오늘이 만나는 교실

초판 1쇄 인쇄 2020년 5월 28일
초판 1쇄 발행 2020년 6월 10일

지은이 김포제일공업고, 양주백석고, 문산고, 한민고, 금촌중, 파주초, 안중중, 고색고,
　　　대부고, 수원외국어고, 하안중 학생들과 선생님
엮은이 황현정, 이아름
펴낸이 김승희
펴낸곳 도서출판 살림터

기획 정광일
편집 조현주
디자인 김경수

인쇄 · 제본 (주)현문
종이 월드페이퍼(주)

주소 서울시 양천구 목동동로 293, 22층 2215-1호
전화 02-3141-6553
팩스 02-3141-6555

출판등록 2008년 3월 18일 제313-1990-12호
이메일 gwang80@hanmail.net
블로그 http://blog.naver.com/dkffk1020

ISBN 979-11-5930-145-2(03910)

이 도서의 국립중앙도서관 출판예정도서목록(CIP)은 서지정보유통지원시스템 홈페이지
(http://seoji.nl.go.kr)와 국가자료종합목록시스템(http://www.nl.go.kr/kolisnet)에서
이용하실 수 있습니다. (CIP제어번호 : CIP 2020021245)

어제와 오늘이
만나는 교실

학생과 교사의 역사수업 에세이

김포제일공업고, 양주백석고, 문산고, 한민고, 금촌중, 파주초, 안중중,
고색고, 대부고, 수원외국어고, 하안중 학생들과 선생님

알림터

나는 시방 위험한 짐승이다.

나의 손이 닿으면 너는

미지의 까마득한 어둠이 된다.

(중략)

… 얼굴을 가리운 나의 신부여.

– 김춘수, 「꽃을 위한 서시」 중에서

　오늘도 수업에 참여했을 학생과 교사들에게 이 작품의 '너'를 '수업'으로 바꾸어 읽어보게 한다면 어떤 생각을 떠올릴까? 주변의 선생님과 학생들을 보면 수업이 어떠해야 하는가, 좋은 수업이란 어떤 수업인가 하는 주제는 늘 고민하는 문제이지만 가장 답을 찾기 어려운 미지의 세계이자 까마득한 어둠이라는 생각이 든다. 심혈을 기울여 준비한 수업이 학생들에게 전혀 받아들여지지 않을 때도 있고, 성공적인 한 차시 수업을 다른 반에 적용했을 때 결과가 전혀 달라 좌절하기도 한다. 그래서 수업을 바꾸어보고자 전문적 학습공동체, 연구회, 직무 연수 등에 열심히 참여하고 공개수업을 참관하며 그곳에서 배운 것들을 자신의 수업에 적용하는 선생님들도 많다. 그럼에도 여전히 수업은 부담스럽고 어려운 대상이다.

'학생과 교사의 역사수업 에세이'는 3·1운동 및 대한민국 임시정부 수립 100주년 기념사업의 하나로 진행된 활동이다. 100주년 기념사업과 관련된 역사수업이나 역사탐구 활동 등에 대한 이야기를 들려주고 싶은 '학생'이 교사의 동의를 구하여 에세이 공모에 참여하는 형식으로 기획되었고, 공모에서 선정된 팀들이 수업 글을 함께 작성했다. 역사수업 에세이 공모 소식을 들었을 때 지역이나 학교 단위의 사례가 아닌 한 교사의 수업, 역사라는 특정 과목과 연결된 프로젝트가 갖는 구체성과 특수함 때문에 에세이 쓰기에 참여하지 않은 사람들에게 공감을 불러일으키거나 유의미한 메시지를 전달하기 힘들 거라는 생각도 했다. 하지만 글을 엮기 위해 학생들과 선생님이 만나 수업에 대한 생각을 나누고, 교사와 교사가 만나서 글을 만드는 과정을 보며 많은 것을 느꼈다. 개별적인 경험담에 학생들과 교사들 누구나 지닌 보편적인 생각이 담겨 있다는 것이다. 그것은 수업시간에 교과 내용을 어떻게 다루어야 하는가에 대한 고민과 수업의 주체가 누가 되어야 하는가, 더 나은 수업은 어떤 수업인가에 대한 끊임없는 반성이다. 전문 작가의 완벽한 글은 아니지만 이 에세이에는 더 나은 수업을 위한 교사와 학생의 깊은 성찰이 담겨 있다.

경기도교육청에서 '학생 중심 수업'을 이야기한 지 꽤 많은 시간이 흘렀고, 교실 수업의 모습에도 많은 변화가 나타났다. 학생들이 수업의 주체가 되어 프로젝트를 진행하거나 자신의 생각을 이야기하는 모습을 쉽게 찾아볼 수 있다. 하지만 수업 평가 부분에서 수업에 참여한 학생들이 배제되거나 간단한 설문 형식으로 자신의 의견을 전하는 경우가 많다. 수필이라는 형식의 글로 표현된 학생의 수업에 대한 생각이 담긴 이 책은 그래서 의미가 깊다.

그런 의미에서 이 책은 좋은 수업을 꾸려가려는 많은 선생님, 주체적으로 배우고 싶어 하는 학생들에게 도움이 될 것이다. 3·1운동은 민중이 역사의 주체로 등장한 것에 의의가 있다. 100주년 기념사업으로 학생을 수업의 주체로 인정하고 그들의 시선으로 바라보는 역사수업을 이야기하는 장을 만들었다는 점에서 이 에세이의 기획 의도가 구현되었다고 본다.

1부에서는 '학생 주도 역사탐구 프로젝트'에 참여한 학생들과 지도교사의 생생한 이야기를 들을 수 있다. 이 프로젝트는 학생이 중심이 되어 다양한 연구 방법을 활용해 지역 근현대사를 발굴하는 것으로, 공공 역사 관점의 근현대사 재조명 활동이다. 학생들이 구술 채록을 통해 자신이 살고 있는 마을, 현재 다니고 있는 학교의 역사를 알아보고 탐구한 과정을 통해 다양한 연구 방법, 특히 구술사에 관한 진솔한 경험담을 들을 수 있고, 경기 지역 곳곳의 살아 있는 역사도 함께 살펴볼 수 있다. 1부의 내용은 학생들이 탐구한 지역인 김포, 양주, 파주, 평택을 기준으로 분류했다. 김포와 양주 지역은 고등학생들의 깊이 있는 탐구 과정을 관찰하는 즐거움을, 파주 지역은 다양한 학교가 참여하여 동일한 지역에 대한 다채로운 시각을 비교하는 재미를 맛볼 수 있을 것이다. 또한 파주초등학교와 안중중학교 학생들의 에세이는 지역과 학교 급은 다르지만 '학교사'라는 공통된 주제를 다루고 있어 이들을 비교하는 것도 의미 있으리라 기대된다.

　김포제일공업고등학교는 「3·1독립운동가와 김포 시민과 나의 연결고리」라는 제목에서 알 수 있듯이 김포 지역 3·1운동 계승 현황을 탐구하고 학생들이 자신의 삶에서 그 접점을 찾고자 독립운동을 실천한 과정을 일목요연하게 보여준다. 탐구 활동을 통해 역사책에 나오는 중요한 사건이지만 딱딱하게만 느꼈던 3·1운동이 자신이 살고 있는 지역에서 일어난 의미 있는 기억으로 환기되고, 학생들은 이 과정에서 지역사 탐구의 매력을 발견한다. 이번 프로젝트를 '새로운 미래'라는 다섯 글자로 정리한 학생의 이야기처럼 전국에서 세 번째, 경기도에서 두 번째로 큰 규모의 3·1운동 발생 지역이라는 역사적 사실을 자랑스러운 과거로 접어두는 것이 아니라 현재 자신의 삶을 성찰하고 미래를 바라보는 시각을 키웠다는 점에서 학생 주도 역사탐구 프로젝트가 갖는 의미와 교육적 효과를 알 수 있다.

　「양주를 그느르다」는 양주백석고등학교 3학년 학생들과 선생님이 양주 지역에 대해 알아가며 성장한 과정을 담고 있다. 학생들과 소통하고 싶었던 선생님이 자신이 근무하고 있지만 아직은 낯선 '양주'에 대해 생소한 구술사라는 방법으로 탐구한 과정은 한 편의 모험담을 보는 것 같다. 다른 지역으로 떠나고 싶어 하는 친구들을 보며 탐구 프로젝트에 참여하여 자신이 살고 있는 지역에 대한 지식을 쌓고 그것을 친구들에게 알리고 싶었던 학생들은 지역에 살고 있는 다양한 주민들과 면담을 했다. 이 과정에서 역사를 좋아하는 것에 자부심이 있었지만 정작 고향의 역사에는 무지했던 자신을 반성하거나 자신이 살고 있는 지역을 중앙으로 만들기 위한 다양한 프로그램을 기획하기에 이른다. 고3이라는 특수한 상황에서도 스스로 선택하고 시작한 프로젝트를 마무리하기 위해 책임감을 갖고 서로 배려하고 소통하며 함께 성장한 과정을 볼 수 있다.

문산고등학교는 지역 주민의 생생한 이야기를 통해 조선시대 다수의 문학가와 사상가를 배출했던 파주가 일제강점기와 6·25전쟁을 거치고 미군이 주둔하게 되면서 겪게 된 변화들을 보여준다. 학생들은 자신이 살고 있는 파주의 1960~1970년대 모습을 조사하며 파주 지역의 상처에 마음 아파하지만, 상흔을 더듬는 것에서 그치는 것이 아니라 그 속에서 평화와 공존의 미래를 이야기한다. 자신이 살고 있는 지역의 역사를 바탕으로 현재의 모습을 이해하고, 그것에서 찾은 문제의식을 바탕으로 파주 지역이 나아갈 방향을 제시하는 모습에서 프로젝트를 통해 학생들이 지역사회의 당당한 구성원으로 성장했음을 알 수 있다.

한민고등학교의 역사 동아리 활동은 경험을 통해 다양한 분야를 연결하기, 보고서 작성을 통해 자신을 찾기, 지역 조사를 통해 큰 그림 그리기, 구술사를 통해 인생에 대해 생각하기, 동아리 활동으로 인간의 무늬 그리기라는 큰 흐름이 있다. 처음 해보는 구술사라는 연구 방법이 낯설어서 면담 전 팀원들끼리 여러 번 연습을 하고 면담을 할 때마다 부족한 점을 발견하고 반성하던 학생들은 프로젝트가 마무리되면서 "구술사란 개인이 경험하고 추억하는 과거의 모임"이라고 정의 내릴 수 있을 정도로 성장했다. 프로젝트를 통해 학생들은 거대한 집단에 의해 움직인다고 생각했던 역사가 실은 개인의 역사가 모여 이루어진 것이라는 결론에 이르고, 자신은 어떤 역사를 만들 것인지 고찰하는 모습을 보여준다.

금촌중학교는 파주 출신 국어학자 석인 정태진 선생을 중심으로 프로젝트를 진행했다. 학교 인근에 있지만 관심을 두지 않았던 선생의 기념관에 관심을 갖는 것을 시작으로 자신이 살고 있는 지역의 인물·역사에 대한 인식의 폭을 확장했다. 또한 탐구한 것을 학생들에게 알리기 위해 노력했다. 일제강점기에 우리말을 지키기 위한 선생의 노력과 정신을 알리는 특별수업을 하고, 홍보 자료를 만든 과정을 들려주었다.

파주초등학교의 「역사는 과거와 미래를 이어주는 끊임없는 대화」는, 역사를 과거 사료를 외우는 골치 아픈 암기 과목이 아니라 생생한 이야기로 바라보기를 희망한 파주초등학교 이정은 선생님과 학생들의 탐구 과정에 대한 이야기다. 3대가 파주초등학교를 다닌 가족을 대상으로 탐구 프로젝트를 진행하여 현재 자신들이 다니고 있는 학교의 살아 있는 역사 이야기를 담아내고 있다. 책에서 볼 수 없는 생동감 넘치는 이야기를 통해 역사 공부에 새로운 흥미를 느낀 학생, 협업의 중요성을 몸소 느낀 학생들의 이야기를 들을 수 있다.

안중중학교의 「함께 만드는 우리 이야기」 또한 학교사 탐구로, 1953년 설립되어 어느덧 60년의 역사를 갖게 된 학교 역사에 대한 탐구 과정을 소개한다. 구술사라는 익숙하지 않은 방법을 선생님과 학생이 함께 공부한 과정과 인터뷰에서 겪은 시행착오들을 진솔하게 풀어내며 결과만큼 과정도 소중하다는 것을 보여준다. 이 프로젝트 팀 역시 역사탐구 활동이 과거를 돌아보는 것에 그치지 않고 앞으로 학교가 나아가야 할 방향을 제시한다. 프로젝트 과정에서 각자의 역사 지식과 삶의 경험을 나누고 격려하며 성장한 이야기를 통해 이와 비슷한 경험이 있는 사람들은 공감할 수 있으며, 앞으로 이런 프로젝트를 준비하는 학생들이라면 프로젝트에 임하는 바람직한 태도를 배울 수 있을 것이다.

2부는 일상의 역사수업에 대한 이야기다. 평범하고 익숙한 수업을 비일상적이고 비범한, 다시 생각해보게 하는 수업으로 만들고자 노력한 선생님과 학생들의 목소리를 들을 수 있다. 역사수업에 대한 선생님의 전체적인 소개와 수업에 참여한 학생들의 이야기를 함께 읽는 것은 '좋은 수업은 어떤 수업인가'라는 물음의 답을 찾는 데 작지만 의미 있는 도움이 될 것이다.

고색고등학교 이유민 학생과 김영화 선생님의 수업 에세이는 학생 중심의 참여형 수업을 위해 역사수업에 플립러닝을 적용한 사례다. '역사수업의 새로운 방식을 만나다'라는 소제목으로 시작하는 학생의 수업 소개처럼 김영화 선생님은 다양한 수업 방법으로 학생들이 역사를 경험하게 한다. 이 다양함은 학생의 흥미를 유발하는 데서 그치는 것이 아니라 각양각색의 재능을 지닌 학생들이 저마다의 강점을 발휘하고 그것이 다른 학생들에게 도움을 주는 긍정적 상호작용으로 이어졌고, 학생 또한 역사수업을 통해 학생들 모두가 수업의 주체가 되어 학습에 참여할 수 있었다고 평가한다.

대부고등학교 이본 학생과 김성재 선생님의 역사수업 이야기에서는 새내기 선생님의 성장담도 볼 수 있다. 역사 관련 분야의 진로를 꿈꾸는 이본 학생은 김성재 선생님의 수업에서 가장 인상 깊은 것으로 '질문'을 꼽았다. 새로운 주제를 들어가기에 앞서 제시하는 선생님의 다양한 질문에 대한 답을 찾아가며 역사를 바라보는 자신만의 시각을 갖게 되고 친구들의 생각에 경청하는 계기를 만들어주었기 때문이다. 이를 통해 학생은 역사와, 역사를 공부하는 것의 의미를 탐구하고 역사 공부를 도구화하는 현실에 일침을 가하기도 한다.

수원외국어고등학교 박정화, 박세연 학생은 최미현 선생님의 역사수업에 대한 이야기를 들려준다. 최미현 선생님은 '알아두면 쓸데 있고 살다 보면 시야를 밝혀주는 수업'을 위해 고민하며 '학생이 중심이 되는 수업'을 구상하고 조금씩 수업에 변화를 준 과정을 보여준다. 그 결과 수업은 지식 전달의 장이 아니라 학생들이 서로 묻고 답하고 이야기 나누는 시간으로 변화되었다고 한다. 수업의 중심축이 학생에게 옮겨 가자 학생들 또한 개인의 수업 참여도가 수업 분위기를 좌우할 수 있다는 생각에 더욱 책임감을 갖고 수업에 임하였고, 학습 내용 즉 '역사'에 대해서도 스스로, 주체적으로 생각하는 모습을 보였다. 이 수업을 계기로 학생들에게 역사수업은 더 이상 지난 일을 암기하는 지루한 시간이 아니라 함께 무엇인가를 만들어가는 시간, 과거와 현재를 잇는 연결고리가 되었다고 한다.

하안중학교 사례는 역사수업에서 과거의 논쟁과 현재의 논쟁이 만나는 과정을 들려준다. 손석영 선생님과 함께하는 역사수업에 대해 학생들은 역사에 대한 생각을 바꾸는 계기가 되었다고 이야기한다. 역사적 사실을 단순히 이해하고 암기하는 것이 아니라 사건에 대한 생각을 정리하고 서로 나누면서 과거와 현재를 비교하는 과정을 통해 학생들은 역사를 배우는 목적을 깨닫게 되었다. 역사수업에 참여하며 역사가 현재 자신이 나아가야 할 방향을 알려주는 '지도'라고 생각했다는 학생의 표현은 우리가 구현해야 할 수업의 모습을 보여주는 말이라고 생각한다.

에세이를 엮으며 100년 후 2019년의 학교 모습에 대한 연구를 한다면 이 책이 어떤 가치를 지닐까 생각해보았다. 2019년 학교의 모습에 대한 가장 생동감 넘치는 사료가 될 수 있지 않을까? 교실 수업과 탐구 프로젝트에 대한 학생들의 진솔한 이야기는 거의 대부분 '지루하고 딱딱하다고 생각했던', '외울 것이 많은'과 같은 문구로 시작한다. 이는 학교 수업에 대한 일반적인 생각을 보여주는 말이기도 하다. 하지만 에세이의 끝은 '수업이 재미있다', '자는 학생이 없다' 등 수업에 대한 긍정적 평가 외에도 '왜 역사를 배워야 하는지 알 수 있었다', '스스로 공부하는 방법을 알게 되었다' 등 앎에 대해 성찰하며, 살고 있는 지역의 역사·학교의 역사에 관심을 갖고 발전 방향을 제시하는 등 자신의 삶에 대한 재인식으로 확장된다. 100년 후까지 가지 않더라도 '학생과 교사의 역사수업 에세이'가 더 나은 수업을 위해 노력하는 학교 구성원들에게 그것이 혼자만의 고민이 아니라는 지지가 되고 수업을 바라보는 시각을 확장하는 계기가 되기를 바란다.

2부 일상의 수업 이야기

1부

역사탐구
프로젝트 이야기

3·1독립운동가와 김포 시민과 나의 연결고리

김포제일공업고등학교 역사 교사 정진경

1. 활동 참여 동기

2019년은 임시정부 수립 및 3·1운동 100주년이 되는 해이다. 3·1운동 100주년을 기념하여 나는 학생들과 의미 있는 역사탐구를 하고 싶었다. 학생들이 임시정부 수립과 3·1운동을 직접적으로 느낄 수 있도록 지역의 3·1운동 탐구에 많은 관심을 가지고 있었다. 그러던 중 경기도교육청이 주관하는 임시정부 100주년 기념사업이 있음을 공문으로 접하게 되었다. 사업 내용이 내가 추구하던 프로젝트 학습 방향성과 일치하여 참여하기로 했다.

이 프로젝트 활동의 의미는 다음과 같다. 첫째, 참여 학생들이 3·1운동의 자주독립정신을 계승하고 올바른 역사의식을 함양하여 미래 100년의 주인공으로 성장하게 할 수 있다. 둘째, 프로젝트 활동 전 과정을 주도적으로 진행함으로써 자기주도 역량을 함양할 수 있다. 특히 프로젝트 학습 과정을 통해 지식정보처리 역량, 의사소통 역량,

공동체 역량 등 다양한 역량을 함양할 수 있다. 셋째, 학교 민주주의의 활성화다. 교사와 학생 모두가 협력 관계를 통해 프로젝트 활동에 참여하고 결과를 학교에 공유함으로써 민주적 학교문화 형성에 기여할 수 있다.

2. 역사탐구 활동 소개

1) 탐구 구성원 소개

김포시 사우동에 있는 김포제일고등학교는 특성화고로, 미래를 주도하는 창의 인재 육성에 주력하고 있다.

프로젝트 학습 연구 코칭 교사인 필자는 한국사를 가르치는 역사교사이며, 교육관은 구성주의 교육관이다. 학습은 지식의 주입이 아닌 지식의 생성으로, 학습에서 가장 중요한 것은 학생의 개별성이며 학생 개개인의 실질적인 성장이다. 이 프로젝트 활동을 통해 나는 학생이 김포의 3·1운동에 대한 지식을 스스로 구성하고 반성적 사고를 통해 실질적인 역량이 성장할 수 있도록 할 것이다.

프로젝트 활동 참여 학생은 5명이며, 본교 1학년생 김민기, 박지환, 이진우, 조상욱, 한상명이다. 모두 성실하고 학습에 대한 열의가 높다. 모두 자발적으로 이 프로젝트 활동을 지원했으며, 바쁜 일정에도 불구하고 매우 적극적이고 성실하게 참여했다.

학생의 개별적 역량을 간단히 소개하겠다. 김민기 학생은 이 프로

프로젝트에 참여한 다섯 학생

젝트 활동에서 속기 활동을 총괄했다. 창의력이 매우 뛰어나며, 프로젝트 학습 주제 선정 과정에서 창의적인 활동 내용이 포함되도록 많은 아이디어를 제안했다. 박지환 학생은 면담 활동을 총괄했다. 이 학생은 대인 관계 능력이 뛰어나다. 동료들과 원만한 관계를 유지하며 재치 있는 입담으로 활동 분위기를 즐겁게 했다. 면담 과정에서도 구술자가 편안하게 응답할 수 있도록 질문자 역할을 완벽히 했다. 이진우 학생은 자료조사 활동을 총괄했다. 이 학생은 프로젝트 활동의 다양한 자료조사 활동에 성실히 임하고 동료들에게 적극적으로 정보를 제공했다. 한상명 학생은 영상, 사진 편집을 총괄했다. 이 학생은 자기 주도 역량이 뛰어난 학생이다. 늘 과제 제출 기한을 지키고 활동에도 주도적으로 참여했다. 또한 영상 편집 능력이 뛰어나다. 중학교 때는 졸업 영상을 혼자 제작했다고 한다. 한상명 학생 덕분에 프로젝트 활동 최종 영상을 성공적으로 완성할 수 있었다. 조상욱 학생은 보고서 작성을 총괄했다. 이 학생은 내가 담임한 반 학생으로, 우리 반에서 특히 성실한 학생 중 한 명이다. 무엇을 부탁하면 거절하는 법이 없고 학습과제도 성실하게 완수한다. 글쓰기 능력도 뛰어나다. 개인적으로 글 쓰는 작업 관련 블로그 활동도 하고 있으며, 작가가 꿈이다. 이 학생의 뛰어난 글쓰기 실력은 보고서 작성, 감상문 작성 등을 통해 이 프로젝트 활동에서도 잘 드러났다.

2) 프로젝트 활동 주제

가. 주제 선정 과정 및 주제 소개

8월 1일 저녁 8시, 프로젝트 주제 선정 회의를 했다. 학생 중 3명이 학원을 다녀서 수업 끝나고 모이기로 했다. 늦은 시간임에도 모든 학생이 흔쾌히 동의했으며 한 명도 빠짐없이 참여했다. 이 회의를 통해 활동 주제와 방향성을 정했다.

우리 프로젝트 활동의 핵심 주제는 두 가지다. 첫째, 김포의 3·1독립운동 계승 현황 탐구이다. 원래는 김포의 3·1독립운동가 후손을 면담하려 했다. 그래서 시청, 광복회 등 다양한 기관에 연락하여 후손을 찾고자 했으나 고령인 점과 거주지 문제 등으로 연락이 어려웠다. 결국 탐구 방향을 전환해 김포 3·1운동 계승 현황을 탐구하기로 했다. 자료조사 후 김포의 3·1운동을 계승하고 있는 많은 기관 중 3개 기관을 탐구하기로 했다. 김포시 독립운동기념관, 광복회 김포시지부, 3·1운동기념사업회 김포시지부이다. 학생 주도로 이들 기관에 연락하여 면담자를 섭외하고, 각각의 기관에서 한 분씩 총 세 분과 면담을 했다.

둘째, 학생 주도의 독립운동 실천이다. 김포의 독립운동을 발굴하는 것에서 그치지 않고 학생이 직접 독립운동을 실천해보기로 했다. 그 방법으로, 현재 진행 중인 일본상품 불매운동에 주목했다. 일본상품 불매운동을 통해 학생들은 독립운동의 역사가 과거의 것만이 아니라 현재까지 이어지고 있음을 깨닫고, 불매운동 참여를 통해 독립운동을 직접 실천할 수 있기 때문이다. 일본상품 불매운동 관련 탐구를 위해 김포시여성단체협의회 구성원 중 한 분과 면담 일정을 잡았다. 김포시여성단체협의회는 김포에서 일본상품 불매운동 캠페인을 매우 크게 벌인 단체다. 또한 우리는 불매운동 캠페인을 하고 3·1만세운동을 재현했다.

나. 프로젝트 활동 개요

우리의 대표적인 프로젝트 활동은 다음의 표와 같다. 이 표의 내용 외에도 10회 이상의 회의를 했다. 표에 제시한 것은 프로젝트 활동 중 핵심 내용이다.

일시	장소	활동 내용	학생 과제 부여 내용
8. 1(목)	사우동	프로젝트 학습협의회	-프로젝트 학습 동기와 자세 생각하기
8. 6(화)	김포시 독립운동 기념관	-김포시 독립운동기념관 견학 -문화해설사 이영숙 면담 -면담 내용: 김포의 3·1독립운동 관련	〈과제〉 진우: 박충서, 김도연, 조헌 지환: 3·1운동기념사업회 상명: 광복회 민기: 이경덕, 임용우

8. 10(토)	사우동 스터디룸	광복회(강성보), 3·1운동기념사업회(류지만) 김포시지부 회장님 면담 -면담 내용: 김포의 3·1운동 계승 현황 관련	〈과제〉 진우: 심우신 지환: 강환진 상명: 김포독립운동기념관 민기: 오라니 장터
9. 1(일)	구래동 스터디룸 양곡 6택지공원	〈면담〉 -김포시여성단체협의회 민효순 회장님 면담 -면담 내용: 일본상품 불매운동 관련 -동영상 제작: 지금까지 활동을 최종 정리	〈과제〉 진우: 강제징용 배상 문제 지환: 지소미아 파기 문제 상명: 한일 무역 분쟁의 원인과 전개/김포시 독립운동기념관 조사 민기: 위안부 배상 문제 상욱: 오라니 장터 독립운동 조사/김포시여성단체협의회 활동 내용 조사

역사탐구 프로젝트 활동 개요

3. 역사탐구 활동 진행 과정

1) 김포시 독립운동기념관 체험, 이영숙 해설사 면담

가. 김포시 독립운동기념관 체험

김포시 독립운동기념관은 김포의 3·1만세운동 전개 과정을 전시해 놓았으며, 독립운동 관련 다양한 체험활동을 진행하고 있다. 만화로 보는 독립운동 이야기, 우리나라 국가 상징물, 나라사랑 체험활동 등 15종의 다양한 체험활동(나라사랑부채, 태극팽이, 나라사랑필통 등)을 하면서 김포의 3·1운동을 계승하고 있다. 우리는 김포의 3·1운동에 대한 해설을 듣고, 전시를 관람하고, 독립 책갈피 만들기 활동에 참여했다.

김포시 독립운동기념관 체험 현장에서

나. 김포시 독립운동기념관 이영숙 해설사님 면담

김포시 독립운동기념관 체험 후 이영숙 해설사님을 면담했다. 해설사님은 학생들에게 김포의 3·1운동 전개 과정을 매우 자세히 설명해주셨다. 해설사님에게 가장 기억에 남는 김포의 독립운동가는 옥중에서 만세운동을 하다가 고문으로 돌아가신 임용우 님이라고 한다. 이영숙 해설사님은 봉사정신이 뛰어난 분이다. 문화해설사라는 직업은 시청에서 주관하지만 자원봉사 성격을 지녀 급여는 교통비 정도라고한다. 그러나 해설사님은 급여보다 김포의 자랑스러운 역사를 많은 사람에게 널리 알리는 것이 더 중요하다고 했다. 또한 해설사님은 애향심이 대단했다. 김포의 자랑스러운 역사, 자연, 특산물 등을 해설사라는 직업을 통해 앞으로 더욱 알릴 거라고 하셨다. 이영숙 해설사님께서 우리 학생들에게 해당 기관의 창작 연극에 참여해볼 것을 권했던 마지막 대화가 지금도 귓가에 맴돈다. 바쁜 일정에도 불구하고 면담에 적극 협조해주신 이영숙 해설사님께 감사드린다.

2) 광복회, 3·1운동기념사업회 회장님 면담

가. 광복회 강성보 회장님 면담

광복회는 독립운동가와 그 유족의 총집합체로 국내 유일의 단체다. 일본에 국권이 침탈되기 시작한 을미사변(1895)으로부터 광복 때까지 국내외에서 일제에 항거하다 순국했거나 옥고를 치른 사람으로, 정부로부터 독립유공건국훈장·독립유공건국포장·독립유공대통령표창을 받은 사람과 그들의 유족으로서 연금(年金)을 받고 있는 사람들로 구성되어 있다.

우리는 김포에도 광복회 김포시지부가 있는 것을 알고 김포시청 직원의 협조로 강성보 회장님과 면담을 할 수 있었다. 강성보 회장님은 독립운동가 강환진의 손자다. 강환진은 국내에서 항일운동에 힘썼으며 1년 6개월의 옥살이 후 고문 후유증으로 별세했다고 한다. 강성보 회장님을 통해 광복회의 주요 활동과 조직 구성을 자세히 알 수 있었다. 회장님을 면담하면서 인상 깊었던 내용은, 국가유공자의 연령이 매우 높다는 것이다. 광복회 회원 중 가장 연령이 높은 사람은 100세라고 한다. 연령에 주목한 까닭은 그들의 나이가 높아질수록 독립운동의 역사를 공유한 세대가 사라져간다는 것을 의미하기 때문이다. 따라서 미래의 새로운 주역인 학생들이 그들의 역사를 기억하고 전파하는 것이 매우 중요함을 알게 되었다. 면담에 적극 협조해주신 강성보 회장님께 감사드린다.

강성보·류지만 회장님 면담

나. 3·1운동기념사업회 류지만 회장님 면담

3·1운동기념사업회는 3·1운동 계승을 위해 다양한 사업을 주관하는 기관이다. 주요 사업은 3·1운동 '가치의 재발견'을 필두로, 발견된 '가치를 공유'하는 다양한 사업과, 남북 및 국제 교류를 본격화하는 '가치의 확산' 사업으로 구성되어 있다. 3·1운동을 통해 종교의 사회적 역할과 책무를 구현하려 했던 종교계의 시도를 '3·1종교평화센터'로 구체화하는 사업까지 더하면 총 네 부분으로 구성된다.

광복회 회장님을 통해 3·1운동기념사업회 김포시지부 류지만 회장님과 면담할 기회를 얻었다. 류 회장님과의 면담을 통해 3·1운동기념사업회의 조직 구성과 주요 활동을 자세히 알 수 있었다. 회장님은 국사편찬위원회 사료정리 작업에 참여했을 만큼 역사연구 경험이 많은 분이다. 또한 김포의 독립운동기념비 건립 사업에 적극 참여했으며, 김포 출신의 임진왜란 의병장 심우신 발굴 및 학술 활동을 주도했다. 김포 출신의 이름난 임진왜란 의병장으로는 조헌만 알려져 있었다. 그러나 역사에 관심이 많던 류 회장님은 다양한 사료 조사를 통해 심우신이라는 김포 출신 의병장을 발굴했고, 심우신 학술발표회도 개최했다. 면담이 끝난 1주일 후 회장님이 제작하신 의병장 심우신 학술자료집을 보내주셨다. 소중한 자료를 보내주신 류지만 회장님께 감사드린다.

3) 김포시여성단체협의회 회장님 면담

김포시여성단체협의회는 김포의 여성권익 향상을 위한 단체로, 양성평등주간, 전시회, 사랑의 밥차 등 다양한 남녀평등 활동을 하고 있는 단체다. 우리가 김포시여성단체협의회에 주목한 까닭은 올해 8월 이 단체가 김포시 사우동에서 일본상품 불매운동 캠페인을 대대적으로 벌였기 때문이다. 우리는 독립운동의 현재성을 탐구하고자 불매운동 캠페인을 실시한 김포시여성단체협의회 민효순 회장님을 면담했다. 민 회장님 면담을 통해 김포시여성단체협의회의 다양한 활동내용을 알 수 있었다. 매년 하는 김장 담그기를 구체적으로 설명해주셨는데, 얼마나 힘들지 상상이 되었다. 또한 수도권매립지가 김포에도 일부 있었다는 새로운 사실을 알게 되었다. 김포시 양천 지역으로, 김포시여성단체협의회는 그곳에서 매년 10월경 국화축제 부스를 운영한다고 한다. 김포시여성단체협의회에서 주관한 8월 21일 일본상품 불매운동 캠페인 과정에 대해서도 자세한 설명을 들을 수 있었다. 특히 이번 캠페인은 많은 김포시 주민들이 협조했다고 한다. 이 단체는 예전에도 거리집회 캠페인을 자주 벌였다. 하지만 주민들의 반응은 대부분 냉소적이었다고 한다. 그러나 이번 캠페인은 많은 시민이 협조하여, 구호도 함께 외치고 따뜻한 말을 전해주었다고 한다. 거리에서 좋은 취지의 캠페인이 벌어지고 있다면 나도 적극 협조하고 따뜻한 말 한마디 할 수 있는 민주 시민이 되어야겠다고 생각했다. 면담에 적극 협조해주신 민효순 회장님께 감사드린다.

4) 동영상 제작, 만세운동 재현 행사 진행

여성단체협의회 민효순 회장님 면담 후 학생들과 오라니 장터에서 3·1만세운동 재현과 영상제작 활동을 했다. 오라니 장터는 김포에서 3·1만세운동이 가장 크게 일어난 곳으로, 현재 양곡택지공원으로 이용되고 있다. 영상 제작을 통해 3·1만세운동과 일본상품 불매운동을 재현해보았다. 우리는 해당 활동을 통해 3·1운동의 자주독립정신이 오늘날까지 계승되고 있으며, 독립운동을 실천하는 방법은 매우 가까이 있음을 알 수 있었다. 3·1만세운동을 진지하게 재현하던 학생들의 밝은 모습이 생생하게 그려진다.

4. 탐구 활동 후 소감

1) 가장 의미 있었던 활동은?

프로젝트 탐구 활동에서 모든 활동이 매우 의미 있고 가치 있었다. 우리는 활동을 하면서 늘 웃음꽃이 만발했다. 그중에서 가장 의미 있었던 활동 사례를 살펴보겠다.

첫째, 김포시 독립운동기념관 이영숙 해설사님의 다음과 같은 말씀이다. 김포에서 유명한 3·1독립운동가는 임용우, 박충서, 이경덕 총 3명이다. 이진우 학생은 질의응답 시간에 "이 3명 외에 다른 독립투사도 있나요?"라고 질문했다. 그러자 이영숙 해설사님께서 "3·1만세운동에 참여한 알려지지 않은 많은 사람들이 있고 그분들을 기억해야 한다"라고 하셨다. 실제로 김포의 3·1만세운동 규모는 전국에서 세 번째, 경기도에서 두 번째일 정도로, 대대적으로 만세운동이 일어났다. 알려진 3명의 독립운동가뿐만 아니라 수천, 수만 명의 알려지지 않은 사람들이 있었다. 그리고 그분들 덕분에 김포 3·1만세운동이 성공적으로 이루어진 것이다. 이를 통해 우리는 민중의 소중함을 알 수 있었다. 개혁과 변화란 한 사람이 아닌 많은 민중의 의지가 집약되었을 때 가능하다. 이것이 민주주의의 참모습이고, 아래로부터의 역사 곧 민중사의 토대를 이룬다. 우리는 이영숙 해설사님의 말씀을 통해 역사의 민주주의를 발견할 수 있었다. 또한 전체를 구성하는 개개인 모두가 역사의 주인공임을 깨달았으며, 미래를 위해 노력해야 함을 알게 되었다.

둘째, 3·1운동기념사업회 류지만 회장님께서 마지막으로 말씀하신 내용이다. 이 면담 후 소감을 묻는 학생에게 류 회장님은 "학생들을 만나 이야기할 수 있어서 좋은 기회였다. 학생들은 미래의 주인공이다. 따라서 그들에게 올바른 역사교육을 해야 한다"라고 했다. 회장님은 학창 시절 국가의 왜곡된 역사교육관으로 잘못된 역사를 배웠고,

민효순 회장님 면담

근대사 교육은 매우 소홀하게 다루어졌다고 한다. 이 사례를 통해 나는 학생들에게 열린 역사관을 심어주는 것이 매우 중요함을 알게 되었다. 역사에는 텍스트 해석 문제가 있으므로 다양한 해석이 가능하다. 따라서 역사를 비판적으로 해석할 수 있는 안목이 매우 중요하다. 그렇게 해야 왜곡되거나 강요된 역사가 아닌 주체적인 역사를 갖게 된다. 또한 역사 교사로서 역사교육의 중요성을 다시금 깨닫게 되었다. 역사는 국민 정체성의 기반이라고 생각한다. 역사를 소홀하게 다루고 잘못 가르치면 왜곡되고 혼란된 정체성이 형성된다. 따라서 열린 역사교육을 통해 학생들이 우리 역사를 자랑스러워하고 역사적 주체의식을 함양하여 미래의 주인공이 될 수 있도록 하겠다.

셋째, 3·1운동기념사업회 류지만 회장님 면담 중 김포의 자랑스러운 여성 독립운동가 이경덕에 대한 조사 사례다. 류 회장님은 김포의 3·1운동을 연구하던 중 이경덕에 대한 사료조사를 했다. 이경덕은 군하리 장터 만세운동을 주도했으며, 6개월의 옥고를 치르고 고문 후

유증으로 병사했다. 그는 이경덕이라는 본명보다 천주교 세례명 이살룸으로 더 알려져 있다. 회장님은 이러한 이경덕의 이름에 의문을 갖고 그의 호적등본을 살펴보기로 했다. 그런데 그 과정이 좀처럼 쉽지 않았다. 이경덕이란 이름으로 호적이나 주민등록 관계가 조회되지 않은 것이다. 그의 친인척의 도움으로 어렵사리 호적등본을 통해 본명을 조회했는데, 그의 본명은 없고 '이씨'라고만 적혀 있었다고 한다. 나는 이 사례가 20세기 전반에 잔존했던 가부장적 가족문화를 알 수 있는 사례임을 주목했다. 또한 이경덕이 더욱 대단하게 느껴졌다. 민족적 차별 외에도 남녀차별이라는 이중적 차별 사회에 살았음에도 당당하게 독립운동을 실천했기 때문이다. 해당 사례는 역사의 발전성을 알 수 있게 해준다. 10세기까지 가부장적인 가족문화가 유지되었지만 21세기 현재는 남녀 평등사회가 실현되었기 때문이다. 이를 통해 우리는 역사의 발전성을 깨닫고 현존하는 가부장적 가치관을 비판적으로 사고할 수 있는 역량을 함양하게 되었다.

2) 프로젝트 최종 활동, 나의 성장과 변화가 있다면?

2019년 학생 주도 역사탐구 프로젝트 활동을 하면서 많은 성장이 있었다. 첫째, 김포의 3·1운동 역사 재조명이다. 나는 김포에 2년 정도 거주했지만 김포를 직장 주소지 정도로 생각했을 뿐, 큰 관심은 없었다. 김포에 자주 등장하는 명칭인 '중봉'이 의병장 조헌의 호임을 이번 프로젝트 활동을 하면서 알았을 정도로 김포의 역사에 소홀했다. 이번 프로젝트 활동을 하면서 내가 살고 있는 김포가 전국에서 세 번

오라니 장터 영상 제작 과정

째, 경기도에서 두 번째 규모의 3·1만세운동이 일어난 곳임을 새롭게 알게 되어 매우 놀랍고 자랑스러웠다. 나는 3·1운동을 가르치며 교과서대로 탑골공원에만 초점을 두었고 김포 지역의 3·1운동에 전혀 관심을 갖지 않았다. 막연하게 전국적으로 만세운동이 일어난 건 알았지만 지금 내가 있는 지역의 만세운동이 어땠을지는 한 번도 생각해보지 않은 것이다. 이번 기회를 통해 수업시간에 김포의 3·1운동을 다루었다. 학생들도 매우 흥미롭고 놀라워했으며 수업에도 적극적으로 임했다.

둘째, 역사의 현재성 발굴이다. 우선 김포의 3·1운동이 현재에도 적극적으로 계승되고 있음을 알게 되었다. 김포의 3·1운동을 계승하고 있는 대표적인 기관은 우리가 탐구했던 김포시 독립운동기념관, 광복회 김포시지부, 3·1운동기념사업회 김포시지부다. 또한 2019년 10월 여전히 진행되고 있는 한일 무역 분쟁, 일본상품 불매운동을 볼 때 과거의 사건이 현재 문제의 원인이 되고 있음을 알 수 있었다. 이와 같은 역사탐구 활동을 통해 역사의 현재성을 이해할 수 있었다. 특히 일본의 한국사 왜곡 문제와 무역 분쟁이 지속되는 상황에서 우리는 독립운동에 대한 올바른 역사관을 갖고 해당 문제에 비판적으로 대처할 수 있어야 한다.

셋째, 학생들의 잠재성 발견이다. 나는 프로젝트 학습 교사협의회에서 위축감을 느꼈다. 이 역사탐구 프로젝트를 지원한 학교는 인문계가 대부분이고 특목고와 외고도 있었다. 이런 상황에서 특성화고인 우리 학생들이 잘할 수 있을지 의문이 들었다. 그러나 학생들은 그들만의 장점을 가지고 프로젝트 활동을 완수했다. 참여도 매우 적극적이었으며 글쓰기 작업, 영상 편집도 잘 마무리되었다. 활동을 마치고 나서 생각해보니 잘하는 게 중요한 것이 아니라 '학생과 내가 즐겁게 프로젝트 활동을 하는 것'이 더 중요했음을 알게 되었다. 모두가 개성과 특색이 있는 만큼 우리는 우리만의 장점을 가지고 의미 있게 활동을 마무리하면 되는 것이었다. 나의 걱정이 쓸데없는 걱정이었음을 깨닫도록 열심히 참여해준 학생들에게 고마운 마음을 전한다.

넷째, 민중사의 발굴이다. 나는 이번 프로젝트 활동을 계기로 위로부터의 역사가 아니라 아래로부터의 역사가 중요함을 다시금 깨달았다. 김포의 3·1운동은 약 1만 5천 명 김포 시민의 노력을 통해 이루어졌다. 지금의 김포 시민들은 김포시 독립운동기념관, 광복회 등 많은 단체를 통해 김포의 3·1운동을 계승하고 있다. 또한 김포시여성단체협의회의 일본상품 불매운동 캠페인처럼 지금도 독립운동을 실천하고 있다. 학생들과 나 역시 이 프로젝트 활동을 통해 김포의 독립운동 정신을 계승하고 독립운동을 실천하고 있다. 무엇보다 김포에서 대한독립만세를 외쳤던 1만 5천여 명 독립운동가의 생생한 목소리를 들을 수 있게 되었다.

끝없는 계단을 오르는 과정

김포제일공업고등학교 학생 한상명

1. 활동 참여 동기

3·1독립운동과 대한민국 임시정부 수립 100주년을 기념하여 자주독립정신을 계승하는 학생이 되고자 이 프로젝트 활동에 참여하게 되었다. 학교 수업을 통해 3·1만세운동의 전개 과정은 알고 있었지만, 이번 프로젝트 활동을 통해 내가 살고 있는 김포의 3·1만세운동을 탐구할 수 있어 참여하게 되었다.

2. 역사탐구 활동 소개

1) 김포시 독립운동기념관 체험, 이영숙 해설사 면담

기념관에 가기 전 김포시 독립운동기념관이 어떤 곳인지 조사하고 동료들과 회의를 했다. 기념관에 도착하여 전시관을 관람하고 독립운동기념관을 체험한 후 이영숙 해설사님 면담을 했다. 이 면담을 통해 경기도의 3·1만세운동이 3월 1일부터 4월 23일까지 개성, 시흥, 인천, 양평, 진위, 안성, 강화, 양주, 가평, 연천, 김포, 고양, 수원, 부천, 장단, 파주, 광주, 용인, 포천, 이천 등지에서 일어난 것을 알게 되었다. 또한 독립운동기념관 내부 전시관을 통해 독립을 향한 김포의 3·1만세운동과 항일의병활동, 그리고 독립군의 활동 기록과 김포의 오라니 장터(현재 양곡리 39-6)의 만세운동 재현 모형도 살펴볼 수 있었다. 전시관 내부 벽면에 김포 지역 애국선열의 명단을 가득 새겨 추모하는 공간이 조성되어 있는 것이 매우 인상 깊었다. 해설사님께서 김포의 독립운동을 복원하는 과정에서 역사적 자료 및 보존 상태가 미흡하여 김포시 독립운동기념관을 설립하는 데 큰 어려움이 있다고 했다.

이번 활동을 통해 김포에서 독립운동이 크게 일어났고 독립운동을 기념하는 기념관이 있다는 것을 처음 알게 되었다. 내가 살고 있는 지역인 김포에 소중한 독립운동의 역사가 있었으나 무관심했던 나의 태도를 반성했다. 앞으로는 김포의 자랑스러운 역사에 더욱 관심을 갖고 탐구하며 친구들에게 적극적으로 알릴 것이다.

2) 광복회, 3·1운동기념사업회 회장님 면담

면담을 위해 우선 사전 검색을 통해 광복회와 3·1운동기념사업회에 대한 정보를 수집했다. 그 후 광복회 강성보 회장님, 3·1운동기념사업회 류지만 회장님 면담을 했다. 면담 과정에서 해당 단체의 다양한 활동을 알 수 있었다. 두 회장님 이야기를 들으며 글로만 봤던 딱딱한 독립운동 역사가 좀 더 재미있고 사실감 있게 느껴졌다.

두 분께서 오라니 장터 만세운동과 김포의 유명한 독립운동가들을 설명해주셨는데, 첫 번째 면담에서 듣고 한 번 더 들으니 더욱 또렷이 기억에 남았다. 독립운동가 중에 여성 독립운동가 이경덕(이살롬)을 설명할 때 여성 독립운동가가 유관순 열사님 말고 더 많이 있었다는 것에 놀랐다. 특히 그러한 여성 독립운동가가 김포에 있다는 것이 자랑스러웠다. 광복회, 3·1운동기념사업회 회장님들과의 면담을 통해 많은 단체들이 김포의 3·1운동을 계승하고 있음을 알게 되었다. 나 역시 그분들을 본받아 김포의 독립운동을 홍보하고 그들 단체를 후원할 수 있는 사람이 되어야겠다고 생각했다.

3) 김포시여성단체협의회 회장님 면담

김포시여성단체협의회 민효순 회장님과 면담을 통해 김포시여성단체협의회에서 양성평등 주간 행사, 일본상품 불매운동 캠페인 등 여러 활동을 하고 있다는 것을 알게 되었다. 김포시 여성단체에서 여러 가지 봉사활동을 하고 있는데 그중 하나가 김장 나눔 행사다. 회장님이 김장 나눔 행사 봉사활동을 적극 추천해주셨다. 나도 기회가 되면 해당 활동에 참여하여 어려운 이웃에게 따뜻한 마음을 나눌 것이다. 특히 김포시여성단체협의회의 일본상품 캠페인 활동을 통해 한일 무역 분쟁을 적극 탐구했다. 일본과의 무역 분쟁 전개 과정과 원인을 상세히 조사했다. 한일 무역 분쟁은 결국 일본의 과거사 청산 문제에서 비롯되었다. 역사 문제가 경제 문제까지 전파될 수 있으며 역사 왜곡이 얼마나 위험한 것인지 깨달았다. 이러한 상황이 반복되지 않도록 올바른 역사관을 지니고 잘못된 역사를 바로잡는 학생이 되어야겠다.

4) 동영상 제작 과정

동영상 촬영 및 동영상 제작을 총괄했다. 지금까지 우리가 했던 모든 프로젝트 활동을 동영상으로 편집했다. 우리가 활동하면서 찍은 사진, 영상, 제작 자료들을 활용했다. 영상의 핵심 주제는 과거의 자주독립정신을 계승할 미래의 주역인 우리였다. 동영상 제작 과정을 통해 지금까지의 프로젝트 활동을 돌아보며 우리의 성과를 되새겨 볼 수 있어서 매우 의미 깊었다.

3. 탐구 활동 후 소감

1) 가장 의미 있었던 활동은?

동영상 제작이다. 김포시여성단체협의회 민효순 회장님 면담, 광복회 강성보 회장님 면담, 3·1운동기념사업회 류지만 회장님 면담, 김포시 독립운동기념관 체험, 이영숙 해설사님 면담 등 여러 활동 과정을 동영상 제작을 통해 한 번 더 확인하고 검토하면서 복습할 수 있어 매우 좋았다. 같이 활동했던 친구들과의 추억도 다시 생각해볼 수 있었기에 특히 의미 있는 활동이었다.

2) 프로젝트 최종 활동, 나의 성장과 변화가 있다면?

김포시 독립운동기념관 체험, 이영숙 해설사 면담을 통해 김포시의 독립운동 전개 과정을 자세히 알게 되었다. 광복회, 3·1운동 기념사업회 회장님인 강성보 회장님, 류지만 회장님과 면담에서는 오라니 장터와 주요 독립운동가를 자세히 알게 되었다. 김포시여성단체협의회 민효순 회장님 면담을 통해서는 지금 우리가 실천할 수 있는 독립운동이 매우 많다는 것을 알게 되었다.

여러 면담을 진행하면서 미처 몰랐던 김포의 독립운동 역사와 자랑스러운 독립투사들을 알게 되었다. 그들의 독립운동 발자취를 더 탐구하여 그들의 의지를 이어갈 수 있는 애국심을 지닌 미래의 주인공이 되겠다고 다짐했다.

3) 프로젝트 학습의 의미를 5글자로 표현한다면?

"끝없는 계단." 면담 활동 하나하나 진행할 때마다 우리나라에 대한 다양한 지식이 늘어나고 우리나라에 대한 생각이 깊어져간 것은 계단을 한 칸 한 칸 오르는 것과 같다. 독립투사의 독립에 대한 열정과 노력을 이해하려면 우리가 끊임없이 탐구해야 하므로 이 프로젝트를 "끝없는 계단"이라고 생각한다. 아무리 끝없는 계단이라도 한 걸음 한 걸음 걸어가다 보면 어느새 정상에 오를 것이다. 독립투사의 끝없는 노력들이 모여 광복을 이룬 것처럼 나 역시 끊임없이 노력하는 사람이 되어야겠다.

사라지지 않는 우리 민족정신

김포제일공업고등학교 학생 조상욱

1. 활동 참여 동기

1) 프로젝트 학습 참여 동기

어려운 역사책에서만 볼 수 있었던 역사의 흔적을 탐구하며 관련 인물들이 어떠한 삶을 살아왔고 그렇게 살아온 삶에는 어떠한 의미와 가치가 있는지 느끼고 깨닫기 위해 프로젝트에 참여하게 되었다. 프로젝트에 참여하면서 평소 크게 관심이 없었던 김포의 3·1운동 발자취의 의미를 배우고 자주독립정신을 계승하고자 다짐했다.

2) 3·1운동에 대해 원래 어떤 생각을 가지고 있었습니까?

3·1운동을 우리 역사에서 중요한 사건 정도로만 생각할 뿐, 큰 관심은 없었다. 역사책에 나오는 사건들은 모두 중요하지만 나에게는 해당 내용들이 딱딱하게만 느껴졌다. 더욱이 역사라는 과목은 암기할 것이 매우 많고 억지로 암기하려니 '암기해야 할 거대한 백과사전'

과도 같았다.

2. 역사탐구 활동 소개

1) 김포시여성단체협의회 회장님 면담

이번 면담에서 김포시여성단체협의회 회장님의 사전 질문 작성 총괄 역할을 맡았다. 이번 면담을 통해 김포시에 여성단체협의회가 있다는 것을 새롭게 알게 되었고, 이 단체가 이룬 다양한 업적에 대해 자세히 알게 되었다. 우선 우리 김포시에도 수도권 매립지가 있으며 김포시여성단체협의회는 해당 장소에서 매년 국화축제를 열고 있다는 것이 놀라웠다. 국화축제 부스를 운영하면서 쌀, 인삼과 같이 김포의 특산물을 홍보한다고 한다. 지역 발전을 위해 김포의 특산물을 적극 홍보하는 단체가 자랑스럽고 고맙게 느껴졌다. 내가 사는 김포에 축제가 있으면 좋겠다고 생각은 많이 했지만 어떤 축제가 있는지 구체적으로 찾아보지는 않았다. 이번 국화축제에는 꼭 참여하기로 했다. 또한 김포의 축제에 대해 조사해보니 국화축제 외에도 다양한 행사가 있었다. 다양한 지역축제가 있는 김포가 매우 자랑스러우며, 김포의 지역축제에 적극 참여하고 축제를 홍보해야겠다고 다짐했다.

민효순 회장님을 면담하면서 가장 뜻깊었던 내용은 김포시여성단체협의회의 불매운동 캠페인이었다. 민 회장님이 평소 거리 캠페인을 하면 시민 참여도가 그리 높지 않았다고 한다. 그러나 일본상품 불매운동 캠페인을 할 때는 시민들의 호응도가 매우 높았다고 한다. 또한 캠페인 주체 위원은 약 10개 단체에서 각각 30여 명씩 자발적으로 형성되었다고 한다. 이를 통해 이번 한일 무역 분쟁이 단순한 일이 아니라는 것이 크게 실감되었다. 이번 면담을 통해 김포시여성단체협의회가 다양한 활동을 하고 있다는 것을 듣고 김포 지역에 대한 지식을 쌓을 수 있어 매우 좋았다. 면담을 마치면서 나도 회장님처럼 누군가에게 우리 지역 김포를 멋진 지역으로 소개할 수 있는 사람이 되어야겠다고 생각했다.

3. 탐구 활동 소감

이번 프로젝트 활동 중 가장 기억에 남은 것은 내가 살고 있는 김포에서 대규모 독립만세운동이 일어났다는 것과 많은 김포 출신 독립운동가들이 있다는 점을 안 것이다. 이번 프로젝트에 참여하기 전까지는 이런 분들이 계셨다는 것을 몰랐다. 그저 김포라는 지역의 지리적 개념만 지닌 채 이곳에서 15년을 살았다. 프로젝트를 마친 지금은 지금까지 이 지역의 역사와 문화에 대해 아무것도 모르고 살아온 나의 시간이 안타깝게 느껴진다. 조금만 더 김포의 역사와 문화에 관심을 가졌다면 내가 살고 있는 이 지역에 대해 더욱 자긍심을 갖고 김포의 자랑스러운 역사와 문화를 알렸을 거라는 생각이 들었다. 이번 기회로 김포의 3·1운동에 대해 탐구하면서 김포 역사에 대한 이해가 깊어져 매우 뿌듯했다. 앞으로도 기회가 있다면 꼭 다시 참가하여 더욱 적극적으로 활동할 것이다. 또한 친구들에게 프로젝트 활동 내용 및 결과를 적극 홍보하여 김포 독립운동사의 자랑스러운 면을 널리 알릴 것이다.

1) 가장 의미 있었던 활동은?

김포의 독립운동가들을 기리기 위한 김포시 독립운동기념관에 간 것이다. 내부에 전시되어 있는 김포의 독립운동사와 그 역사 현장에서 활약한 자랑스러운 독립운동가분들의 일생이 자세히 전시되어 있어 매우 흥미로웠다. 우리 학교 학생이 다 함께 김포시 독립운동기념관을 왔으면 좋겠다는 생각이 들었다. 학교로 돌아가서 김포에 자랑스러운 독립운동기념관이 있음을 적극 홍보할 예정이다.

2) 프로젝트 최종 활동, 나의 성장과 변화가 있다면?

이번 프로젝트를 마치면서 내게 일어난 성장과 변화는 상당히 크다. 프로젝트 전에는 3·1운동이 교과서에 실린 딱딱한 사건이라고만 취급했다. 그러나 프로젝트 활동을 마칠 쯤에는 3·1운동에 대한 인식이 달라졌다. 3·1운동에는 우리나라의 자주독립정신이 깃들어 있으며 우리는 미래 100년의 주역으로서 자주독립정신을 계승하고 다음 세대에게 이 정신을 전파해야겠다고 생각하게 되었다. 더 이상 나에게 3·1운동은 역사책에 실린 지루하고 시험을 위해 암기해야 하는 단순 사건이 아닌, 모두에게 자랑스럽게 내보일 수 있고 내보여야 하는 소중한 사건이 되었다. 3·1운동과 같은 독립운동에는 우리 민족의 사라지지 않는 정신이 깃들어 있음을 알게 되었다. 그러한 민족정신을 마음에 새기고 자신을 희생하며 나라를 위해 돌아가신 독립투사들을 더욱 존경하고 자랑스럽게 여기게 되었다.

3) 나에게 프로젝트 학습의 의미를 5글자로 표현한다면, 그리고 그 이유는?

"새로운 미래." "역사를 잊은 민족에게 미래는 없다"라는 단재 신채호 선생님의 말씀을 빌려 말하자면 내가 미래를 살아가며 성장하기 위해 역사를 배우는 것은 당연한 것임을 이번 프로젝트를 통해 알게 되었다. 더 나은 미래로 나아가려면 역사로부터 교훈을 얻고 그 교훈을 발전시켜야 한다. 이번 프로젝트 학습은 미래로 나아갈 발판이 되어 주었다. 그런 의미에서 이번 프로젝트를 축약하자면 '새로운 미래'라는 표현이 가장 어울린다고 생각한다.

4) 본인은 김포의 3·1운동 정신을 어떻게 유지해갈 건가요?

나는 김포 3·1운동의 자주독립정신을 늘 마음에 새기며 살아갈 것이다. 김포의 자랑스러운 독립운동가들의 희생이 있었기에 현재의 김포가 존재한다는 것을 마음속 깊이 새겨둘 것이다. 또한 우리나라 역사에 대해 열심히 공부하여 많은 사람에게 자랑스러운 역사를 알릴 것이다. 그렇게 다른 누군가에게 우리의 자랑스러운 역사를 계속 전파하고, 내가 살고 있는 김포에 대한 지속적인 관심을 통해 김포 3·1운동의 자주독립정신을 계승해갈 것이다.

즐거운 김포 3·1운동 탐구

김포제일공업고등학교 학생 이진우

1. 활동 참여 동기

나는 김포가 고향으로, 김포의 역사에 관심이 많았다. 이번 기회에 김포 지역의 역사를 자세하게 알 수 있을 것 같아 지원하게 되었다. 또한 독립운동사에 매우 관심이 많았다. 그런데 김포에서 3·1만세운동이 크게 일어났다는 것을 알고 더욱더 이 프로젝트에 관심을 갖게 되었다,

2. 역사탐구 활동 소개

가. 김포시 독립운동기념관 체험, 이영숙 해설사 면담

첫 활동이라 약간 긴장감도 있었지만 해설사님께서 친절하게 대해 주셨다. 김포시 독립운동기념관에 모인 후 해설사 선생님의 간단한 설명을 듣고 영상을 시청했다. 영상 시청 후 면담 시간에 나는 해설

사님께 영상에 나오지 않은 독립운동가가 누가 있는지 질문했고, 해설사님은 박충서 독립운동가에 대해 설명해주셨다. 나는 박충서에 대해 큰 관심을 갖고 그를 자세히 조사한 뒤 동료 학생들에게 설명해주었는데, 매우 뿌듯했다.

나. 광복회와 3·1운동기념사업회 회장님 면담

광복회와 3·1운동기념사업회 회장님 두 분을 함께 면담하는 것은 약간의 부담을 느끼게 했다. 류지만 회장님과 먼저 면담을 했다. 면담 과정이 매우 길었는데 그만큼 질문하고 싶었던 것도 많았다. 회장님은 질문을 하면 흔쾌하게 받아주셨다. 다음 순서로 광복회 강성보 회장님과 면담을 했는데, 편안하게 면담을 마무리할 수 있었다.

류지만 회장님과의 면담을 통해 김포시 독립운동기념관에서도 보지 못했던 김포 출신 의병장 심우신에 대해 알게 되었다. 나는 큰 호기심을 갖고 심우신의 조사를 맡기로 했다. 김포의 새로운 의병장을 조사하고 알릴 수 있는 기회가 주어져 매우 기뻤다.

다. 김포시 여성단체협의회 회장님 면담

이 면담을 위해 여성단체협의회 회장님에 대하여 조사하고, 여성단체협의회에서 주최하는 활동을 알아보고 몇 가지 질문을 준비했다. 면담 이후 불매운동의 원인인 강제징용 배상문제에 대해 조사했다. 기존 면담과 달리 현재 이루어지고 있는 사건에 대해 살펴보게 되어 더욱 즐거웠다. 이전에는 과거에 발생한 3·1운동에 대해서만 탐구

했기 때문에 주제가 다소 어렵게 느껴졌다. 하지만 이번 면담은 일본 상품 불매운동이라는 현재의 사건을 다루어 더욱 즐겁게 면담에 참여할 수 있었다. 또한 과거의 역사 문제가 오늘날의 원인이 되는 것을 보면서 올바른 역사를 배우는 것이 얼마나 중요한지 알 수 있었다.

라. 동영상 제작 과정

동영상 제작 과정은 프로젝트 활동을 최종 마무리하는 과정이기에 "더욱 즐겁게 하자"고 다짐했다. 맡은 역할은 영상의 콘티를 총괄하는 것이었다. 영상의 핵심 주제는 3·1만세운동을 창의적으로 재해석하는 것이었다. 딱딱한 소개 영상보다는 광고를 패러디하여 재미있게 제작했다. 동영상 제작은 하루 만에 끝나지 않았다. 각 영상들을 검토한 뒤 2회 정도 더 만나 수정 보완했다. 그 과정을 통해 정적인 분위기를 탈피하고 우리의 활동 과정들이 참신하게 잘 드러났다. 함께 영상을 만들면서 동료들과 더욱 친해졌다.

3. 탐구 활동 소감

1) 가장 의미 있었던 활동은?

8월 6일 김포시 독립운동기념관에서 여러 가지 체험 활동을 한 것이다. 전시관 관람, 책갈피 만들기 등이 매우 즐거웠다. 또한 김포시 독립운동기념관 체험을 통해 김포의 독립운동가들이 매우 많았음을 새롭게 알게 되었다. 3·1독립운동가는 유관순 외에는 그다지 관심이 없었다. 그러나 내가 살고 있는 김포시에서도 수많은 3·1독립운동가가 있다는 것을 알게 되어 매우 놀라웠다. 앞으로 자랑스러운 독립운동가가 누구인지 물어보는 질문을 받는다면 나는 박충서, 한용우, 이경덕 같은 김포의 자랑스러운 독립투사 이름들을 당당하게 말할 것이다.

2) 프로젝트 최종 활동, 나의 성장과 변화가 있다면?

가장 큰 변화는 3·1절에 대한 인식이 달라진 것이다. 평소 나는 3·1만세운동을 기념하는 날이자 공휴일이니 즐거운 날이라고만 생각했다. 하지만 이번 프로젝트 활동 후 3·1절의 중요성을 깊이 생각하게 되었다. 앞으로 3·1절이 되면 다양한 추모행사에 적극 참여하고 태극기를 게양하며 SNS를 통해 홍보하겠다.

3) 프로젝트 학습의 의미를 5글자로 표현한다면?

"재밌는 경험." 5글자를 학습 측면에서 작성할까 아니면 솔직한 나의 감정을 표현할까 많이 고민했다. 한참 고민한 후 솔직한 감정을 표현하기 위해 "재밌는 경험"으로 정했다. 이번 프로젝트 활동이 지루했던 학교생활에 활력이 되었기 때문이다. 다양한 체험활동을 하고 김포의 독립운동에 대해 새롭게 알게 된 것이 매우 즐거웠다. 또한 학생들과 주기적인 회의를 통해 소통하는 것이 매우 즐겁고 의미가 있었다. 이러한 소중한 기회를 주신 지도 선생님과 경기도교육청에 감사드린다.

양주를 그느르다![1]

양주백석고등학교 역사 교사 김미나

1. 무모한 도전! 무식하면 용감하다!

17년 교직 생활 중 처음으로 가르치게 된 인문계 고3 학생들과의 수업!

오랜만에 비담임으로 동아시아 과목을 맡게 되었다. 주당 3시간씩 6학급, 매주 18시간 수업으로 평소 수업 교환이 어렵고 출장 갈 시간이 절대적으로 부족했다.

그러던 어느 날 공람된 공문을 보다가 구술사에 관한 연수가 있다는 것을 보고 같은 교과 선생님과 '몽실학교'를 간 것이 이 험난한 고생길의 시작이다.

현재 우리 학교 고3 학생들의 동아시아 수업은 본인들이 선택한 교과가 아니라 지정된 교과라 학생들의 관심은 많지 않았다.

---

1   그느르다: '돌보고 보살펴주다'라는 뜻의 순우리말.

6월, 공문이 올 당시 1학기 2차 지필평가를 앞두고 있어 시험 범위까지 진도 나가기도 바빴는데 주말을 이용해 공문을 정독하고 학생들과 함께할 수 있는 것을 고민했다. 고3이지만 봄에 학생 주도 현장체험활동에서 대한민국 임시정부 수립 100주년에 관심을 갖고 대한민국역사박물관과 국회의사당 관람을 계획하고 다녀온 학생들이 있었기에 혹시나 하는 마음에 100주년 기념사업에 대해 홍보했다. 내심 성적이 우수하고 성실하며 말 잘 듣는, 그래서 내가 전혀 신경 쓰지 않아도 되는 학생들이 지원하기를 기대하면서…. 그러나 성적이 우수한 학생들은 학교생활기록부 기록 여부에 관심이 많았고 당시로서는 어떤 확답을 할 수 없었다. 그저 수능 안 보는 학생들에게 어차피 1차 수시 끝나고 집에 있느니 학교에 와서 선생님이랑 3·1운동 및 대한민국 임시정부 수립 100주년이라는 의미 있는 시점에서 100주년 기념사업에 동참하여 우리 지역에 대해 알게 되면 얼마나 좋겠냐고 했다. 그랬더니 역시나 봄에 학생 주도 현장체험활동을 계획했던 2명의 학생이 평화 프로젝트를 수행해보겠다고 했다. 그런데 어찌하다 보니 일이 커져서, 관심을 보였지만 자신이 없어 망설이고 있던 다른 친구들 4명이 탐구 활동을 해보겠다고 해서 우리의 활동은 시작되었다.

2. 우리 학교와 나의 학생들

우리 학교는 몇 년 전 불미스러운 사건으로 이 지역 주민들에게조차 평판이 좋지 않았고, 교사들도 근무를 기피하는 학교였다. 그러나 여기 근무하셨던 많은 선생님들의 노고와 학부모님 등 지역사회의 관심과 지원으로 지금은 학교 분위기가 많이 좋아졌다.

그러나 우리 지역의 학업성취수준은 전국연합학력평가에서 가장 낮은 성취수준을 보인다. 그중 우리 학교는 농어촌 전형 학교로, 학생들의 90% 이상이 수시 전형으로 대학에 간다. 대다수 학생들은 수능을 보지 않는다. 그래서 1차 수시 접수 전후가 학생들이 가장 바쁘고 힘든 시기로, 이 시기 3학년 학생들은 잦은 결석과 지각·조퇴 등 근태 상황이 불안정하고 어수선한 수업 분위기로 정상적인 수업이 힘들다.

그럼에도 현재 탐구 프로젝트 활동을 진행하는 학생들은 동아시아 과목 성적이 1등급이 나오지는 않지만 역사 교사를 희망하는 학생, 역사와 관련된 글을 쓰는 작가가 되고 싶은 학생, 지역문화 예술기획을 꿈꾸는 학생, 역사학자를 꿈꾸는 학생 등 4명의 학생들로 구성되었다. 이 중에는 동아시아사 첫 시간에 교과 부장을 자청한 학생, 토론 수업에 자발적으로 서포터즈가 되어 활동한 학생이 있지만 사실 모두 자소서 작성에 유리하겠다는 판단으로 탐구 활동을 시작했다. 이렇게 우리는 마음의 준비도 되지 않았는데 교육청에서 덜컥 거액의 돈이 입금되었다. 어쩌나 하는 마음에 우선 USB부터 구입해서 학생들에게 나누어 주고 여름방학 시작 전에 대략적인 계획을 구상했다.

여름방학을 이용해 많은 활동을 하려 했으나 고3인 학생들은 방학 때 자소서를 써야 해서 우리가 만날 수 있는 시간을 내기가 쉽지 않았다. 그래서 방학 동안 학생들 각자 읽고 싶은 구술사 관련 도서를 구해주고 나도 구술사에 대한 공부를 시작했다. 인터뷰를 위한 녹음기를 2대 구입했는데 처음에는 가성비가 좋은 소니 녹음기를 샀다가 "NO 재팬, NO 아베"의 정국 속에 학생들이 동참하고 싶다는 의견도 있고, 100주년 기념사업비로 소니를 살 수 없다는 생각에 다른 녹음기를 구입해 학교 장비에 등록했다. 탐구 프로젝트에 참여한 학생들은 자소서 쓰느라 바쁜 중에도 여름방학에 두 번의 모임을 가졌다.

첫 번째 모임은 8월 2일 교육청 연수 후 그동안 내가 공부한 내용과 연수 내용을 바탕으로 8월 5일(월) 가능역 가재울도서관에서 만나 구술사에 대한 설명과 개학 때까지 가족 중 한 분을 인터뷰하고 녹취록을 써 오는 과제를 제시했다. 두 번째 모임은 8월 12일(월) 비오는 날 양주문화원을 방문하여 양주의 역사와 문화재 관련 사료집을 받아 왔다. 이는 인터뷰를 위한 사전적 모임 형태로, 우리 활동과 직접적인 연관은 없지만 양주의 뿌리를 알게 해주고 싶어 다녀온 것이다.

개학 이후 우리 학교를 떠나시지만 양주 지역에서 23년을 근무하신 교감 선생님과 인터뷰하고(8월 16일 금), 정리할 시간이 없었지만 그 다음 주(8월 23일 금)에는 학교 매점 바삭바삭 매니저님과 인터뷰를 했다. 그러나 가족과의 인터뷰도 정리가 안 되어 서로 공유하지 못한 상태에서 교감 선생님과 매니저님과의 인터뷰 내용은 학생들의 기억에서 사라져갔고, 학생들은 모두 바로 자소서 작성으로 정신이 없었다. 그리고 시작된 1차 수시 접수와 곧 이어진 면접 일정으로 4명이 모두 모이기는 너무 힘들었다. 고3을 가르치는 것이 처음이라 엄청난 실수를 저질렀다는 것을 깨닫는 순간이었다. 나만의 욕심으로 아무 계획

없이 학생들을 이 활동에 끌어들였다는 죄책감에 하나라도 제대로 알아서 학생들의 부담을 덜어줘야겠다는 생각이 들었다.

3. 교사가 공부하다

학생들에 대한 죄책감으로 나는 방학을 반납한 채 구술사 관련 책을 읽었다. 그래서 방학 동안『역사와 기록 연구를 위한 구술사 연구 방법론』(윤택림/2019), 『구술사 – 방법과 사례』(한국구술사연구회/2005), 『구술사 아카이브 구축 길라잡이 I – 기획과 수집』(한국구술사연구회/2014), 『구술사 아카이브 구축 길라잡이 II – 관리와 활용』(한국구술사연구회/2017) 등을 읽었다.

이를 통해 결국 내가 알게 된 것은 다음과 같다.

첫째, 약탈적 질문을 하지 마라.

인터뷰는 구술자가 카타르시스(정화)되어 질문자와 구술자 모두가 행복해야 하는 것이지 질문자의 욕심을 채우기 위한 활동이 되어서는 안 된다. 특히 구술자가 약자고 피해자라면 심층면담을 통해 구술자를 존중하고 사랑하며, 구술자가 카타르시스를 느끼며 트라우마로부터 해방되게 하여 자신감을 불어넣어 주어야지 절대 약탈적·공격적인 정보 수집을 하지 말라는 것이다.

둘째, 예의 갖추기.

구술자에게 정중하게 사전 허락을 청하고, 구술 이용허가서 등 절차에 맞게 인터뷰를 해야 하며, 늘 구술자에 대한 예의를 지키자는 것이다.

셋째, 기본 정보 녹음이나 기기 사용 방법 및 각종 서류 양식 등을 갖추고 객관적으로 인터뷰하는 기술(skill)도 중요하지만, 어떠한 상황에서도 최선의 노력을 기울인다는 마음 자세가 중요하다.

넷째, 구술이 주관적이라면 문서 자료도 기록자의 주관에 영향을 받는다.

그래서 우리가 하는 인터뷰와 구술 활동도 지금을 살고 있는 우리의 역사이기에 기록으로 남은 역사만이 진실이고 진리이거나 대단한 것이 아니라 우리 스스로가 역사의 주인공임을 다시금 알려주고 체험하는 장을 마련해주자는 것이다.

다섯째, "면담 진행 중 중간자가 사회적 평판과 인격, 실력을 모두 갖추고 있을 경우는 금상첨화이지만 그렇지 못하면 최소한 인격만은 갖추어야 한다"는 대목이 가장 인상적이었다. 내가 지금 이 학생들과 이 프로젝트를 하려는 이유 중의 하나이기도 하며, 이런 마음가짐을 학생들이 갖기를 희망하며 탐구 활동을 진행하게 되었다.

4. 나는 왜 이 활동을 하게 되었나?

솔직히 처음 시작은 고3 학생들에게 자소서와 면접 때 이런 활동을 하면 이야깃거리가 생기니 함께 해보자고 한 일종의 얄팍한 나의 낚시질(?), 혹은 교사로서의 개인적인 욕심에서 시작되었다.

그러나 활동을 시작하면서 '내가 왜 이 활동을 하게 되었을까?' 그리고 '나는 이 활동을 통해 학생들에게 무엇을 가르치고 싶었을까?' 라는 화두를 던지다 보니 다음과 같이 미화되었다.

첫째, 오랜만의 비담임이라 학생들과의 소통이 그리웠다.

본인들이 선택한 과목이 아닌 동아시아 시간에 3·1운동 및 대한민국 임시정부 수립 100주년인 올해 사제지간으로 만나 의미 있는 일을 한다는 것이 가슴 설레었다. 활동을 계획하고 직접 경험하는 가운데 학생 자신이 살아 있는 역사이며 역사를 만들어가는 주인공이라는 것을 느끼게 해주고 싶었다. 그래서 비록 나이 든 여교사이지만 학생들과 숨 쉬며 소통하고 싶었다.

둘째, 봄에 있었던 학생 주도 현장체험활동 일정을 학생들이 직접 짜고 나와 함께 대한민국역사박물관과 국회의사당을 다녀온 학생들에게서 3·1운동 및 대한민국 임시정부 수립 100주년을 의미 있게 생각하고 있다는 것을 보았기에 고3이지만 이 활동을 시작하게 되었다. 아이러니하게 그 활동을 주도하고 다녀온 학생들이 지금 탐구 활동 프로젝트에는 한 명도 없지만….

셋째, 2012년부터 근무하기 시작한 양주에 대해 아는 것이 없었고, 양주에서 두 번째 근무지인 우리 학교에 대해 그리고 우리 학생들에 대해 모르는 것이 너무 많았다. 사실 교사로서 내 과목만 가르치면 되지 학교의 역사, 학생들과 그들의 가족 그리고 이 지역의 역사를 알아야겠다는 생각은 하지 않았다. 그저 수업시간에 "역사의 주인공은 내 앞에 앉아 있는 너희들"이라고 했지 그들에게 역사의 주인공임을 체험하게 하고 그들이 살아 있는 역사라고 느끼게 인식시켜주지 못했다. 그러나 수업시간에 말을 잘하지 못하던 학생이 이 프로젝트에 참여하여 학생들과 인터뷰 활동 및 서로 간의 협의를 통해 자기 몫을 해내는 모습, 자기의 진로와 연결시키는 과정, 그리고 끝까지 최선을 다하는 성장하는 모습을 보게 되었다.

5. 내가 이 활동을 통해 알게 된 것은 무엇인가?

구술사에 대해 고민하고 이론적으로 조금이나마 알게 되었고, 지금 근무하고 있는 우리 학교와 우리 학교 주변 지역에 대해 알게 되었다.

우선 교감 선생님과의 인터뷰를 통해 학생부장으로 양주에서 오랫동안 학교폭력 예방 등 마음을 못 잡는 학생들의 교육에 기여했음을 알게 되었다. 지역사회에서조차 기피하는 학교에서 학교 분위기를 일신하려는 교감 선생님의 노력, 예를 들면 도전 골든벨 개최, 자기주도 학습 지도 등으로 원하는 진로를 찾아간 학생들, 풍부한 동아리 활동비 지원으로 다양한 활동에 참여하는 학생들, 혁신학교 및 초빙(공모)교장제를 이끌어내어 학교를 발전시킨 점, 바삭바삭 협동조합을 운영하게 된 것 등을 알 수 있었다. 양주 고읍지구나 옥정지구 등 새로운 신시가지와 우리 학교가 있는 백석 지역의 발전 양상 차이와 교통 발전이 필요하다는 것을 인식하게 되었다.

그리고 작년 학부모 회장님이자 바삭바삭 설립 조합원인 매니저님과의 인터뷰를 통해 토착민과 이주민에 대해 생각해보게 되었다. 대다수 이주민이 값싼 집값으로 양주 백석에 정착하였는데 이곳의 가족 같은 분위기가 살기 좋은 곳이라는 점, 그래서 본인이 살고 있는 지역에서 학교운영위원회 활동 및 지역사회 봉사활동을 꾸준히 하고 계신 점을 알게 되었다. 그리고 양주가 군사지역으로 드론 보급이 늦어졌고, 교통문제로 서울이나 의정부로 오가는 것보다 양주 내에서의 이동이 불편하고 고립되었다는 느낌이 있다는 것을 인식하게 되었다. 또한 우리 지역에 유난히 저수지가 많은 것은 양주 백석 지역이 농사짓는 땅이 넓은 데 비해 하천이 없기 때문이라는 것과, 권력에서 밀려난 왕의 자손들이 살았던 곳이고 왕비를 많이 배출한 파평 윤씨 등의 역사가 남아 있는 곳이라는 것을 알게 되었다.

교감 선생님과 매점 매니저님과의 인터뷰를 통해 두 분 다 이주민이지만 양주를 '제2의 고향'이라 생각하며 자기가 살고 있는 지역에 대한 관심과 애정이 있다는 것을 알게 되었고, 학생들도 이런 것들을 느껴 양주에 대한 관심과 애정이 생겼으면 하는 바람이다.

시간이 부족했던 우리는 에세이를 제출하고 나서 10월 한 달 동안 양주 지역 토박이로 3대째 가납리에 살고 계신 전 학교운영위원장님, 광적면에서 태어나 평생 농사를 지으신 우리 학년 은송이의 할아버지, 양주 유양동 출신인 음악 선생님과의 인터뷰를 통해 그분들이 사셨던 시대에 대해 알게 되었고, 양주의 역사에 대한 관심이 생겨 후반으로 갈수록 인터뷰 활동을 열심히 했다.

한편, 우리 학교 주변 동영상을 만들면서 우리가 살고 있는 백석 지역이 많은 변화를 거쳐 오늘에 이르고 있으며, 아직도 개발 중인 우리 고장 양주는 지속적인 발전 가능 지역이란 생각이 들었다.

그러나 바삭바삭 매니저님이 소개해주신다던 다문화 가정 인터뷰는 밖으로 드러나기 꺼리는 다문화 가정의 특성으로 여러 번 무산되었다. 그러다가 조선족 학생과 필리핀인 엄마를 둔 학생과 인터뷰를 했다. 다문화 가정 친구들과의 인터뷰를 통해 우리나라에서 전혀 주눅 들지 않고 자신의 미래를 꿈꾸며 열심히 살아가고 있는 어린 학생들이 대견하다는 생각이 들었다. 특히 조선족이라고 비하하며 왕따시키는 우리나라 사람들에게 3·1운동 100주년을 맞이해 일제강점기에 만주에 있던 지금의 조선족이 독립운동에 큰 기여를 했다는 사실에 대해 말하고 싶어 인터뷰를 지원했다는 조선족 학생의 말을 듣고, 우리의 역사 인식이 이젠 다각적이 되어야겠다는 생각이 들었다.

6. 학생들은 어떤 모습으로 변했을까?

학생들이 마지막 학창 시절을 의미 있게 보내기를, 그리고 그것이 학생과 나의 성장에 도움이 되리라 생각해서 시작된 활동이었다. 그러나 자소서 쓰기, 수시와 면접 준비 등으로 바쁜 학생들에게 난 계속 빚을 독촉하는 사람이었다. "언제 시간 있니?", "우리 언제 모일까?", "녹취록 써 와라", "면담일지 써 와라", "이 활동을 하면서 느낀 점을 써 와라"… 난 학생들에게 계속 무언가를 요구하고 있었다. 약속된 글을 써 오기로 한 날 2교시까지만 해도 다른 반에 있는 친구들과 멀쩡히 놀던 학생이 약속한 시간까지 글을 가져오지 않았고, 결국 마지막 시간에 그의 반 수업에 들어가니 아프다며 교사의 부름에도 응하지 않는 모습을 보며 내가 학생에게 너무 많은 부담을 주었다는 생각이 들었다. 그러나 인터뷰 활동을 너무 센스 있게 성실히 잘하는 친구라서 이 친구를 믿고 기다려주기로 했고, 에세이 원고 마지막 날 4명의 학생 모두 글을 제출했다. 학생들 모두 바빠서 교사의 요구 사항에 짜증이 날 수도 있는데 끝까지 최선을 다하는 모습과 인터뷰할 때 구술자에게 호응하며 허심탄회하게 인터뷰를 하고 느낀 점을 말하는 모습을 보면서 이 학생들은 나중에 어른이 돼서도 어떤 일이든 자기주도적으로 일을 계획하고 협동하여 실행해갈 수 있으리라는 생각이 든다. 이번 활동을 통해 가족 및 우리 학교와 우리 지역에 대해 알게 된 점을 바탕으로 본인이 살고 있는 양주에 대한 관심과 애정이 커졌음을 학생들의 글을 통해 알 수 있었다.

7. 마치며…

얼떨결에 시작한 탐구 활동이 너무 힘들어서 나의 푸념을 적고 싶어 에세이도 하겠다고 했는데 이것이 바쁜 학생들을 더 괴롭혔고, 에세이 고수분들을 보고 이것을 왜 한다고 했을까 의기소침하기도 했으나 이 어려운 상황에서 끝까지 학생들과 함께한 것에 감사한다.

학생 본인들이 계획하고 성취해갈 수 있도록 분위기를 조성해주었어야 하고 에세이에서 원하는 방향으로 글을 쓰도록 유도했어야 했는데 그러지 못했던 점, 약탈적 질문을 하지 말라고 해놓고 두 번 모두 인터뷰 마지막에 교사가 개입한 점 등 미흡한 점이 한두 가지가 아니다.

그러나 탐구 활동을 통해 학생이 살고 있는 지역에 대한 관심과 '중앙으로! 중앙으로!' 하며 중앙을 추구하는 것이 아니라, 우리가 살고 있는 이곳이 중앙이라는 생각을 갖고 "양주 지역을 그느르는 사람"이 될 수 있는 역량이 키워졌다는 생각이 든다.

그리고 올해는 얼떨결에 시작했지만 다음에는 학생들이 가족과의 인터뷰와 소감 발표를 수행평가에 넣어 내 삶에 대한 이해, 지역사회에 대한 관심과 애정, 봉사하려는 마음 등을 갖출 수 있는 교육으로 발전했으면 한다.

현재와 같은 입시제도에 지금 우리의 활동이 무슨 의미가 있는지, 학생들에게 부담만 준 것은 아닌지 많이 고민했다. 그럼에도 학생들 스스로 자기 주변에 대한 흥미와 관심을 갖게 되고, 자발적인 탐구 능력이 향상되고, 삶에 대한 긍정적인 태도로 변화하고, 지역사회에 관심을 갖고 이해하는 사람이 된다면 그것만으로도 이미 의미 있는 교육이라고 생각된다.

함께 탐구 활동을 한 4명의 학생들은 크리에이티브 인문학부 문화예술경영, 사학과나 역사교육과, 문예창작학과 등 본인들이 원하는 과에 진학하여 본인이 살고 있는 양주에 대한 애향심과 자부심을 갖고 생활하려는 의지가 돋보이며, 이들의 앞날에 우리의 활동이 즐거운 기억이자 자양분이 되었으면 한다.

<우리의 활동>

7/18 첫 협의회

8/5 가재울도서관

8/5 가재울도서관 세미나실

8/12 양주문화원 방문

8/16 교감 선생님과의 인터뷰

8/23 바삭바삭 매니저님과의
인터뷰

<에세이 제출 후>

10/18 운영위원장님과의 인
터뷰

10/21 자택 방문 인터뷰

10/22 음악 선생님과의 인
터뷰

10/24 다문화 학생과의 인
터뷰

10/25 다문화 학생과의 인
터뷰

10/29 도서관 모임

그러나 잊힌

양주백석고등학교 학생 이가영

　평소 하루빨리 다른 지역으로 이사 가고 싶다는 친구들의 말을 자주 들어왔다. 교통이 불편하고 문화시설이 부족하여 타 지역으로 이동하며 생활해왔던 친구들은 우리 지역에 대한 애정이 부족했다. 이는 우리 지역에 대한 무시로 이어졌으며, 타 지역을 동경하는 마음까지 생겨나게 했다. 서울, 경기도 등 다른 지역에 대한 행사나 축제의 일정이나 정보는 알고 있지만, 양주의 행사나 축제는 두 가지도 제대로 말하지 못하는 것이 현실이었다. 이러한 상황의 문제점은 무엇이고 근원은 무엇이며, 어떻게 해결해야 하는 것일까? 나는 애향심을 고취하면서 지역에 대한 정보를 알리고자 학생 주도 탐구 프로젝트에 참여하게 되었다.

　학생들의 흥미를 자연스럽게 유발하기 위해서는 쉽게 다가가야 했다. 교내 수업에 사용하는 역사 교과서는 객관적인 시점에서 역사적 사건을 서술하여 다소 이해하기 힘들어하는 친구들을 보곤 했다. 이로 인해 역사를 어려운 과목이라 단정 짓고, 역사 공부를 하지 않아 역사에 흥미가 없는 모습을 보였다. 이러한 상황이 반복되는 것을 막기 위해 학생들과 유사한 관점을 가진 인물이 역사를 설명하는 '구술사 방안'을 채택하게 되었다. 가족, 선생님 같은 친근한 주변 인물들을 인터뷰하여 우리 지역의 역사를 알아가고자 했다.

우선 이주민인 부모님과 면담을 했다. 부모님의 성장 과정과 이주한 이유, 그사이에 있었던 역사적 사건을 질문하며 대한민국 현대사와 양주의 발전 과정에 대한 정보를 들을 수 있었다. 부모님의 답변을 통해 당시 시대 상황을 구체적이고 생생하게 떠올릴 수 있었다. 역사책에서 보는 것처럼 자세한 정보를 얻을 수는 없었지만 머릿속에 오랫동안 기억에 남을 것 같았다. 오래된 역사가 아님에도 나 또한 현대사에 무지했다는 것을 알게 되었다. 이주민으로서 양주를 바라보는 지역민의 생각도 들을 수 있었다. 이는 양주와 그 역사에 대한 관심으로 이어져, 양주 역사에 대해 더 알아보며 공부하고 싶어졌다. 그래서 더욱 객관적인 정보를 얻기 위해 프로젝트 팀원들과 '양주문화원'을 방문하기로 했다.

양주문화원에 방문하여 양주의 역사와 형성과정 등 다양한 정보를 듣기 위해 평소 궁금했던 질문을 준비해갔다. 본래 '주내'역이었던 전철역 이름이 왜 양주역으로 바뀌었는지, 양주는 어떻게 형성되었는지 등의 질문을 통해 양주에 대해 알려지지 않은 사실들을 알 수 있었다. 그중 가장 흥미로웠던 이야기는 양주는 조선시대부터 관리나 양반이 많이 거주했던 지역이라는 것과, 서울 노원구나 의정부, 남양주 등은 원래 양주에 속해 있었다는 것이다. 그리고 양주의 대표 문화재라 할 수 있는 '양주상여회다지'와 '양주향교', '양주 별산대 놀이' 그리고 유명 인물의 묘와 농악, 건축을 아우르는 많은 역사적 유물이 있다는 것을 알게 되었다. 양주문화원에서는 이를 알리기 위해 책자를 제작하고 다양한 문화 프로그램을 진행하고 있으나 대중적으로 확산되지 못한 것이 안타깝다. 다른 지역 못지않게 가치가 높은 문화재가 많은데도 지역민마저 모르고 있는 상황을 개선하고 싶다는 생각이 들었다.

양주에 사는 지역민의 생각을 자세히 알기 위해 학교 교감 선생님과 교내 매점 매니저님과 인터뷰를 하게 되었다. 학교의 역사와 여러 사건과 사정으로부터 시작해 양주의 장점, 발전했으면 하는 점을 질문하며 지역민의 솔직한 생각을 알 수 있었다. 단순히 '공기가 좋아요'라는 식의 답변이 아니라 '정이 있고 안전한 곳'이라고 표현하는 답변을 들은 것이 가장 기억에 남았다. 시민들과의 교류를 도모하고 범죄로부터 안전한 시스템을 구축해가는 양주를 정확하게 파악하여 이를 장점으로 소개하는 말을 듣게 되었다. 이를 통해 현재 양주는 지역민들이 바라는 점을 제공하며 개선해가고 있다는 것을 알 수 있었다. 더불어 지역민으로서 불편한 점을 섬세한 부분까지도 들을 수 있는 기회였다. 양주에 거주하는 외국인 근로자를 위한 시설 및 복지 지원이 부족하고, 편중되어 있는 지역 발전이 개선되었으면 좋겠다는 의견도 들을 수 있었다.

나 또한 양주의 지역민으로 인터뷰를 하며 공감하는 점도 많았고, 인지하지 못했던 점이 있다는 것을 알게 되었다. 이런 인터뷰 과정을 통해 내가 살고 있는 양주에 대한 관심이 확산되어 더욱 발전된 양주를 만들어가고 싶어졌다.

일련의 활동과정을 통해 느낀 점은 다음과 같다.

양주문화원은 가래비에 있다. 내가 살고 있는 집과 멀지 않은 거리임에도 이 활동을 하기 전에는 문화원이 있는지도 모르고 지내왔다. 평소 전시회, 뮤지컬, 문화재 기행 등 많은 문화생활을 하며 지냈지만 양주의 문화체험은 관심도 없었고 하지도 않았다는 것을 자각하게 되었다. 다양한 인물과 인터뷰를 하며 알게 된 양주의 단점을 개선하는 프로그램을 기획하고 싶다는 생각이 들었다. 문화재를 더욱 빛나게 해주는 미술관을 세우고, 양주에 거주하는 예술가들을 지원하며, 문화공간을 지원하여 문화로 지역을 채워가겠다는 목표를 세우게 되었다. 또한 다양한 인물과 만나 이야기를 나누는 인터뷰 과정을 경험하니 '인터넷에서는 볼 수 없었던 정감 있고 생동감 넘치는 정보를 얻을 기회가 얼마나 더 있을까?'라는 생각이 들어, 비록 힘들었지만 의미 있는 활동임을 깨달았다. 이 탐구 활동을 통해 양주에 대해 알아가면서 미약하게나마 지역 성장에 기여하는 활동을 할 수 있었다. 우리 지역만의 문제를 인식하고 극복함과 동시에 지역이 발전할 수 있는 대책과 지역 문화산업이 나아가야 할 방향에 대해 생각하게 해준 활동이었다.

그린나래

그린 듯이 아름다운 날개(우리가 그려서 만들어낸 프로젝트)

양주백석고등학교 학생 박예진

1. 탐구 활동 참여 동기

두 가지가 있다. 첫째는 내가 '역사'라는 과목을 좋아하지만 직접 참여하거나 활동해본 경험이 드물기 때문이다. 내가 직접 프로젝트를 꾸려가고 싶어서 참여했다. 둘째는 생활기록부 기재이다. 역사와 관련된 책들을 읽어 독서록은 채웠지만, 이와 관련된 활동을 채우지는 못했다. 이 프로젝트에 참여해서 생활기록부에 역사 관련 활동을 한 줄 더 적고자 참여한 것이다.

2. 우리의 활동

1) 세세한 계획 작성

프로젝트 이름을 정하고 어떤 사람을 어떤 방법으로 면담할지 계획했다.

2) 구술사 책 선정

구술사에 대해 정보가 없던 우리는 각자 자기에게 알맞은 책을 알아보고 선정하여 구술사에 대해 정보를 습득하고, 방학 동안 가재울 도서관에 모여 선생님께 구술사 관련 내용을 알게 되었다.

3) 가족 인터뷰

나와 가장 가까운 사람인 '가족'을 먼저 인터뷰했다. 이주민이던 엄마는 양주에 관한 역사를 아는 것이 별로 없지만 엄마가 양주에서 살아오는 동안 양주의 변화와 변천사를 들려주셔서 양주에 대해 새로운 사실을 알게 되었다. 엄마의 이야기에서 주를 이루는 것이 가족이어서 엄마가 가족에 대해 얼마나 애착이 있는지 알게 된 뜻깊은 시간이었다. 엄마와 학술적이고 진지한 분위기에서 이야기를 나눈 게 처음이라 어색했지만 엄마가 살아오신 모습과 양주의 변화에 대해 알게 되어 유익했다.

4) 양주문화원 방문

양주 역사에 대해 알아보고자 양주문화원을 방문했다. 양주에 속해 있던 지역, 양주의 문화재, 양주라는 지역의 가치, 원래 주내역에서 양주역으로 바뀐 이유 등을 상세히 들을 수 있었다. 문화원장님이 바쁜 시간을 쪼개서 양주 역사탐구 프로젝트를 하는 우리에게 칭찬을 아끼지 않으셨고, 부드러운 분위기 속에 면담에 임해주셔서 감사했다. 양주문화원 방문을 통해 양주문화원이란 곳이 어떤 곳인지, 또

그곳에서 근무하시는 분들이 어떤 일을 하시는지 구체적으로 알게 되었다. 내가 살고 있는 곳인 양주라는 지역에 대해 강한 애착을 갖고, 이 지역에 대해 공부하고 배우는 것이 어려움에도 불구하고 지역 발전을 위해 열심히 일하시는 양주문화원 관계자분들에 대한 존경심이 들었다.

5) 교감 선생님 면담

양주 백석고에서 5년 동안 근무하시고 9월 1일 자로 양주 지역 중학교 교장 선생님으로 발령 나신 교감 선생님을 면담했다. 교감 선생님은 양주에 거주하시면서 오랫동안 양주에서 교직 생활을 하셨음을 알게 되었다. 어렵게만 느껴졌던 교감 선생님과 가까운 자리에서 면담을 하자니 낯선 감이 없지 않아 좀 불편했다. 어색한 분위기를 특유의 입담으로 풀어주셨고, 편안한 분위기에서 면담이 시작되었다. 줄곧 양주에서 근무하신 교감 선생님은 양주를 '제2의 고향'이라고 할 만큼 남다른 애정이 있었다. 더불어 양주 백석고에도 깊은 애정을 지니고 계셨다. 만날 일이 없을 수도 있었던 교감 선생님과 진지한 이야기를 나누면서, 무서웠던 교감 선생님에 대한 편견이 사라지기도 했다. 유익한 자리였다.

6) 매점 매니저님 면담

이주민 중 이 지역을 자세히 아시는 매점 매니저님을 면담했다. 인터뷰 자리에 함께하지는 못했지만 녹취록을 통해 영화나 이야기로만

들었던 '데모'에 관한 이야기를 직접 경험하신 분의 이야기를 들으니 신기했다. 이주민이지만 양주에 대해 애착을 갖고 많은 걸 아시는 매니저님의 이야기를 통해 나도 모르던 양주에 대해 알 수 있었다.

3. 변화된 점

내가 선택하고 시작했지만 시간이 지날수록 고3인 내게 이 프로젝트가 무모하다고 생각했다. 할 것 많은 시기에 장기적인 프로젝트가 어려웠고, 포기하고 싶었다. 그럼에도 이 프로젝트에 내가 할 수 있는 한 시간과 노력을 들여 열심히 참여했다. 우리 지역에 대해 아무것도 모르던 나는 이 프로젝트를 통해 양주 지역사에 대해 알게 되었다. 예를 들어 양주역이 주내역이었던 이유와 양주에 속해 있던 지역들을 알게 되었다. 지역에 대한 자긍심과 자부심이 부족했던 나는 이 프로젝트를 통해 우리 지역에 대한 관심과 자부심이 높아졌다. 교감선생님과 매점 매니저님을 인터뷰할 때 우리 학교에 대해 어떻게 생각하고 계시는지 알 수 있었다. 불미스러운 사건과 사고가 많았지만 혁신학교가 되기까지 선생님들의 많은 노력이 있었다는 걸 알 수 있었다. 그리고 어쩌면 인생에서 가장 바쁜 고3 시기에 프로젝트를 주도적으로 함으로써 도전정신을 키운 것 같고, 앞으로 어떤 일에도 주저하지 않고 임할 수 있을 것 같다.

한 발 더 가까이

양주백석고등학교 학생 백형건

역사탐구 활동에 참여한 동기는 평소 역사에 관심이 많았고, 진로도 역사 쪽이라 일반적인 역사책도 읽고 사전 지식도 쌓았기 때문입니다. 처음 담당 선생님의 제안을 받았을 때 새로운 것을 경험하고 배울 수 있을 것 같았습니다. 처음으로 구술에 대해 배웠고 책도 읽었지만 아직 구술에 대해서는 잘 모르겠습니다. 이번 프로젝트에 참여하면서 구술에 대해 처음 들었는데, 그동안 왜 항상 책으로만 배우고 '말로 전해지는 역사'는 배울 생각을 하지 않았나 싶어 '아차' 싶었습니다. 이번 기회에 매력적인 구술사에 대해 더 자세히 배우고 싶어 탐구 활동에 참여했습니다.

제가 했던 역사탐구 활동은 우선 구술에 대해 알아보고 모둠원들과 같이 누구를 조사할지 정하는 것이었습니다. 저희는 일단 가까운 가족부터 조사하기로 했고, 저는 친할머니께 먼저 부탁하여 할머니의 어린 시절을 살펴보게 되었습니다. 처음엔 어떻게 시작해야 할지 몰라서 좀 어색하게 녹음을 시작했습니다만, 할머니의 옛날이야기를 통해 당시 절박한 상황을 생각하며 집중하여 들었습니다. 할머니와 비슷한 연배이신 분들은 대부분 6·25를 겪으신 분들이라 그때의 일화와 체험담이 아주 흥미로웠습니다. 황해도에서 할머니의 오빠가 보내신 공작원들과 탈북했는데, 당시 할머니의 아버지께서 남한 감찰대원이셔서 나중에 남한군이 다 후퇴할 때 산속에 숨어 계시다가 장티푸스로 돌아가셨다는 이야기를 듣고 안타까웠습니다. 할머니의 이야기를 듣고 한반도에 전쟁은 없어야 한다고 생각했습니다.

그다음에는 아버지의 이모저모를 살펴보려 했지만 바쁘셔서 나중으로 미루었습니다. 우리 부모님들은 대부분 6월 민주항쟁을 겪으셨고 IMF 등 국가의 위기상황을 겪으셨기 때문에 당시 어떻게 지냈으며 어떤 활동을 했는지 자세히 들을 수 있었습니다. 아버지가 바쁘셔서 짧게 조사한 것이 좀 아쉽지만 이런 역사적인 상황을 아버지의 시각에 맞추어 설명을 들어서 한편으로는 유익한 시간이었습니다.

그 후 우리 학교에 오래 계셨던 교감 선생님을 뵙고 우리 학교에 오시기 전에 어떤 일을 하셨고 거기서 어떤 일들이 일어났는지, 우리 학교에 오셔서 하신 일들 중 어떤 일이 기억에 남는지와 혁신학교로서의 장점 등을 여쭤보았고, 가장 기억에 남는 학생과 어떤 일이 있었는지 등을 들을 수 있었습니다. 교감 선생님을 인터뷰한 후에는 우리 학교 매점의 매니저님을 인터뷰했습니다. 매니저님은 처음 이 역사탐구 활동을 기획했을 때부터 도움을 주셨고, 매니저님이 아는 분을 많이 소개해주셔서 역사탐구 프로젝트 기획에 많은 도움이 되었습니다. 저희는 옛날이야기와 학교 매점의 매니저를 하시기 전에 어떤 일을 하셨는지, 취미가 무엇인지를 들었고, 6월 민주항쟁 때 어떤 일을 하셨는지와 4차 산업혁명에 대한 생각 등을 여쭤보았습니다.

그다음에는 양주문화원에 가서 양주 토박이인 선생님을 찾아뵙고 옛 조선시대가 시작될 때 선생님 가문의 사람들이 어떻게 생활했는지에 대해 들었습니다. 또한 각자 양주에 대해 모르는 것을 여쭤보았습니다. 저는 저번 동아리 시간에 양주 관아지에 세워져 있던 비석에 대해 여쭈어보았고, 왕이 왔다 감을 알렸다는 비석임을 알았습니다. 문화원에서는 양주에 관한 책을 네 권씩 나누어 주셨는데, 옛 양주에 대해 알아가는 데 많은 도움이 되었습니다.

이 탐구 활동을 기획하자고 모이고, 이런저런 것들을 찾아오라고 하고… 처음에는 준비할 것들이 많았고 숙제로 해 와야 할 것들도 있었고, 게다가 원서 접수 날짜까지 겹쳐서 많이 힘들었지만, 저는 포기하지 않고 최선을 다했습니다. 보고서를 쓰기 위해 조사한 결과물들을 읽어보면서 흥미로웠습니다. 먼저 부모님과 할머니께 들은 이야기를 보고서로 작성하면서 당시 간절했던 상황들과 행복했던 순간들을 상상했고, 그런 상황과 감정을 보고서로 작성했습니다. 역사를 공부해오면서 '그냥 이런 상황이었겠구나'라고 생각했는데 부모님의 시각과 할머니의 시각, 그리고 교감 선생님과 매니저님의 시각과 그분들이 살아오신 인생과 양주에 대한 설명을 떠올리며 처음으로 역사책에만 나온 역사들이 전부가 아님을 깨달았고, 역사를 여러 관점에서 바라보는 것이 중요하다는 점도 깨달았습니다. 이번 프로젝트는 저에게 역사를 바라보는 시점에 대해 다시 생각하게 된 중요한 프로젝트였습니다.

역사 교사가 되기 위한 걸음마

양주백석고등학교 학생 조윤기

참여하게 된 계기

처음에는 생활기록부를 채우기 위해 참여했었습니다. 물론 저는 역사 선생님을 꿈꾸고 있었기 때문에 이 기회에 잘 몰랐던 역사에 대해 더 잘 알 수 있지 않을까 싶기도 했습니다. 주변에 역사에 관심 있는 친구들을 한데 모아 조를 꾸렸습니다. 선생님의 지도하에 주제를 짰습니다. 주제는 우리 지역의 역사, 근대화 운동을 알아보자는 것이었습니다. 역사를 좋아한다고 자부심을 가진 저였지만 정작 우리 고장의 역사에는 무지했습니다. 단순히 회암사지, 권율 장군 묘가 있다는 사실만 알았지 가래비시장에서 3·1운동이 있었다는 사실 등을 잘 몰랐습니다. 이렇게 주제를 정하면서 반성도 했습니다. 이번 기회를 살려서 우리 지역의 역사도 친구들에게 알리고 저의 지적 욕구도 채우고 싶었습니다.

인터뷰 시작 ① - 부모님

먼저 조원들끼리 각자 부모님을 상대로 구술 인터뷰를 하기로 했습니다. 가족여행 때문에 아쉽게도 저는 구술에 대해 배우는 날 참여하지 못했습니다. 친구들이 배운 내용을 저에게 가르쳐주어 부모님과 구술 인터뷰를 하는 데 많은 도움을 받았습니다. 항상 제 얘기를 들어주시기만 하던 부모님께 하고 싶은 얘기를 해주십사 부탁하니 많이 당황스러워하셨습니다. 그래서 먼저 부모님께 왜 양주로 이사 오게 되었는지 여쭈어봤습니다. 저는 양주로 이사 올 때 8세밖에 되지 않아 정확한 기억이 없었습니다. 부모님이 들려주신 바에 의하면 작은이모도 결혼하면서 할아버지, 할머니 두 분이 집을 청소하거나 가꾸기에 큰 집이어서 이곳 양주로 이사하게 되었다고 하셨습니다. 그리고 원래 살던 지역은 제가 초등학교를 가려면 버스 타고 멀리 이동해야 했기 때문에 학교 근처인 양주로 오게 되었다고 하셨습니다. 이 지역에 이사 오게 된 이유가 저 때문이라는 사실을 어느 정도는 알고 있었지만 할아버지, 할머니를 위해 왔다는 사실은 처음 듣게 되어 놀라웠습니다.

부모님께 전에 살던 의정부 지역보다 양주 지역의 장점이 무엇인지 여쭈어보았습니다. 먼저 부모님은 양주 지역에 오고 나서 좋은 이웃이 많이 생겼으며, 품앗이로 집집마다 김장할 때 도움을 주었다고 말씀해주셨습니다. 의정부 지역에서는 이런 활동들을 못 해보았기 때문에 양주 지역의 장점이라고 얘기해주셨습니다. 부모님의 어릴 적 이야기가 궁금해서 다시 여쭈어봤습니다. 산아제한 때문에 할머니가 힘들었던 일, 간염 때문에 죽을 뻔했던 부모님 이야기에 판타지 소설 속에 들어와 있는 느낌을 받았습니다. 그리고 이야기를 하다 보니 제 동생과 부모님이 양주 지역의 역사 탐방하기 프로젝트를 하셨다는 것을 알게 되었습니다. 부모님께서 우리 지역 역사를 저 빼고 동생이랑만 했다는 점에서 아쉽기는 했지만, 이번 프로젝트에도 도움이 될 만한 내용들이 많이 있었습니다. 부모님이 원래 역사에 관심이 많다는 것을 알고 있었지만 이 정도인 것은 처음 알게 되었습니다. 부모님과 더 많은 내용을 다뤘지만 여기서 마무리하겠습니다.

인터뷰 ② - 교감 선생님

이번에는 교감 선생님과 구술 인터뷰를 했습니다. 교감 선생님을 떠올리면 항상 엄격하고, 무서운 분으로만 생각해왔습니다. 그런데 이번 인터뷰를 하면서 그런 생각이 많이 바뀌었습니다. 앞에서 말했듯이 저는 선생님이 되고 싶습니다. 그래서 교감 선생님의 교직 관련 이야기가 많이 궁금했습니다. 교감 선생님이 왜 선생님을 꿈꾸게 되셨는지, 어떤 일이 기억에 남는지 등을 여쭈어보았습니다. 부모님도 포기한 학생을 다시 학교로 돌아오게 만드신 이야기 등, 정말 흥미진진한 이야기들을 해주셨습니다. 그리고 제일 중요한 질문인 '왜 양주에 오게 되셨는지'를 여쭈어보았습니다. 저는 대부분의 선생님들은 이런 농촌보다 출퇴근이 편한 도시를 선호할 것이라고 생각해왔습니다. 교감 선생님은 첫 발령지부터 양주였고, 이 지역에 많은 호감을 갖게 되었다고 하셨습니다. 의정부 지역으로 발령받으셨을 때도 다시 양주 지역으로 오기 위해 노력하셨을 만큼 정말 이 지역에 자부심을 갖고 계시고 이 지역을 사랑하신다는 점을 느낄 수 있었습니다. 어떻게 보면 교감 선생님의 고향과 엄청 먼 양주라는 지역에서 '제2의 고향'으로 살고 계신 것이 신기하고 존경스럽게 느껴지기도 했습니다. 양주에 대한 교감 선생님의 사랑을 느낄 수 있었습니다.

참여하지 못해 아쉬운 인터뷰 ③ - 학교 매점 매니저님

병원에 가게 되면서 학교 매점 '바삭바삭'의 매니저님과의 인터뷰에 참여하지 못했습니다. 인터뷰를 한 친구들의 이야기를 들어보니 주변에 다문화 가정도 있고 매니저 일 또한 열심히 해주시는 분이라고 하여, 같이 인터뷰를 하지 못한 것이 조금 아쉬웠습니다.

느낀 점

프로젝트 리더임에도 두 가지 활동에 참여하지 못하여 조원들에게 많이 미안하고, 남은 기간 동안 프로젝트가 잘 마무리될 수 있도록 조원과 선생님과 잘 협력해야겠다는 생각이 듭니다. 그리고 처음 시작할 때는 열심히 하겠다는 마음으로 시작했지만 대학원서 접수, 면접 준비를 하면서 시간 안배하는 것이 많이 힘들었습니다. 하지만 이런 경험을 통해 나중에 복잡한 일에도 시간 비율을 잘 맞출 수 있는 능력을 가지게 된 것 같습니다.

역사탐구 프로젝트를 마치며

문산고등학교 윤리와 사상 교사 조주영

상사화가 피는 계절이다. 너무 붉게 피어서 아름답고, 너무 화려해서 슬픈 꽃이다. 언제나 뇌리에 담겨 있는 꽃이 있다. 불꽃이다. 우리 역사에는 많은 불꽃들이 있었다. 그 불꽃들이 역사와 국가를 유지시켰다. 일제강점기, 6·25전쟁 등에서 얼마나 많은 꽃들이 불꽃이 되어 타오르고 사라졌을까?

갑자기 역사탐구 프로젝트를 담당하게 되었을 때는 막막하고 혼란스러웠던 게 사실이다. 경험은 전혀 없고 역사 교사도 아니기에 어떻게 학생들과 이번 주제에 접근할지 두렵기도 했다. 하지만 학생들을 만나 협의회를 거치며 오히려 나의 성장을 위해 도움이 되지 않을까 반문하게 되었다. 구술을 통해 역사에 접근해본 적이 없기에 이번 기회를 꼭 붙잡아야겠다고 생각했다. 똑똑하고 성실한 팀원으로 구성되어, 잘할 수 있겠다는 확신이 들었다. 미군기지 주둔에 따른 문산의 생활 모습 변화를 주제로 한 역사탐구 구술사 연구는 흥미롭고 감동적이었다.

문산은 역사의 중심에서 의연히 존재하고 있다. 상처뿐인 모습으로 1960년대와 1970년대를 보내고 격변의 2019년을 맞이하고 있다. 넓게 자리 잡았던 미군기지들이 사라진 지금 경제와 문화는 낙후되고 있지만 정치적 중심에 있고 교육열 또한 높은 지역임을 자랑스러워하고 있다. 윤여담, 최순웅, 백서진 세 학생들과 문산고등학교 역사탐구 프로젝트를 함께한 8, 9월은 너무도 소중한 시간이었다. 역사의 아픈 상처를 보듬고 치유할 수 있는 시간을 가질 수 있었던 것에 감사한다.

　조선시대 파주는 문학가와 사상가를 많이 배출한 고을이다. 서원이 많이 세워졌고, 교통도 좋고 평야도 있어서 주거 여건이 좋고 주민들의 삶이 여유로울 수 있는 곳이었다. 이런 파주가 일제강점기를 거치고 6·25전쟁을 겪으며 미군이 주둔하게 되고부터는 유교적 농경사회에서 탈피하여 자본주의의 모습으로 급변하기 시작한다.

　학생들과 1960~1970년대 파주의 모습을 구술사를 통해 조사하면서 지적 성장을 경험했다. 학생들의 열정적인 모습에 감동했고, 지역 주민들의 이야기에 심취했고, 현재의 파주 현실과 비교하며 미래를 꿈꿀 수 있어 행복했다. 역사의 주인공은 국민임을 그리고 우리 주변의 이웃임을 확인하는 가운데 알 수 없는 감정의 교류가 일어났다. 학생들은 진지했고 미래를 새로운 시각으로 이야기하기 시작했다. 우리 눈에 비친 파주를 발전시키고 싶어서 이것저것 제시하기 시작했다. 비록 지금은 어리지만 조금 시간이 흐르면 이 학생들이 역사를 이끌어 갈 것이다. '그래서 이들은 또 불꽃처럼 타오르겠지. 이 나라 이곳의 발전을 위해, 이웃의 행복을 위해 고민하고 염려하고 봉사하고 희생하고 일하겠지.' 교사로서의 행복은 이것이다. 학생들의 지적 성장을 돕고 그들의 내부에 반짝이는 불꽃을 피어오르게 하고, 미래의 주인공이 되게 하고, 행복을 만끽하게 도와줄 수 있다면, 나는 교사임이 더욱 기쁘고 행복할 것이다.

나는 보았다, 파주의 상처를

문산고등학교 학생 백서진

어릴 때부터 할머니께 우리 지역에 대해 많은 이야기를 들어왔다. 미군부대에서 일하셨던 할머니는 특히 미군에 대해 많은 이야기를 해주셨다. 미군부대 앞에 가면 당시 귀했던 설탕을 얻을 수 있었고, 미군부대에서 일하며 소시지나 통조림 햄을 받아 오기도 하셨다고 한다. 이런 이야기가 마냥 다른 세상 이야기처럼 느껴졌지만 신기하고 재밌었다. 하지만 미군부대의 흔적은 우리 지역에 여전히 남아 있다. 버스를 타면 '자이언트 부대'라는 정류장이 있고, 매년 석가탄신일에 절에 가기 위해 선유리와 연풍리를 지나다 보면 매우 오래된 영어로 된 간판의 술집이나 기지촌을 쉽게 볼 수 있다. 어렸을 때부터 보고 들어 익숙하면서도 어느 순간부터 우리 지역의 자세한 이야기가 궁금했다. 그래서 이 프로젝트에 대한 이야기를 들었을 때 주제를 미군부대로 해보면 어떨까 생각했고, 파주 지역 미군기지 주둔에 대해 탐구하게 되었다.

한국전쟁 후, 남한 여러 지역에 미군이 주둔하게 되었다. 파주 또한 주둔 지역이었는데 상당히 큰 규모였다. 미군부대 주변으로 자연스레 상권이 형성되었는데, 주로 술을 파는 바가 있었고 기지촌이나 미제 물품을 파는 가게들도 꽤 있었다. 미군기지 주둔으로 파주는 경제적으로 큰 이익을 보았고 정부에서도 지원할 정도로 규모가 컸다. 하지만 2000년대 들어 미국 정부와 우리 정부의 정책으로 미군부대가 철수하게 되고 미군에 의지해온 파주 상권들은 죽을 수밖에 없었다. 현재도 선유리나 법원리같이 미군부대 최접경 지역들은 낙후되어 있고, 미군부대 터들은 공터로 남아 있는 곳이 대부분이다.

우리는 예전부터 이 지역에 살아온 분들을 만나 인터뷰했다. 당시 생활 모습에 대한 기록은 거의 찾아볼 수 없고 구술에 의존할 수밖에 없었다. 많은 분이 미군에 대해 대단히 좋은 인식을 갖고 있었는데, 경제적으로 큰 도움을 받았다고 하셨다. 한 분은 기지촌에 대해 많은 이야기를 해주셨다. 얼마나 많은 여자들이 몸을 팔았는지, 그들의 생활은 어떠했는지 말씀하셨다. 어디서도 들어보지 못한 이야기들을 들을 수 있었다.

구술을 하며 많은 생각이 들었다. 처음엔 단순히 당시 생활 모습이 궁금했으나 구술이 진행될수록 그것을 뛰어넘어 우리나라의 역사 및 발전 과정의 한순간이 그려졌다. 그 역사 속에 계셨던 할머니, 할아버지들의 삶은 우리가 감히 상상조차 할 수 없는 고단한 삶이었고, 우리가 쉽게 쓸 수 없는 것임을 깨달았다. 우리에게 주어진 이 기회가 정말 감사했다. 그분들의 귀한 목소리를 직접 듣고 담을 수 있으며 알릴 수 있기 때문이다. 이 프로젝트가 아니었다면 평생 듣지 못했을 이야기를 우리 지역 사람이라면 꼭 알아야 하고, 또한 꼭 알리고 싶었다. 비록 짧은 시간 동안 준비해 많이 부족하지만 조금이라도 더 그분들의 이야기를 기록할 수 있어 좋았다. 이 이야기들은 너무도 생생했고 우리 지역과 역사를 이해하는 데 큰 도움을 주었다.

구술을 하며 몹시 안타까운 점들도 많았는데, 특히 발전하지 못하는 지역들과 미군부대 부지를 어떻게 이용해야 할지에 대해 고민이 생겼다. 우리가 할 수 있는 일은 이 이야기를 기록하고 알림으로써 이 지역을 다시 부활시키는 것이라고 생각한다. 이 프로젝트를 통해 많은 사람들이 우리 지역에 관심을 갖는 계기가 되고 발전과 변화의 토대가 되면 좋겠다.

문산에서 평화를

문산고등학교 학생 윤여담

내가 살고 있는 터전의 역사를 탐구하는 것은 우리 고장의 모습과 나의 생활환경을 바라보는 것과 같다. 문산은 과거 전쟁으로 인한 실상들을 그대로 보여주고 있고, 그 흔적 또한 눈에 띄게 남아 있다. 우리는 구술 조사를 통해 당시 상황을 직접 경험한 사람들의 인상을 조사했는데, 정형적이고 객관적인 교과서나 언론 매체와 달리 상당히 현실적이었다. 책으로는 느끼고 배울 수 없는 점들을 찾을 수 있었고, 앞으로의 일이 역사로 정확하게 기록되고 전해지려면 개개인의 직접적인 느낌 전달이 정말 중요하다는 것을 깨달았다.

전쟁 후 미군기지와 공존하여 살아가던 주민들은 다른 지역보다는 비교적 풍족한 삶을 누렸고, 다양한 방식의 서양 문화를 접할 수 있었다. 지역의 외화벌이를 통해 많은 개발 사업을 벌이고 정부의 지원을 받으며 살았는데, 미군기지 주변에서 성행하던 성매매로 말미암아 기지촌이라는 이름으로 비하되곤 했다. 그런가 하면 과거에 그렇게 번창했던 문산이라는 도시는 영락없는 시골 마을로 변해 있다. 미군기지가 있던 장소는 공터로 숲만 우거져 있고, 그 주변은 당시 지어진 듯한 오래된 가게들이 자리 잡고 있다. 문산의 도시화는 과거 미군기지 지역을 제외한 나머지 지역에서만 일어났다.

이러한 문산의 모습은 아직 전쟁의 고통에서 벗어나지 못한 것처럼 보인다. 미군기지부터가 전쟁의 파편으로 문산에 주둔했던 것이고, 우리는 그 흔적을 아직 지우지 못한 것이다. 그래서 정부는 본래 문산 주민들의 공간이었던 그곳을 현대적으로 개발하여 주민들에게 돌려주어야 한다고 생각한다. 상당히 처져 있는 문산 선유리 지역의 개발을 통해 죽어가는 상권을 살려야 하며, 주민들에게 평화적인 상생 공간을 제공해야 한다.

문산은 지리적으로 북한과 매우 가깝다. 그래서 미군기지가 주둔했던 것이고, 지금은 파주를 평화통일 도시라고 하기도 한다. 역사탐구를 시작할 때는 수도권에 있는 다른 지역과 달리 북한과 가까운 연천, 파주 부근 지역은 왜 많이 발달되지 않았는지 궁금했는데, 문산이 군사지역이기 때문이라는 생각을 하게 되었다. 매번 여러 협상이 이어지며 통일을 이루는 것처럼 보이지만, 사실 지금은 '휴전'이지 '종전'이 아니다. 국가적 아픔인 6·25전쟁을 일으킨 전범국과 아직도 대치 상태인데, 그 최전선에 파주가 있는 것이다. 미셸 푸코의 『감시와 처벌』에 따르면 학교와 감옥과 군대는 매우 비슷하다고 한다. 셋 다 규율적인 공간에서 사람들이 활동하는데, 사람을 체계적이고 규칙적으로 만들어 표준화한다는 점에서 공통적이다. 현재 파주엔 군대가 많이 들어서 있는데, 아마도 상황에 따라 어떻게 활용될지 모를 문산을 발전시키지 않고 내버려 둔 것이 아닐까 한다. 그리고 파주는 6·25전쟁 이후 북한 지역에서 내려온 이들이 많이 거주했기에 푸코의 '학교, 감옥, 군대'로 인한 사상적 표준화가 필요했던 것일지도 모른다.

한국전쟁 이후 나의 고장 문산에 주둔했던 미군기지와 그로 인한 생활상을 살펴보며, 정치·경제·사상·문화 등의 다양한 측면에서 당시 주민들의 입장을 느껴볼 수 있었다. 각기 다른 사람들의 사고를 접해봄으로써 지역의 변화라는 것에 대해 실감할 수 있었으며, 전쟁이 인간사회를 처참히 붕괴시킨다는 점, 사회는 사람들의 다양한 견해가 모여 구성되고 작용한다는 점을 배울 수 있었다.

지식은 어디에

문산고등학교 학생 최순웅

　내 주변에는 많은 지식이 널브러져 있고, 나는 그 지식들을 주체하지 못하며, 나만의 것으로 어떻게 바꿀지 알지 못했다. 이번 역사탐구는 내 주변의 지식을 정리하고 앞으로의 나의 배움에 큰 도움이 되었다. 지식을 습득하는 데는 여러 가지 방법이 있지만 나는 평소 책으로만 지식들을 습득해왔다.

　운 좋게도 이번에 처음으로 사람을 통해 지식을 얻을 기회가 있었다. 파주 지역의 주한미군에 따른 주민들의 삶의 변화 과정을 살펴보며 많은 사람들을 만났다. 그들은 모두 제각기 다른 생각을 지니고 다른 삶을 살아왔고, 그래서 그들만의 지식을 간직하고 있었다. 주민들을 만나고 인터뷰하는 모든 과정이 나에게는 공부이자 인생의 배움이었다.

　이번 역사탐구는 내게 새로운 경험을 많이 선사했다. 처음으로 누군가를 인터뷰하기 위해 동료와 함께 주민들을 찾아 나서고, 주민들을 설득하여 인터뷰하는 장소와 시간을 마련했다. 이 과정에서 나는 사회에서 겪을 작은 경험을 미리 해보았다. 또한 주민들을 인터뷰하며 사람을 대하는 능력의 중요함을 작게나마 느꼈다. 나 자신이 사람을 꽤나 잘 대하며 말을 잘하는 줄 알았다. 하나 이번 탐구에서 나 스스로 과대평가하고 있음을 알았다. 사람을 마주하며 이야기할 때 내가 의도한 바를 자연스럽게 전하지 못했고, 상대방을 편하게 만드는 대화를 주도하지 못했다.

동료들은 대화를 편하게 이끌어갔고, 나는 그 속에 참여할 수 있어 다행이었다. 개인의 능력이 뛰어난 건 물론 중요하지만 더욱 중요한 건 자신의 부족한 점을 채워주는 동료가 있는 것이다. 자신이 모든 일을 주도하여 이끌어가는 것은 좋은 일이다. 그러나 모든 일을 스스로 끌어가고 해결하려 하면 문제가 생길 수 있다. 이런 상황에서 문제를 해결하기 위해서는 뛰어난 개인이 아니라 '함께 모여서 뛰어난' 우리가 필요한 것이다.

내가 아직도 성장해야 할 길이 끝없이 남아 있음을 조금이나마 느꼈다. 운 좋게 참여한 역사탐구는 내게 많은 것을 알려주고 나를 성장시켜주었다. 인간은 누구나 미숙하다. 우리는 자신의 미숙한 점을 보완하며 성장한다. 이번 탐구는 내게 나의 단점을 알게 해주었고, 그것을 어떻게 바꾸고 개선해갈지 고민할 수 있는 기회를 주었다. 앞으로 성장하며 많은 것을 보고 경험할 것이다. 그럴 때마다 이번 탐구가 떠오를 것이고, 기꺼이 즐겁게 회상하며 앞으로 나아갈 것이다.

역사 동아리 활동으로 인간의 무늬를 그리다

한민고등학교 진로 전담 교사 김형태

진로 전담 교사로서 학생들에게 도움을 줄 수 있는 방법을 고민하고 있었습니다. 그 가운데 학생들에게 다양한 경험을 할 수 있는 장(場)을 마련해줘야겠다는 생각을 했습니다.

첫째로, 사회과 중점학교 예산으로 '문·사·철·영어가 숨 쉬는 한민고 발자취 프로그램'을 기획하여 문학, 역사, 철학, 영어를 연결하여 생각해보고 직접 걸으면서 경험하는 기회를 가졌습니다. 둘째로, 국사편찬위원회에서 주관하는 '우리역사바로알기대회'에 참여하면서 역사 관련 조사 분야와 연구 분야로 나누어 학생들이 보고서를 작성했습니다. 셋째로, 공간정보처에서 지원하는 '국토교육동아리' 활동으로 학교가 위치한 파주 광탄면의 발전 방향을 기획해보았습니다. 넷째로, '3·1운동 및 대한민국 임시정부 수립 100주년 기념사업'의 동아리 활동 에세이, 탐구와 평화 프로젝트에 참여하여 에세이 작성, 구술사 채록 및 전사, 평화를 주제로 한 기록물 만들기를 하였습니다. 그 결과 학생들이 자신들의 무늬를 그려가기 시작했습니다. 구체적인 내용은 다음에서 풀어가겠습니다.

1. 경험을 통해 다양한 분야를 연결해서 보다

'문·사·철·영어가 숨 쉬는 한민고 발자취 프로그램'은 2018년 시작한 '문화가 있는 옛길 탐방'과 '궁궐 탐방'을 보완하면서 시도한 활동입니다. 역사에만 집중한 활동에서 문학, 철학, 영어, 역사를 함께 생각할 수 있는 프로그램을 기획했습니다. 그 내용은 다음과 같습니다.

- 파주시 광탄면 3·1운동 발상비 답사를 통한 지역의 독립운동 조사
- 용암사 용미리 이불입상 영어 해설문 분석으로 문제점 보완
- 보광사를 통한 불교 사상 이해
- 파주 헤이리 마을 영어 소개문 분석으로 외국인을 위한 파주 홍보
- 한국현대사박물관 탐방을 통한 현대사 이해
- 윤관 장군 묘 시비(詩碑) 공원 방문을 통한 문학에 대한 이해
- 영문을 통한 박정희 시대 이해
- 해병 제1상륙사단 전공(戰功) 선양비 답사를 통한 지역의 한국전쟁 조사
- 영문을 통한 한국전쟁 시대 이해
- 세계 민속 악기 박물관 탐방을 통한 세계 문화 이해
- 생명과학·철학·역사·영어로 파주를 이해하는 세미나

위의 여러 활동들은 다양한 시각으로 현상을 바라보면 좀 더 넓고

생명·철학·역사·영어로 파주를 이해하는 세미나

깊게 바라볼 수 있는 경험을 할 수 있다는 것이었습니다. 더불어 학생들이 찾아갈 곳을 선정하고 역사가, 진로 교사, 원어민 교사와의 소통을 통해 자료를 만든다는 것입니다.

　한민고 발자취 동아리는 남학생 6명, 여학생 2명으로 구성되어 있습니다. 학교 자율 동아리로, 다양한 곳을 찾아서 보고 듣고 말하는 경험을 위해 만들어졌습니다. 역사와 영어에 치중되어 있는 점을 보완하여 내년에는 철학, 문학, 과학과 연결하여 프로그램을 기획할 예정입니다.

2. 보고서 작성을 통해 자신을 찾다

교내외 활동 가운데 과학 및 수학 분야와 관련된 것들이 많은데, 인문과 관련된 대회가 별로 없어서 많이 고민하고 있었습니다. 이때 역사 분야에서 가장 규모가 큰 '우리역사바로알기대회'를 알게 되었습니다. 국사편찬위원회에서 주관하는 이 대회는 매년 역사를 좋아하는 학생들이 참여하여 관심 있는 분야를 깊이 있게 탐구합니다. 한민고 학생들은 '우리역사바로알기대회'에 참여하기 위해 '바로 아는 한국사 대회'라는 교내 예선을 거칩니다. 교내 대회에서 수상한 학생들 중 1위에서 3위까지 학교 대표로 선발됩니다.

2015년에 참여한 학생의 경우 '고려 말~조선 초 왜구를 통해 살펴본 한일 관계 발전 방향에 대한 연구'라는 주제로 '왜구'의 존재에 대해 탐구했습니다. 왜구가 일본인만이 아니라 수탈에 못 견뎌 이탈하여 왜구에 들어간 중국인, 한국인도 있음을 발견하면서 역사를 넓은 시각에서 바라볼 필요가 있다는 의견이 나오는 가운데 민족주의 시각에서 벗어날 필요가 있다고 생각했습니다.

2018년에 참여한 학생의 경우 '우리나라 문화재를 대하는 관광객과 문화재가 소재한 지역 주민과의 공존 방안'이라는 주제로 문헌 연구를 했습니다. 역사 자체에 대한 관심보다는 역사와 역사를 소비하는 인간의 공존을 생각하는 모습에서 '관계'에 주목하는 스스로를 발견했다는 말을 듣고 대회 참여와 관심 분야의 탐구에서 나아가 자신을 찾는 과정임을 알았습니다.

2019년에 참여한 학생은 '김포 3·1운동의 양상과 계승 방안'에 대해 현장 조사 보고서를 작성했습니다. 김포시가 역사 행사를 위한 홍보가 미비하다는 비판과 가장 인기 있는 부동산 SNS를 이용하여 역사를 알릴 필요가 있다는 의견 속에서 우리 역사를 지키려는 학생의 열정을 느낄 수 있었습니다. 또 다른 학생은 '친일 잔재 청산, 한국 기업과 전범 기업의 비즈니스에 대한 불매운동을 중심으로'라는 주제로 문헌 연구 보고서를 작성했습니다. 전쟁 범죄에 대한 책임을 다하지 않는 일본 기업들을 조사하고, 전범 기업과 협력하는 한국 기업들을 비판하며 정부가 전범 기업의 입찰 참여를 제안해 배상 책임을 지게 하는 대안을 제시했습니다. 이 과정에서 역사는 과거에만 머무르는 것이 아니라 현재진행형이라는 의견을 제시하는 학생을 통해 역사가 살아 숨 쉬며 항상 속삭이고 있다는 생각이 들었습니다.

학생들이 대회 수상만을 목적으로 하는 것이 아니라 역사를 탐구하면서 '아(我)와 비아(非我)의 관계'를 생각하고, 역사를 소비하는 방안을 제시하며 넓은 시야를 갖추어가면서 역사탐구 활동은 스스로를 발견해가는 과정임을 알게 되었습니다.

3. 지역에 대한 조사를 통해 큰 그림을 그리다

국토교육동아리 활동은 파주에 있는 한민고 학생들이 지역에 대한 관심을 가질 필요가 있다는 생각에서 시작했습니다. 2018년에는 '통.도.파.'(통일 도시 파주)라는 동아리 이름을 지었고, 통일이 되면 파주

파주 토지주택공사 주거복지센터 지사장 면담

라는 도시의 중요성이 커지기에 이에 걸맞은 도시 발전이 필요하다
는 생각을 했습니다. 그래서 '걷고 싶은 파주'를 위해 인도(人道) 만들
기, '문화가 있는 파주'를 위해 문화재를 연결하는 옛길 탐방로 만들
기, '행복한 파주'를 위해 꽃나무 가꾸기, '역사가 숨 쉬는 파주'를 위
해 쉬어 갈 수 있는 주막 만들기라는 활동을 했습니다.

2019년에는 '한발.'(한민고 발자취)이라는 동아리를 만들고, 신도시 중
심으로 인프라가 갖추어지는 반면 구시가지와 농촌 지역은 소외되고
있는 파주의 문제를 해결하기 위한 노력을 했습니다. 이에 문화재가
많은 광탄면과 조리읍 봉일천 지역에 파주 박물관 건립안 세우기, 생
태 탐방로와 연결한 옛길 만들기, 파주를 방문하게 만드는 '파주 라

면' 등 음식 개발하기, 삶과 죽음이 공존하는 철학의 길 만들기 등의
활동을 했습니다.

2018~2019년에 이르는 2년간의 활동을 통해 파주 시민의 불편 해
소와 소외된 파주 지역의 발전을 위한 방안을 토의하면서 문화, 역사,
경제, 철학 분야를 넘나드는 사고로 큰 그림을 그리게 되었다는 성과
가 있었습니다. 2020년에는 '파주만의 브랜드 홍보 전략'이라는 이름
으로 국토 교육 동아리 활동을 하려고 합니다.

4. 구술사를 통해 인생에 대해 생각하다

경기도교육청 탐구 프로젝트에 참여한 이유는 '우리역사바로알기
대회'를 지도한 경험이 있고 대회를 떠나 역사 보고서를 작성할 기회
라고 생각했기 때문입니다. 그런데 구술사를 통한 공공 역사탐구라
는 정보를 접하고, 2013년 수원박물관에서 접한 '구술사 바로 알기'
강좌가 떠올랐습니다. 당시엔 스쳐 지나갔던 인문학 강좌였는데 직접
구술사를 시도할 경험이 생겼다고 생각해서 두 탐구 프로젝트를 지
원했습니다.

처음부터 고배를 마신 면담자 섭외

구술사를 위해 가장 먼저 시작한 일은 면담자 섭외였습니다. 라포
르를 형성하기 위해 선물을 드리면서 학교에서 청소하시는 여사님들
께 프로젝트의 취지와 기숙사 학교 학생들의 특성상 학교 안에서 활

동할 필요성을 말씀드리면서 면담자가 되어달라고 부탁했습니다. 세 분 여사님들이 학생들을 위한다면 도와주겠다고 하시며 흔쾌히 승낙하셨습니다. 그런데 아카이빙을 위해 면담비를 드린다고 하니 부담스러워하셨고, 학생들에게 전할 만한 지식도 없다고 하시며 한 분이 빠지자 세 분 모두 거절하셨습니다. 여기서 지식이 없으면 개인적 경험도 전하기 어려워하는 두려움과 인터뷰 경험이 없어서 낯설어하신다는 것을 느낄 수 있었습니다.

다음으로 행정실 선생님의 도움을 받아 기숙사 학생들의 옷을 세탁하시는 분들을 섭외하려고 했습니다. 개인적 친분이 없어서 행정실 선생님께서 안내하고 기다려봤는데 전혀 응답이 없기에, 아무리 생소해도 면담자는 직접 섭외할 필요가 있음을 알게 되었습니다.

세 번째로 학교 안에서 학생들의 세 끼를 책임져주시는 급식실 어머니들을 섭외하기 위해 본부장님께 취지를 말씀드리고 파주 지역에서 오래 사신 분들에게 설명할 자리를 마련해달라고 부탁드렸습니다. 이에 다섯 분의 어머니들과 이야기를 나누었고, 두 분께서 허락해주셨습니다. 나아가 본부장님께서 학생들을 위한 것이라면 도와주겠다고 하셔서 추가로 네 분의 어머님들을 소개해주셨습니다. 청년 시절 아버님의 군복무로 파주에 거주하셨고 2014년부터 현재까지 6년째 거주하신 교감 선생님, 학교가 만들어지면서 계셨던 사감 선생님과 보안관님을 끝으로 현대의 면담자는 모두 섭외했습니다. 다만 일제시대의 면담자는 고령인 관계로 섭외하기가 어려운 상황에서 97세이신 지인의 외할아버지를 섭외하였습니다. 이 경우에는 무작정 다가가서 면담을 요청하기보다는 소개자를 통해 섭외하는 것이 더 유연한 과정임을 알게 되었습니다.

긴장으로 녹음을 못 한 첫 채록

기숙사 학생들의 세 끼를 책임져주시는 급식실 어머니들은 출근 시간이 새벽 5시, 11시, 오후 2시로 나뉩니다. 그래서 학생들이 채록할 수 있는 시간은 새벽 아니면 한밤중이어야 했습니다. 그래서 몇 분의 채록은 지도교사인 제가 직접 했습니다. 오전에 수업이 몰려 있어, 수업이 없는 시간에 첫 면담을 했습니다. 처음이라 긴장한 나머지 녹음기 전원 버튼을 눌렀지만 녹음 버튼 누르는 것을 잊었습니다. 1시간 10분가량의 구술을 재미있게 듣고 녹음기를 확인한 순간 허탈함에 말을 이을 수 없었습니다. 며칠 후 다시 채록을 시도하여 녹음을 했지만 50분도 되지 않아서 구술이 끝나고 말았습니다. 구술사에서 장비 점검 및 사용에 대한 사전 연습도 필요함을 알게 되었습니다.

더불어 살아가는 파주민들의 삶을 알다

첫 면담자인 백영애 님과 두 번째 김복애 님, 세 번째 문명애 님은 성함에 모두 '애' 자가 있는 공통점에서 보듯 파주 주민들이 더불어 살아왔고 현재도 그렇게 살아가고 있다는 구술을 한 점이 눈에 띄었습니다. 부락 이장이 중심이 되어 새해에는 박달산에 떡국을 짊어지고 올라 떠오르는 해를 보고 떡국을 함께 먹는다는 점, 명절에는 마을 잔치를 열어 노래자랑도 하며 함께 보낸다는 점이 인상적이었습니다. 이

자체가 마을 공동체에서 시작하는 평화가 아닐까 생각했습니다.

묘지가 파주와 고양 사람들의 삶을 유지시키다

네 번째 면담자인 강원자 님은 급식실에서 가장 연세가 많으신 분으로, 고양동에서 거주하신 지 40여 년이 되었습니다. 파주와 고양은 미군부대가 많고 미군을 위한 유흥 시설이 많아서 거주 초기에는 인식이 좋지 않은 지역이었다고 하셨는데, 지금과 다른 과거의 모습이 생소했습니다. 그리고 파주에 있는 서울시립묘지를 관리하는 직업에 고양동 주민들이 많이 종사하여 생계를 유지하며 살았다는 구술 내용을 듣고 삶과 죽음이 공존하는 장소가 파주와 고양임을 알게 되었습니다.

일제강점기와 현대를 관통하는 삶을 듣고 인생을 생각하다

1923년에 태어나셔서 현재 97세이신 황기춘 할아버지를 학생 두 명과 함께 거주지까지 찾아가 면담을 했습니다. 예상과 달리 건강하신 모습에 놀라움을 금치 못하며 구술을 시작했습니다. 일제강점기를 한마디로 '자유가 속박된 시대였지'라고 하시면서 당시 마을의 경찰관 주재소에 일본인 순사 1명, 한국인 순사 1명이 상주했는데 마을 전체가 무서워서 벌벌 떨었다는 말씀을 듣고 공포 속에서 살아간 그때의 실상을 알 수 있었습니다. 그런데 부산 포탄공장의 기술공으로 근무하던 시절, 탈장으로 힘겨워할 때 회사 전무인 일본인이 철도 병원에 입원시켜서 수술을 해주었다는 경험담을 듣고는 나쁜 일본인만 있었

황기춘 할아버지 면담 후

던 것은 아니라는 것을 알았습니다. 이 과정에서 반일 감정으로 선의
를 다한 일본인들도 있었고 그들을 찾는 것도 미래지향적인 한일 관
계를 위해 필요함을 느꼈습니다.

할아버지는 최근 아베 내각의 우리나라에 대한 외교정책을 강하
게 비판하시면서, 일제강점기에 우리나라를 수탈하고 핍박한 것을 잊
고 거만하게 행동하는 일본에 대해 열변을 토하셨습니다. 과거 일본
이 자행한 역사적 사실을 제시하며 그들이 반성하고 사죄하도록 정
부가 움직여야 한다고 하셨습니다. 또한 남북한이 통일되어 경제 규모
를 키워서 일본과 대항하고 현재 일본에 의존하는 기술 분야에서 자
립해야 진정한 독립을 이룰 수 있다고 하셨습니다. 여기서 일제강점

기에 일본의 지배를 경험하신 분들이 일본의 수출 규제에 반감이 더 강함을 알게 되었습니다. 일부 기억들이 정확하지 않다는 말씀에, 일제강점기에 출생하신 분들의 기억을 기록하기 위한 구술사의 역할이 더 커지고 있다는 생각을 하였습니다.

"눈 덮인 들판을 걸어갈 때, 모름지기 발걸음 하나라도 어지럽게 가지 말라. 오늘 내가 걸어가는 이 발자취는 뒷사람의 이정표가 되기 때문이다."[2]

학생들과 구술사 활동을 함께하면서 생각했던 것은 면담자들의 삶이 뒷사람의 이정표가 될 수도 있겠다는 것이었습니다. 인생은 한 번밖에 살 수 없기에 실수나 시행착오를 줄이는 방법을 면담자의 삶에서 찾을 수 있음을 알았습니다. 더불어 최선을 다한 면담자들의 삶이 행복한 인생에 대한 후대인들의 물음에 실마리가 될 수도 있겠다고 생각했습니다. 나아가 진로 전담 교사로서 학생들의 진로 고민이 직업에 대한 것뿐만 아니라 아직 살아보지 못한 미래에 대한 막연한 두려움도 있을 것이기에 그 불안함을 줄여주는 방편으로 구술사가 역할을 할 수 있다는 희망을 보았습니다.

---

2 "踏雪野中去(답설야중거), 不須胡亂行(불수호란행), 今日我行跡(금일아행적), 遂作後人程(수작후인정)."

5. 동아리 활동을 통해 인간의 무늬를 그려가다

　역사와 관련하여 한국사와 세계사 사전 편찬 프로젝트, 역사와 문화가 숨 쉬는 옛길 걷기 활동을 하면서 역사에만 치중된 활동으로는 세상을 바라보는 시야가 좁아질 수 있다는 생각을 했습니다. 그래서 문·사·철·영어가 숨 쉬는 한민고 발자취 프로그램으로 다양한 분야를 연결해보도록 기회를 마련했습니다. 다만 문학 분야의 경험이 적었고 영어를 통한 이해는 다소 어려워하는 학생들이 많았습니다.

　보고서 작성은 학생들이 수행평가로 자주 접하는 경험입니다. 학생들은 관심 있는 주제를 논문, 기사, 서적 등을 참고하여 깊이 있게 조사하고 스스로의 생각을 정리합니다. 대부분의 학생들이 관심 있는 주제와 관련한 타인의 생각을 정리하는 것에 그치고 맙니다. 스스로의 생각을 정리하고 펼치려면 자신을 잘 관찰하고 이해한 후에야 가능하다고 생각합니다. 즉 보고서는 자신을 이해하는 활동이자 관심 분야를 심화시키는 것입니다.

　지역사에 관심을 갖는 이유는 학교가 소재한 지역에 대해 이해하고 사랑하는 마음을 갖기 위함입니다. 주변에 대한 관심은 학교 사랑, 지역 사랑, 나라 사랑으로 이어질 수 있다고 봅니다. 주변에 대한 사랑은 평화를 지향하는 보편적 세계 가치와도 연결됩니다.

　끝으로, 구술사 활동은 학생들에게 값진 경험이라고 생각합니다. 채록을 위해 질문지를 만드는 것에서 시작하여, 인터뷰를 하면서 면담자의 인생을 간접 경험하며 따뜻함을 느꼈고, 인생에 대해 생각해볼 기회였다는 학생들의 소감은 책에서 얻을 수 없는 경험이었음을 고백한 것입니다. 위에서 언급한 네 가지 경험을 통해 인간이 만들어 가는 무늬가 모두 다르다는 것과 그 다양한 무늬가 역사를 만들어 왔다는 것을 인식하며, 타인을 존중하고 스스로의 무늬를 잘 만들어 갔으면 합니다.

개인이 경험하고 추억하는 과거의 모임

구술사 활동을 진행하며

한민고등학교 학생 이윤세

　한민고 발자취 동아리 활동의 일환인 구술사 활동에서 '구술사'라는 단어는 낯설기만 했다. '구술사가 뭐야?'라며 반 친구들도 모르는 듯했다. 초등학교와 중학교 때 지역 조사를 명분으로 다문화 가정 학생을 대상으로 10~20분가량의 짧은 인터뷰를 한 적은 있지만, 한두 시간 동안 타인이 살아온 이야기를 듣는 것 자체가 쉽지 않았다. 다른 동아리 부원들도 이번 활동만은 쉽게 감이 잡히지 않는 모양이다. 담당 선생님은 우리에게 '이번 활동을 통해 너희들도 한 단계 성장할 수 있다'라고 계속 언급하셨지만, 우리 눈에는 그저 '힘들고, 무엇보다 왜 하는지도 모르는 활동'으로 여겨졌다.

　이런 태도로 구술사에 임하니, 계획이 체계적으로도 이루어지지 않았다. 부원 모두가 한 번씩 간략한 인터뷰 경험은 있지만, 구술사는 인터뷰와는 스케일 자체가 다르기 때문이다. 타인이 살아온 이야기를 구술사 내내 제자리에서 꼼짝없이 듣고, 그분들이 말하는 도중에 불편한 점이 있는 경우를 대비해(예를 들어 목이 마르시거나, 화장실을 가고 싶은 경우) 필요한 물건들을 준비해야 하며, 그분들이 짧게 대답할 경우 더욱 심도 있는 탐구를 위해 추가 질문을 계속 해야 한다. 또한 연령대나 직업별로 공감대가 형성되지 않을 경우, 자칫 그분들이 감정이 상할 질문을 받을 수도 있기 때문이다. 면담 대상은 파주 사람부터 학교에 근무하시는 사람들까지 다양했다. 학교 여건상 옛날 분위기는 어떠했는지 부모님께 조언을 구할 수도 없었고, 단지 옛날 매체를 통해 '대략 이렇겠군' 하고 짐작만 해야 했다.

솔직히, 우리 상황은 절망적이었다. 질문 하나를 만드는 데도 오랜 시간이 걸렸다. 구술사 강연을 들으면서도 맥이 잡히지 않았다. 사전 구술사 관련 서적을 찾아봤음에도, 우리의 '파주 지역 조사 및 파주 사람들의 생활'과는 주제 자체가 전혀 달라 별다른 도움이 되지 않았다. 구술사 참여 부원들이 모두 모여 2시간 동안의 고민 끝에 그나마 면담자에게 물을 가치가 있는 8개의 질문을 선정했다. 간략하게 정리하자면, '파주 지역 사람들은 과거 설날이나 추석 같은 명절에 어떤 활동을 했나요?'와 같이 과거 추억들을 환기할 만한 질문부터 '파주는 2002년 월드컵 당시 어떤 분위기였나요?'와 같이 역사적 사건 관련 질문, '앞으로 하고 싶은 활동이 있다면 어떤 건가요?'와 같은 개인의 심정이나 소망을 묻는 말에 이르기까지 다양했다.

질문 선정 과정도 순탄치 않았다. A부원은 "논란이 있을 만한 정치적 사건에 관한 질문이나 면담자의 기분을 상하게 할 만한 질문은 빼야 한다"면서 구술사 활동이 잘 진행되는지는 면담자 본인이 어떤 심정에 놓였는지에 달렸다고 주장했지만, B부원은 "구술사 활동의 목적을 고려해야 한다"라면서 결국 민감한 사건 역시 하나의 역사적 사건으로서의 가치가 있으므로 정확한 과거 사회 재구성을 위해서는 필요하다고 주장했다. 또한 C부원의 "중요 역사 이슈를 중심으로 질문해야 한다"는 의견에 D부원은 "주요 사건만을 중심으로 면담을 하면 단편적인 역사 서술에 그칠 수 있으며, 주요 정치적·경제적 사건이 사회의 전부는 아니듯, 문화 관련 질문도 포함해야 한다"고 했다.

동아리 부원들은 녹음기도 사전 점검했다. 면담자에게 전화가 오거나 급한 용무가 생겼을 때는 잠시 녹음을 끊고 다시 시작하는 과정이 매끄러워야 하며, 녹음 내용이 잘 안 들릴 경우를 대비하여 '잡음 제거' 기능을 설정하고 녹음 내용의 속도 조절에서도 유연해야 한다. 우리는 면담 형태로 앉아 예비 질문에 답변하는 시뮬레이션을 하며 사전 녹음을 다섯 번쯤 반복하여 최적의 음량과 속도를 찾고 녹음기를 조정했다. 확실히 사전 활동을 하면서 무언가 진행되는 느낌은 들었다. 그러나 제대로 진행된다고는 생각하지 않았다. 그저 면담자에게 피해가 되지 않기를 바라는 마음이었다.

면담에 앞서서 조를 나눴다. 부원은 7명인데, 면담 대상자는 6명이었다. 한 번에 최소 2명은 들어가야(질문 담당과 기록 담당이 필요했다) 면담이 원활하게 진행될 수 있는데, 부원 한 명당 최소 두 번은 면담을 진행해야 활동에 지장을 미치지 않는 것이다(한 명만 임할 경우, 질문과 메모를 동시에 하기란 구술사 초보인 우리에게는 무리였고, 그렇게 진행되더라도 면담과 메모를 동시에 하면 면담자가 면담에 몰입하지 못할 수도 있으며, 면담자에게 '나의 이야기에 집중은 하는 것일까? 구술사 준비가 제대로 되지 않은 채 나와 면담하는 건 아닌가?' 하는 인상을 줄 수 있다). 그러나 우리는 이 활동 말고도 해야 하는 일이 산더미였다. 수행평가 준비, 교육 봉사, 대회 준비를 모두 제쳐두고 이 활동에 몰입하기에는 부담이 컸다. 그렇다고 이미 섭외를 부탁드린 분들께 취소나 연기를 부탁하는 것 역시 무례하기 짝이 없는 일이었다. 결국, 비교적 시간 여유가 있는 부원들이 서너 번 들어가기로 하면서 면담 일정도 정했다. 그러나 이 일정 역시 개개인의 사정에 따라 유동적이었기에, 부원들은 면담자 모두의 정보를 파악해 두어야 했다.

금요일 2~4시경이 나의 첫 면담 시간이었다. 내가 면담할 대상은 파주 시민이자, 우리 학교에서 근무하시는 급식 아주머님이었다. 섭외 대상 자체가 우리가 일상적으로 만나지만 그냥 모르고 지나칠 만한 분들이었다. 주제는 '파주 사람들의 일상사'였지만, 급식 아주머님, 보안관님, 청소 아주머님, 사감 선생님까지, 학교가 운영되는 데 필요하지만 정작 감사의 필요성을 간접적으로 느끼는 분들을 중심으로 면담하는 것 자체가 의의가 있다고 생각했다. 다만 염려되었던 점은 모르는 분들과 세대를 초월하여 면담을 진행할 수 있을지, 그분들이 대답하는 가운데 우리가 추가로 묻고 싶은 것들을 파악하고 즉석에서 질문할 수 있을지였다.

금요일 점심시간까지 나와 내 파트너는 민주화, IMF 등에 관한 신문 및 뉴스를 참고하며 '그 시절' 일상생활의 단면들을 파악하여 공감대를 형성하는 데 열중했고, 약속 시각에 맞춰 해당 장소로 이동했다. 그런데 면담자가 예상보다 일찍 와 있어 당황했다. 구술사를 하기 위해서는 최소 10분 전에 와서 녹음기를 점검하고, 질문지를 세팅하고 면담자가 오기를 기다려야 하는데, 면담자가 먼저 온 이상 준비를 서둘러야 하는 상황에 부닥친 것이다. 급한 대로 사전 질문지만 뽑고, 혹시 면담 도중 불편하신 점이 있으면 그때마다 녹음기를 끊기로 했다. 계획과 달리 준비부터 원활하지 않아 부끄러웠고, 무엇보다 면담자께 미안한 마음이 컸다. 어쨌든, 준비가 매끄럽지 않더라도 면담은 진행되어야 했다.

우려와 달리 면담은 원활하게 진행되었고, 이는 면담자의 덕이 컸다고 할 수 있다. 특히, 몇몇 질문과 추가 질문에는 구체적인 시간 및 장소까지 묘사하면서 사건 관련 개인의 경험을 묘사해 사건 및 추억을 구체적으로 재구성할 수 있었다. 우선, 면담자의 긴장을 풀어주기 위한 질문으로, 파주 사람은 과거 명절에 어떤 활동을 했는지에 대해, 면담자는 마을 주민끼리 모여 축제를 벌이고 음식을 나눠 먹었다고 했다.[3] 가장 주목한 부분은 면담자의 유년 시절인데, 이는 면담자의 유년 시절 경험이 가치관 형성에 큰 영향을 미쳤다고 했기 때문이다. 어린 시절 동네 아이들과 즐긴 추억이 있는지 물었을 때, 면담자는 겨울철 동네 언니, 오빠들과 논밭에서 썰매를 탔던 추억이 많이

---

3   이는 파주가 과거에는 농촌사회였으며, 공동체적 가치관을 잃지 않았음을 의미한다. 면담자 역시 마을 축제와 관련하여 언급할 때, 명절 풍경이 더욱 간소화되고 개인화됐음을 아쉬워했으며, "지금과는 명절 풍경이 많이 달라졌나요?"라는 추가 질문에, 과거 파주의 전통적인 농촌 풍경 속에서 마을 주민끼리 어울리는 모습이 많이 사라졌다고 했다.

떠오른다고 했다.[4] 국민학교(초등학교로 명칭이 개정되기 이전) 시절 가장 기억에 남는 사건에 대해서는, 특별히 떠오르는 추억이 있기보다는 학교에서 보냈던 생활 자체가 많이 떠오른다고 했다.[5] 중·고등학교 시절과 국민학교 시절 사이에 달라진 점이 있느냐는 질문에는, 국민학교는 동네 마을 아이들이 거의 같은 학교로 간 반면, 고등학교 때부터는 자신의 진로, 가치관, 경제적 수준에 따라 다른 곳으로 흩어졌다고 했다.[6]

가장 인상 깊었던 면담은 파주 지역 사람들이 겪은 주요 역사적 사건에 관한 것이었는데, 어떤 사건에 관해서는 하는 줄도 몰랐으며, 다만 나중에 매체를 통해 알게 되었다고 했다.[7] 파주에서의 민주화운동

---

4 또한 면담자는 얕은 빙판에서 썰매를 타다가 물에 빠져 허우적거렸던 일이 가장 기억에 남는다고 했다. 면담자는 자신의 어린 시절 추억을 언급하면서 면담 전 긴장했던 기색이 많이 사라진 듯했다.

5 면담자는 구체적인 예시로, 도시락을 가져와 교실 내 난방기구 위에 두었다가 점심시간에 친구들과 나눠 먹고, 방과 후 학교에서 다방구, '무궁화 꽃이 피었습니다' 등의 놀이를 했다고 설명했다. 학교 풍경에 관한 질문에는, 일반적인 학교와 아주 다르지는 않고, 다만 운동장 오른쪽에 큰 나무가 하나 있었다고만 했다. 방과 후 집에 가지 않고 왜 학교에서만 있었는지에 대해서는, 당시 시골에는 학교 외에 아이들끼리 어울려 갈 만한 여가 공간이 없었기 때문이라고 했다. 구체적으로, 면담자는 만화방, 심지어 마트 같은 시설도 인근에 없었으며, 버스가 1시간에 한 대씩 다녔기 때문에, 이런 시설을 이용하려면 걸어가거나(30~40분) 버스를 타야 했다고 했다. 이는 1970년대 시골, 특히 파주 지역은 도시와 달리 아직 전통적인 마을 풍경을 유지하고 있으며, 외부 문화가 유입되기 전이었음을 말해준다.

6 이와 관련해, 면담자의 과거 진로가 궁금하여 추가 질문했고, 면담자는 금융계에서 일하고 싶어 특성화고 진학을 선택했다고 했다.

7 구체적으로, 1988년 서울올림픽 당시 면담자는 고등학생이었는데, 당시 파주에 성화 봉송 주자들이 왔을 때 학교 차원에서 응원하러 동원된 적이 있지만, 그 외에는 별다른 경험이 없으며, 학교에서도 친구들과 올림픽 및 경기 결과에 관해서는 별로

의 경우도 마찬가지로, 시골에 살기에 데모가 무엇인지도 몰랐다고
했다.[8] 다만, 2002년 월드컵의 경우는 파주 역시 열광적인 분위기였
으며, 다 같이 모여 대표팀을 응원했다고 한다.[9] 파주와 다른 지역의
차이점에 대해, 면담자는 자연환경 측면에서 파주의 공기가 신선하다
고 했다.[10] 파주의 기상 상태 변화에 대해서는 과거 파주는 지금보다
훨씬 춥고 난방 시설도 발달하지 않았기 때문에, 집안에서 대부분 시
간을 보냈다고 했다.[11] 면담자는 주로 과거 파주와 현재 파주의 모습
을 비교하면서, 개인주의화된 파주의 모습을 아쉬워했다. 앞으로 파
주가 어떻게 변하면 좋을까 하는 추가 질문에는 축제를 비롯하여 마

이야기를 나누지 않았다고 했다.

8 면담자는 학교 내에서 부당한 제도나 규칙, 비리 등에 반발하는 사람들을 본 적이
   있으며, 이를 시골에서 자신들만의 민주화운동이라 생각한다고 했다.

9 면담자는 구체적으로, 아파트 주민이 다 같이 붉은 악마 유니폼을 입고 아파트 관
   리사무실에 있는 대형 스크린 앞에서 응원했다고 했다. 또한 응원하면서 과거 자
   신이 살았던 고향에서 느낀 공동체적 분위기를 다시 느낄 수 있었다고 덧붙였으
   며, 앞으로도 그렇게 다 같이 모일 수 있는 기회가 있으면 좋겠다고 했다.

10 면담자는 파주의 공기에 특유의 냄새가 있으며, 이는 다른 지역에서는 나지 않는
    다고 덧붙였다. 어떤 냄새가 파주 특유의 냄새인지는 구체적으로 설명할 수 없다
    며 웃으셨다. 시골과 도시 공기의 차이를 설명하려는 듯했다.

11 이에 대해 궁금한 점이 생겨, 과거 파주 지역은 겨울을 어떻게 보냈는지에 대한
    자세한 설명을 요구하자 면담자는 친절히 설명해주셨다. 과거 농촌 지역에서는 아
    궁이를 사용했기 때문에, 불 피우기에 필요한 솔방울, 나뭇가지, 버섯 등을 따거
    나, 이미 캐놓은 감자, 고구마를 아궁이 속에 넣어 구워 먹었다고 했다. 파주의 여
    름과 관련된 추가 질문에는 지금처럼 상당히 덥다고 느끼지는 않았다고 했다. 또
    한 명절 외에 즐긴 특별한 날이 있는지에 대해서는, 크리스마스의 경우에는 딱히
    마을에서 어떤 활동을 하지는 않았지만, 크리스마스이브에 동네 교회에서 새벽종
    이 울렸고, 크리스마스 날 교회에서 당시 최고의 선물이라 여겼던 '종합선물세트'
    를 받는 등, 충분히 크리스마스 분위기를 느낄 수 있었다고 했다.

을 주민들이 함께 어울릴 수 있는 장이 마련되기를 바란다고 했다.[12] 끝으로, 앞으로 하고 싶은 활동 및 현재 심정을 묻고 1시간가량의 면담을 마쳤다.

이번 활동을 진행하면서 구술사에 대한 인식이 바뀌었다. 나는 역사는 언제나 '우리'를 움직인 거대사건들로 구성되어 있고, 우리는 그 사건들에 영향을 받았다고 여겼으며, 역사를 움직이는 원동력은 언제나 집단이라고 생각했다. 그러나 생각해보자. 우리는 '거대사건' 속에서도 각자의 일상을 펼친다. 2016년 박근혜 정부 퇴진 촉구 시위(일명 촛불 시위) 당시 주최 측 추산 100만 명 이상이 참가했다. 모두가 해당 사건에 관심을 가지고, 학교, 직장, 가정 등 일상에서도 이 사건으로 이야기를 나누기도 했다. 그런데 우리 모두가 참여한 것은 아니다. 아예 관심 자체를 갖지 않을 수도 있으며, 다른 이슈에 더 관심을 가질 수도 있다. 누구에게는 그날의 프로야구 결과가 중요할 수도 있으며, 누구에게는 가수 A가 데뷔한 것이 더 중요하기도 한다.

우리는 역사 관련 서적과 교과서를 참고하여 모두가 해당 사건에

12　추가로, 과거 파주에도 축제가 있었는지에 대해서는, 명절을 제외하고는 딱히 없다고 했다. 이는, 과거 파주에서는 일상생활에서도 마을 주민들이 어울릴 기회가 많았기 때문에, 별도로 축제를 신설할 필요를 느끼지 못해서인 듯하다. 또한 답변자는 파주의 정경 역시 달라졌다고 했는데, 과거 파주는 '논과 밭'이 전부인 시골 풍경이었지만, 현재 파주는 도시화·산업화로 아파트가 세워지고 현대화된 시설이 유입되면서 과거 모습을 많이 잃었다며 아쉬워했다. 구체적으로, 면담자는 자신이 살았던 고향은 아직 농촌이지만, 과거와 달리 주민들이 도시로 떠나면서 현재는 일부만 살고 있다고 덧붙였다. 면담자의 답변을 통해 한국의 산업화, 도시화가 내가 생각했던 것 이상으로 급진적이었으며, 현재 농촌의 모습을 간직한 곳은 파주뿐만 아니라 다른 지역에서도 거의 없음을 짐작할 수 있었다.

참여한다고 쉽게 오해하거나 착각한다. 지금까지 우리는 '역사를 움직였다고 생각하는' 거대사건을 중심으로 역사를 단편적으로 이해했다. 그러나 거대사건에서의 개인과 일상생활에서의 개인은 다르다. 누구나 사회 활동에 참여하면서도 그 시대의 문화를 누린다. 일률적으로 '모두가 참여했다'라는 사고방식은 역사의 오류를 초래한다.

이제 역사 서술의 중심은 '개인'이 되어야 한다. 그 지역, 그 시대를 살았던 개인들의 역사가 모여 집단의 역사가 되는 것이며, 이런 방식으로 과거 사건은 재구성되는 것이다. 나는 이번 구술사 활동을 통해 기존 오류를 바로잡게 되었다. 다들 이번 활동은 처음이었고, 준비 과정에서 많은 어려움을 겪었다. 하지만 부족한 준비에도 불구하고 면담자분들의 적극적인 협조 덕분에 활동을 무사히 마무리할 수 있었다. 내 예상과 달리 질문이 많아지면서, 질문을 즉석에서 생각해야 했고, 추가 질문을 생각하느라 개요 순서대로 제대로 진행하지 못했지만,[13] 나를 비롯한 동아리 부원들은 시행착오를 겪으면서 점점 발전된 모습을 보여주었다.

'왜 해야 하지'라는 처음의 의문은 확신으로 바뀌어갔고, 단편적인 역사 인식은 시대를 잇는 개인의 경험을 통해 하나의 파주 역사가 되었다. 공부할 시간을 빼앗긴다며 불평한 적도 있지만, 돌이켜 보니,

---

13 구체적으로, 마지막으로 하고 싶은 말씀 및 앞으로 하고 싶은 일을 물은 후, 면담자가 파주와 과거와 현재 사이의 변화에 중점을 두어 말한다는 점을 알게 되었고, 즉흥적으로 질문하는 바람에, 순서상 오류를 범했다. 이 부분은 다음 구술사 기회가 되면, 더욱 세부적으로 대질문 속 세부 질문을 분류하고, 질문을 늘리며 보완해야겠다고 생각했다.

나는 '2시간의 공부 시간' 대신 '누군가의 소중한 추억과 경험'을 얻게 되었다.

장소를 바라보는 새로운 시각을 배우다

한민고등학교 학생 이상현, 김태현

처음에는 그저 역사를 배우기 위해 한민고 발자취 동아리를 친구들과 만들었다. 역사 말고 다른 것은 딱히 관심이 없었기에 역사와 다른 것을 융합하자는 친구들과 선생님의 제안에 반신반의했다. 문학, 사학, 철학, 영어를 하나로 묶어서 동아리를 진행하는 것이 다른 동아리에서는 생각도 못할뿐더러, 그때까지만 해도 동아리 부원들에게 혹평을 듣게 될 것이 뻔했기 때문이다. 처음에는 반대했지만 생각해보니 이런 경험을 이런 동아리 아니면 어디서 해볼까 싶은 생각으로 동의하게 되었다. 그렇게 우리 동아리는 역사 유적지를 탐방하고, 융합된 사고로 그 유적지를 분석하고, 유적지의 영문 설명 중 오류를 찾아 수정하는 일을 하게 되었다. 구체적인 내용은 다음과 같다.

먼저 학교 앞의 용미리 마애이불입상을 조사했다. 용미리 마애이불입상은 고려시대 불교 하면 교과서에 어김없이 등장하는 불상이다. 그래서 이 유적지는 역사적 의의 외에는 별다른 의미가 없으리라 생각하고 현장 조사에 들어갔다. 하지만 오랜 시간이 지나지 않아 내

철학, 역사, 생명과학, 영어가 함께하는 파주 세미나

생각은 바뀌었다. 설명을 들어보니 고려 불교와 삼국시대 불교는 차이가 있다는 점을 알게 되었다. 그 외에도 헬레니즘 문화가 삼국시대에 들어와 그리스의 조각 방식이 삼국시대 불상에 영향을 끼친 것을 알았고, 이때도 세계화가 진행되었음을 알 수 있었다.

다음으로 현장 조사한 곳은 한국근현대사박물관이다. 한국 현대사는 세계에서 '한강의 기적'이라고 부를 만큼 엄청난 변화였다. 역사적으로 기록할 만한 가치가 있다는 건 교과서에서 배워서 알고 있었지만, 실제로 근현대 사람들이 어떻게 살았는지에 대해서는 동아리 부원 모두 잘 모르는 것을 확인할 수 있었다. 근현대사박물관 답사를 통해 20세기 사람들의 의식주를 체험할 수 있었다.

20세기의 가장 특이한 점은 바로 영어에 있는데, 영어를 국어로 변환해서 쓰다 보니 지금과는 다른 표기가 된다는 점이었다. 외국인이

용미리 마애이불입상 소개 영문 오류 확인 학습

박정희 시대에 대한 영어 학습

표기를 보고 혼동할 수도 있겠다는 생각이 들었다. 분명히 같은 물건인데 표기가 다르다면 관광객들이 혼란스러워할 소지가 다분하기에 이 점을 바로잡아야 한다고 생각했다.

20세기에는 민주화를 염원하는 문학작품이 많았는데, 이러한 시기를 간접 체험해보면서 최승호 시인의 〈북어〉라는 시가 떠올랐다.

북어

밤의 식료품 가게
케케묵은 먼지 속에
죽어서 하루 더 손때 묻고
터무니없이 하루 더 기다리는
북어들,
북어들의 일 개 분대가
나란히 꼬챙이에 꿰어져 있었다.
나는 죽음이 꿰뚫은 대가리를 말한
셈이다.
한 쾌의 혀가
자갈처럼 죄다 딱딱했다.
나는 말의 변비증을 앓는 사람들과
무덤 속의 벙어리를 말한 셈이다.

말라붙고 짜부라진 눈,
북어들의 빳빳한 지느러미.
막대기 같은 생각
빛나지 않는 막대기 같은 사람들이
가슴에 싱싱한 지느러미를 달고
헤엄쳐 갈 데 없는 사람들이
불쌍하다고 생각하는 순간,
느닷없이
북어들이 커다랗게 입을 벌리고
거봐, 너도 북어.지 너도 북어지 너도
북어지
귀가 먹먹하도록 부르짖고 있었다.

한국근현대사박물관에서, 과거 거리 체험

    그때는 독재정권을 직설적으로 비판하지 못해 간접적으로 비판하는 작품이 많았는데, 이런 과정을 거쳐 현재 우리 문학이 발전하지 않았나 생각하는 계기가 되었다.

    그 외에도 근현대사박물관은 많은 생각할 거리들을 주었다. 근현대사박물관의 문화시설 전시물을 보며 우리나라의 문화시설이 발달했다고 생각하게 되었는데, 후에 조사해보니 독재정권 때 사람들의 관심을 정치 쪽에서 멀어지게 하기 위해 영화, 스포츠 등을 양성했다고 나와 있었다. 그때 민주화를 향한 사람들의 열망이 강해서 당시 정치가들의 계략을 이기고 민주화를 이루어냈기에 지금의 우리가 있음을 깨달았다. 당시 많은 분의 희생과 노력을 잊지 말아야 한다고 친구들에게 말해주고 싶다.

세 번째로 찾아간 곳은 세계민속악기박물관이다. 여러 민족, 문화권의 악기들을 보면서 첫 번째로 든 생각은, 이 모든 악기들을 모은 수집가의 노력과 정성이 참 대단하다는 것이었다. 특정 악기를 직접 체험해볼 수도 있었는데, 이런 실감나는 경험이 좀 더 생생한 체험에 많이 도움이 되었다. 박물관장님의 해설과 같이 오신 강사분의 해설을 들었는데, 해설이 있을 때와 없을 때가 확실히 다르다는 것도 알게 되었고, 정말 감명 깊었다.

박물관을 좀 더 자세히 들여다보면, 타악기·관악기 등 악기 종류별·문화권별로 매우 다양한 악기들을 만져보고 두드려볼 수 있게 되어 있었다. 예를 들어 아프리카 말리 전통 악기인 동고 하프나, 우즈베키스탄 전통악기인 도이라 같은 악기들을 직접 체험해보고 그와 관련된 설명도 들을 수 있어서 재밌었다. 평소 오케스트라 같은 음악 관련 활동을 하면서 '역사' 분야에도 관심이 있는 나로서는 놀라움의 연속이었다.

둘러보는 동안 더 많은 학생들이 함께했다면 어땠을까 하는 생각이 들었다. 이렇게 개인이 소장하고 모으는 소중한 전통악기들이 정말 멋있고, 앞으로도 이런 곳을 많이 방문하고 싶어졌다. 학교 원어민 선생님과 함께 오늘 보고 배운 것들을 영어로 복습하면서 음악, 역사, 영어를 연결해볼 수 있었다.

올해 한민고 발자취 동아리 활동을 하면서 문화 유적지 답사 및 문화재 영문 해설문 오류 점검 학습, 한국근현대사박물관 및 세계민

세계민속악기박물관에서, 강사님의 강연

속악기박물관 탐방을 통해 '아는 만큼 보인다'라는 것을 체험했다. 아울러 특정 장소를 대할 때 다양한 분야의 지식을 토대로 볼 수 있는 안목을 갖춰야겠다고 다짐했다.

구술사, 숨겨진 역사, 은사(隱史)를 이끌어내다

한민고등학교 학생 김은기, 최정혁

우리는 늘 역사를 배워가며 살아간다. 학생 때는 수업시간에 역사를 배우며, 성인이 되어서도 책이나 다른 매체들을 통해 역사를 배워간다. 그런데 우리가 배우는 역사를 자세히 살펴보면 한 가지 공통점을 알 수 있다. 바로 지배층의 역사라는 것이다.

지배층의 역사란 무엇일까? 먼 과거부터 시작해서 지금까지 사람들은 자신의 개인적인 생각부터 시작하여, 나라에 큰일이 일어난 것까지 기록해왔다. 그 기록들은 다음 시대를 사는 사람들에게 읽히고, 또 거기에 덧붙여가는 과정을 반복한 끝에 우리가 말하는 '역사'라는 것이 모습을 갖추었다.

물론 지금이야 기술이 발달하여 자신의 생각을 쓰고 싶으면 종이와 펜으로 기록하거나, 휴대전화의 전원을 켜서 SNS에 기록하면 된다. 과거에는 그만 한 기술이 없었기에 오로지 필기에만 의존했는데, 당시에는 뭔가를 쓸 수 있는 도구와 소모품들도 비쌀뿐더러, 그것들이 있어도 자신의 사사로운 것들을 기록하기에는 부족했다. 그래서 지금까지 내려오는 기록 중에는 소시민의 생활상 같은 글을 적은 것은 거의 없고, 나라에 큰일이 있어났을 때 사관(史官)에 의해 기록된 것이나, 왕과 같은 지배층들이 쓴 글만이 현재까지 남아 있다. 그러니까 철저히 지배층의 입장에서 쓴 기록밖에 남아 있지 않은 것이다.

또한 어떤 일이 발생하여 그것이 기록에 남았다 하더라도, 예기치 못한 사고나 누군가의 의도적인 행위로 인해 이러한 기록이 사라질 위험도 있다.

그래서 이런 점들이 역사의 한계로 지적되어왔는데, 그 한계를 넘어서기 위해 구술이라는 것을 사용하게 되었다. 구술은 질문을 통해 사람들의 기억을 이끌어내는 것인데, 역사를 남아 있는 문서가 아닌, 사람들의 기억을 통해 볼 수 있게 된 것이다. 사람은 기억하며 살아가는데, 기억은 지배층만이 아닌 모든 사람이 할 수 있고, 그 기억을 꺼내서 다양한 사람들의 역사를 볼 수 있다. 기억하는 사람이 살아 있는 이상, 그 사람의 기억은 사라지거나 없어지지 않고 계속 남아 있기에 기존 역사의 한계점을 돌파할 수 있는 것이다.

이번에 시도한 것은 구술을 통해 사람들의 기억을 이끌어내는 일이다. 처음에 구술이라는 것을 들었을 때, 미리 짜둔 질문을 하고 답변을 녹음하는 것이 전부인 줄 알았다. 그러나 직접 구술을 시작하자 그것은 정말 일부분에 불과하다는 것을 알게 되었다. 물론 구술에 앞서 질문을 만들지만, 먼저 면담자의 삶에 대해 알아보고 이해하는 과정이 필요했다. 또한 채록하는 시간에 준비된 질문을 바로 하는 것이 아니라 대화를 하며 자연스럽게 질문으로 넘어가도록 해야 했으며, 질문하는 동안에도 다른 궁금한 점이 떠오르면 준비된 질문이 아니라도 새로운 질문과 답을 반복했다. 이런 일련의 과정을 거치고 난 후에야 의미 있는 구술 활동이 될 수 있었다.

　면담자 김경희 급식실 어머님은 서울 태생이지만 파주에서 오랫동안 사시면서 많은 기억을 간직하고 계셨다. 질문지 작성 과정에서 그분에 대해 알아가기 시작하면서 그분의 성함도 알게 되었다. 내가 이 학교에 다니면서 지금까지 많은 식사를 하면서도 그 모든 음식을 만들어주신 분의 성함을 모르고 있었다는 것을 깨달았다. 물론 주위 모든 사람의 이름을 기억하는 것은 힘든 일이지만, 우리 학교의 모든 이들에게 날마다 급식을 준비해주시는 분의 이름조차 기억하지 못한 것이 부끄러웠다. 이후 그분에 대해 자세히 알기 위해 더 세세한 질문을 만들기로 했고, 그것이 나름대로 성공적인 구술에 영향을 주었다고 생각한다.

　늘 하얀 옷만 입고 계시던 급식실 어머님께서 면담할 때 사복 차림이어서 느낌이 새로웠다. 떨리는 마음으로 녹음기 버튼을 누르고 잠시 침묵이 흐른 뒤 질문을 시작했다. 성함, 나이, 주소 같은 기본적인 정보에 대해 질문했고, 이후 본격적인 질문으로 넘어갔다. 준비한 질문을 시작하면서, 서울에서는 무엇을 하셨는지, 1990년대와 2000년대에는 무슨 일이 있었는지, 파주로 오시면서 어떤 점이 가장 힘드셨는지 등 여러 가지를 여쭤보았다. 질문 도중 실수로 그분의 개인적인 트라우마가 있는 부분을 언급하게 되었는데, 그분은 담담하게 넘어가셨다. 바로 이 부분이 이번 활동에서 특히 인상 깊었다.

　여러 질문을 하면서 구술사 활동의 의미에 대해 새롭게 느끼기 시작했다. 지금까지 어디에도 기록되지 않았던 그분의 개인사가 세상 속으로 나오게 되고, 지역사가 더 풍부해질 수도 있겠다는 생각을 했다.

구술사 활동에 참여하게 된 동기는 우리가 역사를 배우는 이유와 같다. 우리가 역사를 배우는 이유 중 하나는 과거의 좋은 일을 본받고, 그렇지 못한 일은 경계로 삼아 같은 실수를 반복하지 않기 위함이다. 구술사 활동에 참여한 이유 역시 이 활동을 통해 내가 한 사람의 역사를 간접적으로 학습할 수 있기 때문이었다. 이렇게 귀중한 경험을 언제 또 해볼지 모르기에 이 프로젝트에 흔쾌히 참여했다.

한편 일제강점기와 현대를 모두 경험하신 분을 만나는 일은 흔치 않았다. 1923년에 태어나 현재 97세이신 황기춘 할아버지를 선생님과 함께 찾아뵈었다. 연세가 믿기지 않을 만큼 할아버지는 정정하셨다. 고령의 할아버지께서 혹여 힘들어하실까 걱정했지만 과거에 교사를 역임하셨던 할아버지는 오랜만에 학생들과 얘기할 생각에 설렜다고 하셨다.

할아버지께 일제시대를 한마디로 표현해달라고 했더니, '자유가 없었던 시대'라고 하셨다. 마을에는 현재로 치면 파출소 역할을 하는 경찰관 주재소라는 곳에 일본인 순사 1명, 한국인 순사 1명 총 2명이 상주했는데, 마을은 이 둘의 존재만으로 벌벌 떨었다고 하셨다. 마을이라 하면 작은 공동체의 공간으로 느껴질 수 있지만 순사 2명이 통제하기에는 상당히 규모가 크다.

이 대목에서 한국인들이 일본인들에게 얼마나 억압받았고, 그들을 얼마나 두려워했는지 알 수 있었다. 할아버지는 당시 일본인 중에는 착한 일본인도 있었다고 하셨는데, 그 말이 매우 인상 깊었다. 할아버지는 기술학교를 다니고 공장에서 일할 때 일본인 전무에게 도움을 받은 경험이 있다고 하셨다. 할아버지가 탈장으로 아프셨을 때 회사 전무였던 일본인이 할아버지를 병원에 데려가서 치료할 수 있었다고 하셨다.

중일전쟁과 태평양전쟁에 대해서도 여쭤봤다. 할아버지 주위에도 끌려가신 분들이 있는데 할아버지는 두 달 차이로 아슬아슬하게 징병되지 않았다며 운이 정말 좋았다고 하셨다. 일본군 위안부에 대해 여쭤보니, 그때는 잘 몰랐다고 하시면서 여자들은 '정신대'란 이름으로 전쟁에 참여했다고 하셨다.

광복했을 때 기분은 어땠을까? '이제 자유구나' 하며 좋아하셨다는 말씀에 할아버지를 비롯한 한국인들이 얼마나 억압을 당했는지 알 수 있었다. 이후 6·25전쟁에 대해 여쭤봤는데, 참전하지는 않았고 피난을 다녔다고 하셨다. 이 시기에 할아버지께는 재미있는 에피소드가 있었다. 할아버지가 장티푸스에 걸려 집에 누워 계실 때, 어깨에 메고 다니는 장총만 한 아이가 "남자 동무들은 모두 나오라. 안 나오면 다 죽인다"고 하기에 아픈 몸을 이끌고 어쩔 수 없이 나갔는데, 그 어린 인민군이 할아버지를 보더니 "동무는 그냥 들어가라우"라고 했다고 한다. 이야기를 들으며 갑자기 웃음이 터져 나왔다. 젊은 청년을 이용하려고 불렀는데 아파서 다 죽어가니까 차마 어찌할 수 없었던 것이다.

할아버지는 우리가 살고 있는 파주를 어떻게 생각하실까? 파주는 북한과 가까워서 위험할 수도 있다고 하셨다. 6·25전쟁을 겪으신 할아버지는 북한을 두려운 존재로 여기셨다. 할아버지는 분단의 아픔을 몸소 느끼신 분답게 통일에 대한 열망이 강하다.

할아버지는 맥아더 장군을 존경하시는 듯했다. 인천상륙작전을 성공시키고 압록강까지 진격하여 통일을 눈앞에 두는 상황까지 만든 주인공이기 때문이다. 하지만 중공군이 개입했고 중공군은 인해전술로 밀고 나왔다. 국군과 유엔군은 치열한 공방전을 거듭했다. 다 끝난 전쟁에 중공군이 개입해 화가 난 맥아더 장군은 원자폭탄으로 공격하려 했지만 트루먼 대통령의 반대로 전쟁이 끝나지 않았고, 할아버지는 이 점을 문제 삼아 트루먼이 통일 기회를 날렸다고 비난하셨다. 맥아더 장군은 많은 전쟁을 경험했지만 중공군은 총과 미숫가루밖에 없는데 도대체 왜 공격을 안 했느냐며 트루먼 대통령에 대한 불만을 토로하셨다.

이 외에도 이한열 열사가 최루탄에 맞아 사망한 것은 당시 나라가 크게 잘못한 것으로 생각한다고 하셨고, 옛 조선총독부 건물을 폭파한 것은 정말 잘한 일이라 하셨다. 또한 외환위기에 나라와 국민을 위해 모금하고 단결하는 것은 당연하다는 말씀에서 나라 사랑하는 마음을 느낄 수 있었다. 한편으로는 가슴이 아팠다. 일제강점기를 지나오셔서 나라에 대한 애착이 더욱 크신 듯했기 때문이다. 이런 아픔들을 말씀하시면서도 웃음을 잃지 않는 모습이 존경스러웠다.

하지만 3·15부정선거와 4·19혁명에 대한 말씀에 적지 않은 충격을 받았다. 3·15부정선거는 당시 최인규 내무부장관의 독자적인 행

127

동에서 비롯한 것이고, 따라서 그를 해임했는데, 이승만 대통령은 참모를 잘못 둔 탓에 안타까운 마무리를 한 것이라고 하셨다. 이승만 대통령에 대한 견해는 몹시 의외였다.

물론 할아버지 말씀대로 이승만 대통령이 외교 수완으로 나라 발전에 힘쓴 것은 맞지만, 장기 집권을 위해 저지른 잘못이 가려지는 것은 아니다. 또한 그로 말미암아 제대로 이루어지지 않은 친일 청산은 우리에게 더 큰 화로 돌아왔다. 이미 깊이 박힐 대로 박힌 일제 잔재라는 뿌리는 너무도 깊이 뿌리내렸다.

이승만 대통령은 역사의 중요성을 각인시키는 한편 역사의 역할을 훼손시켰다. 이러한 대통령이 다시는 존재해서는 안 된다는 교훈을 주는 한편, 역사를 배워야 하는 이유를 알게 해주었다.

할아버지는 박정희 대통령에 대해서도 긍정적으로 생각하셨는데, 그것은 독재정치는 잘 체감되지 않지만 경제성장은 몸으로 체감할 수 있어서였던 것 같다. 경제성장은 위대한 업적이지만 그것으로 독재정치의 해악이 가려지지는 않는다. 제2의 이승만, 박정희가 존재하지 않게 하려면 이를 명심해야 한다.

이렇게 말하니 할아버지가 사고방식이나 가치관이 사뭇 다른 사람처럼 보일 수 있지만, 그 시대를 살았던 대부분의 사람들도 비슷할 것이다. 이 시대는 먹고살기조차 힘들었고 정치에 신경 쓸 여유가 없었다. 어쩌면 당시 사람들은 개척자 이승만, 경제성장을 통한 국가 발전을 이룬 박정희의 업적만 보고 싶었을지도 모른다. 이들은 일제의 오랜 지배를 거쳤기에 이승만, 박정희 대통령의 집권기에 겉으로 드러나는 좋은 점에 더 크게 감정이 휘둘렸을 것이다. 억압받고 배고팠던 시절은 벗어나고 싶지만 이에 낯설지 않고 어느 정도 익숙했을 것이다. 그래서 힘든 것보다 챙겨주는 것에 더 마음이 흔들렸을 것이다. 이 시절 나라와 국민을 위해 일한 이승만, 박정희 대통령에게 좋은 감정을 느끼는 분들을 비난하기는 힘들다. 그들은 고생이란 고생은 다 하고 힘들게 살아남았기 때문이다. 할아버지는 촛불혁명이라는 사건 역시 그 촛불이 모든 국민을 대변할 수 없다는 이유로 혁명이라는 명칭을 껄끄러워하셨다.

원래는 3시간을 예정했지만 새로운 경험이라 긴장한 탓에 말을 빨리 했고 예비 질문을 만들어놓지 않아서 2시간 만에 끝났다. 이를 통해 사전 연습이 필요함을 알게 됐다. 할아버지는 말씀하는 가운데 과거의 기억을 다소 혼동하기도 하셨는데, 이를 통해 구술 활동의 중요성을 더욱 깨닫게 되었다.

겪어보지 못한 것이기에 미래가 두려울 수도 있다. 하지만 구술 활동이 그 두려움에 도움을 줄 수 있는 하나의 방법이라고 생각한다. 구술을 한마디로 표현하면 인생 선배(면담자분들)의 생각과 그들이 한 걸음 한 걸음 힘겹게 걸어온 삶의 자취로 우리가 함께 타임머신을 타고 떠나는 여행이라고 생각한다. 구술사 활동을 통해, 18년이라는 짧은 내 인생을 돌아볼 수 있는 기회를 얻었다. 나중에 누군가에게 구술하며 내 인생을 돌아볼 때, 행복했던 기억들이 간직되어 있고 누군가에게 도움을 줄 수 있는 사람이 되어 있으면 좋겠다.

말은 민족의 정신이요, 글은 민족의 생명

석인 정태진 선생님을 생각하며

금촌중학교 국어 교사 최봉희

파주 중앙도서관 옆에는 국어학자인 석인(石人) 정태진(丁泰鎭, 1903~1952) 선생님 생가가 있다. 생가가 복원된 지 20여 년이 지났건만 찾는 이 없이 외롭게 서 있다. 매일 버스를 타고 지나가는 곳이고 우리 마을에 있음에도 사람들은 관심조차 두지 않는다.

한글의 우수성에 대해 수업하며 얼마 전 상영된 영화 〈말모이〉를 거론한 적이 있다. '말모이'가 도대체 뭐냐고 물어보았다. 놀랍게도 이 영화를 보거나 아는 학생들이 제법 있었다. 문제는 그 말모이의 주인 공 정태진 선생님을 아는 이가 없다는 것이었다. 정말 난감했다. 나는 지금껏 지식만 전달했을 뿐, 말 그대로 배움과 삶의 일체화를 이루지 못한 허울 좋은 공부만 한 것이다.

참으로 답답하고 안타까웠다. 늘 지필 시험과 수행 평가 준비에 바쁜 학생들, 혹은 읽을 책을 빌리려고 중앙도서관을 찾는 학생들, 손에 는 김밥이나 햄버거로 무장한 채 학원으로 향하는 학생들⋯ 모두 우리 곁에 정태진 선생님의 생가가 있다는 사실을 모르고 있었다. 오로지 시험공부에만 열중할 뿐 우리 글말이 어떻게 만들어졌고, 어떻게 쓰이고 있는지 알지 못했다. 더군다나 국어의 역사와 국어사전이 만들어진 내력조차 알지 못하니, 국어 교사로서 참으로 부끄러웠다.

그래서 아침독서동아리인 '금촌문학회' 학생들을 중심으로 자발적인 모임을 통해 우리 글말에 대한 역사를 탐구하고 특별수업을 하기로 했다.

점심시간에 3학년 노규리 학생을 중심으로 2학년 노명균, 임혜민, 1학년 문이현 학생이 정태진 선생님에 대한 특별강연수업을 스스로 진행했다.

물론 수업의 연장으로 정규 수업시간에 영화 〈말모이〉 영상과 정태진 선생님에 대한 아래와 같은 활동사례를 소개하는 것으로 시작했다.

1945년 9월 8일 서울역(경성역) 창고에서 먼지투성이로 뒤덮인 채로 발견된 2만 6,500여 장의 문서, 이것은 일제에게 빼앗겨 사라졌던 최초의 '우리말 큰사전'의 원고였다. 1938년 조선어 과목 폐지 및 일본어의 국어 사용, 1940년 조선어로 된 모든 신문과 잡지 폐간, 창씨개명 요구 등 일제가 우리 글말을 말살시키려고 혈안이 되어 있을 때 눈엣가시처럼 여긴 단체가 있었다. 1908년 한글 연구를 위한 학술모임 국어연구학회로 시작하여 한글맞춤법 통일안, 조선어 표준말 모음, 외래어 표기법 통일안 발표 및 조선어 편찬사업까지 주관하던 단체인 조선어학회다. 조선어학회는 일본이 꼭 없애야 하는 대상이었다.

　조선어학회는 주시경(周時經) 선생님의 제자들이 1921년 "조선어의 정확한 법리를 연구"할 목적으로 설립한 조선어연구회의 후신이다. 조선어연구회는 '조선어사전 편찬회'를 조직했는데, 이는 정확한 한글 사전 편찬을 통해 우리말과 우리글의 의미를 정리하고 체계화하며, 민족의 글과 정신을 일깨워 궁극적으로는 민족의 갱생을 꾀하는 것이 목적이었다. 그런데 사전 편찬을 위해서는 통일된 표준어와 맞춤법 등이 필요했다. 그래서 1930년 12월 조선어연구회는 한글 맞춤법 통일안을 제정하기로 결의했다. 1931년 1월에는 조선어연구회를 "조선어문의 연구와 통일"을 위한 기관인 조선어학회로 개편하여 더욱 적극적으로 한글 사전 편찬 사업을 추진했다. 조선어연구회는 주로 한글 철자법을 연구했고, 동인지 『한글』을 중심으로 활동했다. 1926년에는 훈민정음 반포 480주년을 맞아 훈민정음 반포일을 '가갸날' 혹은 '한글날'로 명명하고 기념식을 개최하는 등, 한글 보급을 위해 활발한 활동을 벌였다. 조선어학회는 1933년 '한글 맞춤법 통일안'을 시작으로 '조선어 표준어 사정안', '외래어 표기법 통일안'을 차례로 확정했다. 1940년에는 그동안의 성과를 바탕으로 '한글 맞춤법 통일안'을 수정 발간하였으며, 본격적으로 한글 사전 편찬에 노력을 기울였다.

　한글 사전은 1940년 조선총독부에 『조선어대사전』 출판을 허가 받았고, 1942년 원고를 출판사에 넘겨 간행할 예정이었다. 그러던 중 1942년 여름, 일본 순경이 발견한 어느 조선 여학생의 일기장 구절, "오늘 국어(일본어) 한마디를 썼다가 선생님한테 꾸지람을 받았다."

영생고등여학교 박영옥 학생의 일기였다. 조선어가 아닌 일본어만을 국어로 쓰기를 강요하던 시절, 일본어를 쓴 학생을 혼낸 교사는 다름 아닌 교사 정태진이었다. 정태진 선생님은 반제국주의자로 연행되고, 그해 10월 이 사건을 빌미로 이른바 조선어학회 사건이 벌어진다. 이 사건으로 한글 사전 편찬은 중단되고, 원고와 서적은 전부 압수되었다. 조선어학회 사건은 일제가 사전 편찬에 참여하던 교사 정태진에게서 조선어학회가 민족주의 단체로서 독립운동을 하고 있다는 자백을 강제로 받아내면서 시작되었다. 일제는 1942년 10월부터 1943년 4월까지 조선어학회 핵심 회원과 사전 편찬을 후원하는 찬조회원을 대거 검거했다. 당시 정태진 선생님은 조선어학회 사전편찬위원으로 활동하고 있었다. 일제는 이를 빌미로 조선어학회를 기습하여 회원을 검거하고 작업 중이던 사전 원고 등 모든 자료를 압수하고 강제 해산시켰다. 문화적 독립운동이라는 죄목으로 투옥된 회원들에게는 치안유지법의 내란죄가 적용되었다. 당시 함흥지방법원 판결을 살펴보자.

"… 조선어학회는 조선어 편찬을 계속하여 조선 독립 및 민족정신을 고취시킬 목적으로 활동하였으며…"(함흥지방법원 판결문, 1943년).

재판 과정에서 정태진 선생님은 판결에 불복하여 상고하지만 기각당하고 만다. 이윤재(李允宰)와 한징(韓澄)은 옥사하였으며, 이극로, 최현배(崔鉉培), 이희승(李熙昇), 정인승(鄭寅承), 정태진 등 5명은 실형을 선고받았다. 이 사건으로 조선어학회의 활동은 사실상 중단되었다.

해방 후 1945년 8월 17일, 3년여의 옥고 끝에 광복 이틀 후 풀려났지만 우리말 사전 편찬에 필요한 사전 원고는 흔적조차 찾을 수 없었다. 오직 우리 글말을 지키기 위해 1929년부터 검거되던 1942년까지 14년간 전국을 돌며 손으로 써놓은 원고였다. 당시 정태진 선생님의 심정을 담은 내용이 있다.

"다시 원고를 쓸 생각을 하니 캄캄했다. 고문당할 때보다 더 마음이 아팠다."

석방된 조선어학회 회원들은 조선어학회를 재건하고, 한글날 행사를 부활시켰다. 그리고 일제의 탄압으로 결실을 맺지 못한 한글 사전 편찬은 약 3주 후 조선어학회로 걸려 온 한 통의 전화로 전환을 맞게 된다.

"서울역(경성역)입니다. 역 운송부 창고에 조선말을 풀이한 원고뭉치가 무더기로 있는데 와서 확인해보시죠."

마침내 1945년 10월, 서울역 창고에서 일제에 압수되었던 사전 원고를 되찾으며 사전 편찬 작업은 다시 추진되었다. 조선어학회는 1947년 한글날을 기해 『조선말 큰사전』 1권을 간행했으며, 이후 1957년 6권 발간을 마지막으로 을유문화사에서 출간하여 마무리했다. 순우리말과 한자어를 비롯해 외래어, 관용어, 사투리, 은어, 고유명사, 전문어, 고어, 이두 등 무려 16만 4,125개의 어휘를 수집해서 2만 6,000장의 원고를 6권의 책으로 묶어 냈다고 한다.

정태진 선생님은 1903년 7월 25일 파주군 금촌읍 금릉리 406번지에서 태어나셨다. 개신교 집안이며, 경성고등보통학교와 연희전문학교를 다녔다. 연희전문에서 국학자 정인보(鄭寅普) 선생의 영향을 받은 것으로 전해진다. 1925년 3월 연희전문학교 문과를 졸업하고 그해 4월 함경남도 함흥 영생고등여학교 교사로 부임하여 교편생활을 했다. 1927년 5월 미국으로 유학하여 우스터대학교 철학과, 컬럼비아대학교 대학원 교육학과를 졸업하고 1931년 9월 귀국하여 다시 영생고등여학교 교사로 근무하다 1941년 5월 사직하고 조선어사전편찬위원으로 활동하게 된다. 조선어학회의 한글운동은 일제에 맞선 문화적 민족운동인 동시에 사상적 독립운동이었다.

1941년 조선어학회에서 은밀히 '말모이'를 만들던 중 뜻밖의 사건이 발생한다. 함흥 영생고등여학교 학생 박영옥이 기차 안에서 한국말로 대화하다 조선인 형사 야스다(安田稔, 본명 안정묵安禎默)에게 발각된 것이다.

1942년 7월 박병엽(메이지대학 졸업생)이 함경남도 홍원읍 전진역에서 친구 지창일을 기다리고 있었다. 홍원경찰서 후카자와 형사가 한복차림의 박병엽을 수상히 여겨 검문하자 홍원읍 유지의 자제인 박병엽은 퉁명스럽게 응대했고, 그로 인해 홍원경찰서로 연행되었다. 홍원경찰서에서는 형사들을 파견하여 그의 집을 샅샅이 수색했다. 특별한 증거가 나오지 않았으나, 야스다가 박병엽의 조카딸 박영옥의 일기장을 유심히 살펴보더니 증거로 압수해갔다. 며칠 후 야스다는 일기장에서 "국어(國語, 일본어를 말함)를 상용(常用)하는 자를 처벌했다"라는 구절을 발견하고 일제의 국어상용정책을 정면으로 거부한 교사를 검거하기 위해 함흥 영생고등여학교 4년생인 박영옥을 비롯해 그의 친구 최순남, 이순자, 이성희, 정인자를 연행하여 취조했다. 이들이 며칠간

버티다가 형언하기 어려운 고문에 결국 김학준, 정태진 두 교사를 지목하고 말았다. 일경은 취조 중 학생들에게 민족주의 정신을 일깨워 준 사람이 서울에서 사전 편찬을 하고 있는 정태진임을 파악했다. 일제는 정태진을 연행하여 고문 끝에 조선어학회가 민족주의 단체로서 상하이 임시정부의 비밀결사체라는 자백을 받아내기에 이른다. 그로 인해 사전 편찬에 가담한 이극로, 이윤재, 최현배, 이희승, 정인승, 장지영 등 무려 33명이 검거됐다.

한편, 김학준은 영생고등여학교 공민 선생으로 재직 중이었다. 교사 정태진은 1941년 5월, 7년간 재직하던 영생고등여학교를 사직하고 정인승의 권유로 조선어학회로 전직했다. 그는 조선어사전 편찬 전임위원이 되어 사전 편찬에 종사했다. 이들은 평소 수업시간에 학생들에게 한글 사용을 권장하고 일제의 패망과 조선민족의 부활, 임진왜란 때 계월향의 순절 이야기 등을 들려줘 독립의식을 고취시키기에 힘썼던 것이다.

홍원경찰서는 조선어사전 편찬 사업을 치안유지법의 내란죄에 해당하는 범죄로 간주하고 정태진에게 출두명령서를 발부했다. 1942년 9월 5일, 정태진은 야스다를 비롯한 고등계 형사로부터 갖은 고문과 협박에 시달렸다. 고문을 견디지 못한 정태진은 조선어학회가 민족주의 단체로서 독립운동을 목적으로 조선어사전을 편찬한다는 것을 비롯하여 수십 가지 범죄 사실을 열거한 허위 자백서를 썼다. 그해 10월 1일 이극로, 이중화, 장지영, 최현배, 한징, 이윤재, 이희승, 정인승, 권승욱, 이석린 등 11명의 조선어학회 간부가 검거되었으며, 이듬해인 1943년 3월까지 이우식, 김법린 등 전국 각지에 있던 조선어학회 회원 및 사전 편찬 후원회원들까지 총 33명이 검거되었다. 아울러 곽상훈과 김두백 등 50여 명이 넘는 증인이 홍원경찰서로 끌려와 온갖 고초를 겪으며 거짓 진술과 자백을 강요받았다.

이때 조선어학회 인사들은 함흥지방법원 검사국으로 송국(送局)되면 일단 홍원경찰서를 벗어날 수 있고 검사한테 고문과 위협으로 거짓 자백한 것을 밝힐 수 있다는 희망을 가졌다. 하지만 이 사건을 맡은 아오야나기(靑柳五郎) 검사가 홍원경찰서에서 출장 심문을 하겠다는 방침을 밝혀 검찰과 경찰의 합동작전에 의해 홍원경찰서의 날조된 수사기록을 그대로 추인하는 어처구니없는 일이 벌어지고 말았다.

1943년 9월 12일, 검사측은 피의자 33명 중 이극로, 이윤재, 최현배, 이희승, 정인승, 정태진, 김윤경 등 28명을 함흥형무소 구치소로 이감시켰다. 그다음 날부터 피의자들은 함흥지방법원 검사국에서 다시 심문을 받기 시작해 김윤경, 정인섭, 이병기 등 12명이 기소유예 처분을 받아 9월 18일 석방되었다. 이윤재, 최현배, 이희승, 정인승, 정태진 등 나머지 16명의 피의자들은 1943년 겨울 유례없이 찾아온 한파를 견뎌야 했다. 결국 모진 고문과 혹한으로 이윤재가 그해 12월 8일 옥사하고, 이듬해인 1944년 2월 22일 한징이 뒤따라 옥사했다.

1944년 9월 30일 열린 예심공판에서 장지영과 정열모가 면소(免訴) 처분을 받아 석방되고 12명의 피고가 정식 재판에 회부되었다. 1944년 11월 말경부터 함흥지방법원에서 공판이 진행되었는데, "조선어사전 편찬 목적은 조선어 보존으로 민족문화를 발전시키는 데 있고, 민족문화의 발전은 곧 민족정신 함양으로 직결된다. 민족정신이 고조되면 궁극적으로 조선 독립을 기도하게 된다"는 검사 측 논지가 받아들여져 1945년 1월 18일 열린 선고공판에서 다음과 같은 형량이 언도되었다.

- 징역 6년: 이극로 / 징역 4년: 최현배
- 징역 3년 6월: 이희승 / 징역 2년: 정인승, 정태진
- 징역 2년 집행유예 3년: 김법린, 이중화, 이우식, 김양수, 김도연, 이인
- 무죄: 장현식

사상사건을 도맡아 수사했던 홍원경찰서와 함경남도경찰부 고등경찰과 형사들은 실적을 올리기 위해 고문과 날조를 일삼기로 유명했다.

사건 초기에 이들 중 10여 명의 전담 취조반이 편성되어 홍원경찰서 연무장 마룻바닥에 책상과 걸상을 놓고 피의자 33명을 심문하고 조서를 썼는데, 그들이 짜맞추어 놓은 내용대로 진술하지 않거나 허위사실을 자백했다 하더라도 뒷받침할 만한 증거를 내놓지 않으면 구타와 고문을 일삼았다. 이 중에도 가장 악명을 떨친 자는 박영옥의 일기장에서 불온한 글귀를 찾아내 조선어학회사건을 야기한 야스다와 함경남도경찰부 고등경찰과에서 파견된 시바타(柴田健治, 김석묵金錫默)였다.

1943년 무렵 야스다는 홍원경찰서 고등계 순사부장으로 가장 악질적인 방법으로 회원들을 공포에 떨게 했다. 정인승은 야스다의 잔혹한 고문 수법을 이렇게 증언했다.

이윤재와 이희승을 맡고 있던 '야스따'는 이 사건을 처음부터 발단시킨 자로서 횡포가 심했다. 그때만 해도 정말 우리 한글학자들은 순하디 순한 어린양이었다. (중략) 특히 비행기태우기란 고문을 당하고 나면 열이면 열 모두 얼이 빠져 그저 "사실이지?" 하고 물으면 그렇다고 고개만 저절로 끄덕여졌다. 비행기태우기란 두 팔을 등 뒤로 젖혀서 두 손을 한데 묶어 허리와 함께 동여 놓고 두 팔과 등허리 사이로 목총을 가로질러 꿰어놓은 다음 목총 양끝에 밧줄을 묶어 연무장 대들보에 매달아놓고 빙글빙글 돌려서 밧줄을 꼰 다음 탁 놓으면 빙글빙글 빨리 돌아 정신을 잃게 되는 것이다. 거기다 십자가 모양으로 매달린 팔이 비틀려 그 아픔은 형언키 어려운 것이었다. 이 고문을 그들은 공중전이라 불렀고, 물 먹이기를 해전, 죽도나 목총으로 마구 때리는 것을 육전이라 했다(「조선어학회사건」(8), 『중앙일보』 1972. 11. 30).

'정태진 선생님과 말모이' 수업을 받은 학생들의 소감을 물어보았다.
"파주에 훌륭한 국어학자 정태진 선생님이 계신 것이 자랑스럽다."
"파주가 왜 문향의 고장이라고 하는지 알게 되었다."
"영화 〈말모이〉가 바로 정태진 선생님의 이야기였다니 놀랍다."

자발적인 학생들의 참여로 이루어진 수업이 정말 놀라웠다. 생각의 흐름과 변화를 알게 되니 역사 프로젝트 수업이 얼마나 중요한지 새삼 신비롭다.

학생들이 우리 고장과 우리 마을에 대한 자긍심을 갖게 되었고, 이와 더불어 학생들이 중심이 되어 우리말에 남아 있는 일제의 잔재를 찾아 나서게 되었다. 국어 교사인 나도 일상생활에 남아 있는 일제의 잔재를 찾는 프로젝트를 함께 도울 수 있었다.

놀랍게도 파주 금촌(金村)이라는 지명이 일본이 만들어낸 것이다. 파주 금촌의 본래 이름은 '새말'이다. 더욱이 파주 문산(文山)이라는 지명도 '글을 숭상하는 문향의 고장'이라는 의미가 일본에 의해 왜곡되어 '더러울 문(汶)' 자를 사용한 '문산(汶山)'으로 지금까지 불리게 되었고, 얼마 전에야 원래의 이름을 찾았다는 사실도 알게 되었다. 결국 학생들은 우리말에 남아 있는 일제의 잔재를 찾아서 이를 우리말로 고치는 작업에까지 나서게 되었다. 바로 '일제 잔재 언어 청산 프로젝트'다.

"차려! 경례!"를 "공수! 배례!"로 고쳐 사용하거나 우리나라 사람들이 즐겨 먹는 '짬뽕'도 일본에서 유래된 말임을 알게 되었고, 국립국어원에서 '초마면'이라는 우리말을 권장하고 있다는 사실도 알게 되었다.

우리 글말을 바로 세우고 아름다운 우리 글말을 찾는 작업은 이제 시작일 뿐이다. 많은 학생들이 자발적으로 우리 글말을 찾아 쓰려는 노력이 필요하다.

영화 〈말모이〉에서 주인공 류정환의 대사가 생각난다.

"말은 민족의 정신이요, 글은 민족의 생명입니다."

우리 글말에 대한 수업 철학이자 한글 사랑의 마음을 시조로 표현해본다.

말모이

우리말 저버리면 나라를 잃게 되오

겨레말 사랑하여 굳세게 지킨 열정

백주년 삼일절 아침 가슴 여는 큰 외침

말 모아 마음 모아 새롭게 찾은 글말

그분의 뜻을 따라 배달말 지키리라

오늘도 지켜야 하리 우리 글말 말모이

생각하는 우리 파주의 역사

한글학자 정태진 선생님

금촌중학교 학생 노규리

    도서관에 갈 때마다 느끼지만, 도서관 옆에 웬 터가 있다. 정태진 선생님 기념관이라고 부르니까 정태진 선생님 생가 터가 아닌가? 지붕 없은 집이 보인다. 내가 이 동네 근처에서 태어날 때부터 지금까지 약 16년 동안 수없이 본 것이다. 여기서 중요한 것은, 보았으면서도 아무런 의식 없이 무심코 지나쳤다는 것이다. 도서관으로 향하던 발걸음을 옆으로 조금 돌려서 그곳을 바라보려 한다.

    알려진 대로, 정태진 선생님은 '조선어학회 사건'과 8·15 광복과 6·25전쟁을 거치며 한글학회를 지키셨다. 여기서 한 가지 의문이 든다. 선생님은 그 어려운 시기에 조선어학회의 『조선말 큰사전』 편찬을 위해 영생여자고등보통학교를 그만두셨을까? 그대로 있는 것이 편하게 살 수 있는 방법이 아니었을까? 더군다나 그때의 한글학회는 모든 것이 지금에 비해 훨씬 빈약했을 것이다. 그런데 도대체 왜? 1946년 7월에 나온 『한글』 13권 2호, 통권 104호의 첫 대목을 찾아보았다.

말과 글은 한 민족의 피요. 생명이요 혼이다. 우리는 지나간 마흔 해 동안 저 잔인무도한 왜적이 우리의 귀중한 말과 글을 이 땅덩이 위에서 흔적까지 없애기 위하여 온갖 독살을 부려 온 것을 생각만 하여도 치가 떨리고 몸서리가 쳐진다. 아! 8·15 해방의 기쁨. 이 골목 저 골목에서 울려나는 우리 어린이들의 '가갸 거겨' 소리! 이것이 곧 우리 민족이 다시 살았다는 기쁨의 우렁찬 외침이 아니고 무엇이랴?"

'외적의 정부'가 '재일동포를 교육하는 모든 교육기관에서 조선말로 교육함을 금지하라'한 것을 보고 울분을 참지 못하고 쓴 글이다. 우리 말은 우리 고유의 생명이 있다. 정태진 선생님은 그 생명을 유지하기 위해, 조선어학회의 수난과 함께 고난을 겪으셨다. 이런 의로운 행위는 우리가 배울 점과 생각해야 할 점이 많다. 정태진 선생님은 한글학회를 지키다가 50세 되던 해에 뜻하지 않은 교통사고로 세상을 떠나게 되었다. 우리말의 길을 만들고 인도해주신 정태진 선생님, 절대 잊어서는 안 되는 이름이다.

이제는 정태진 선생님의 기념관을 지날 때마다 떳떳이 선생님을 보며 마음을 가다듬는다. 이분의 숭고한 희생정신을 본받아야겠고, 그 정신을 다른 사람들과 공유하며 역사를 다시 생각해보는 계기를 만들어야겠다.

우리의 멘토이신 최봉희 선생님과 함께 정태진 선생님 관련 특별수업을 진행한다. 홍보 자료도 만들고 퀴즈문제를 출제하고 간식도 준비하면서 마음이 뿌듯한 것은 왜일까?

'말과 글은 우리 민족의 피요 생명'이라고 하신 정태진 선생님의 말씀이 가슴에 와닿는다. 우리 삶에는 일제의 잔재는 물론 무분별한 외래어가 넘치고 있다. 모두 뽑아내야 한다. 우리말로 바꿔야 한다. 우리말을 잘 살리는 것이 곧 우리 민족 문화를 살리는 길임을 다시금 깨닫는다.

역사는 과거와 미래를 이어주는 끊임없는 대화

파주초등학교 교사 이정은

"영토를 잃은 민족은 재생할 수 있어도 역사를 잊은 민족은 재생할 수 없다." 한 번쯤 들어봤음직한 이 말은 대한민국의 대표적인 독립운동가이자 언론인, 사학자인 단재(丹齋) 신채호 선생이 『조선상고사』에서 한 말이다. 또한 "역사를 잊은 민족에게 미래는 없다"라는 윈스턴 처칠의 말처럼 동서고금을 막론하고 역사는 과거와 미래를 이어주는 끊임없는 대화라고 할 수 있다. 현재는 과거와 미래가 공존하는 시간이다. 현재를 살아가는 미래의 주체인 학생들에게 역사를 통해 새것을 미루어 알 수 있는 역량 함양을 위해 역사의 중요성은 매우 크다.

학창 시절 역사수업, 참 재미없게 배웠다. '역사를 어떻게 공부할까? 역사를 통해서 무얼 고민할까?'가 아니라 '어떻게 쉽게 외워서 좋은 점수를 받을까?'에 관심을 두었다. 조선시대 왕의 계보를 외우기 위해 왕 이름의 앞 글자를 따서 '태정태세문단세 예성연중인명선…'을 줄줄이 외우고, 연도별로 일어난 사건을 맥락도 없이 외우고, 그 사건을 일으킨 사람도 외우고… 암기력을 자랑하듯 외우고 잊어버리는 공부를 해왔다. 역사를 가르치고 있는 지금에 와서 기억에 남는 것도 없고, 역사를 다시 공부하고 싶어도 어디서부터 시작해야 할지 감이 잡히지 않는다. 아이들이 나와 같은 경험을 하지 않도록 역사를 재미있게 전하고 싶다. 끊임없이 생명력을 불어넣고, 아이들이 살아가는 시대에 맞는 의미를 찾기를 바란다.

역사를 지난 과거의 사실들을 외우는 골치 아픈 암기 과목이 아니라 생생한 이야기로 바로 보고, 수많은 사람의 생애를 통해 삶과 문화의 흥미진진한 이야기로 바라볼 수 있기를 기대한다.

파주 교육 100년사를 찾아 떠나는
구술사 탐험

파주시 최초로 2006년에 100주년을 맞이한 파주초등학교는 우리나라 근대 교육의 산증인이다. 113년의 유구한 역사와 전통은 파주교육의 터전이 되어 파주의 역사와 시대를 공존해왔다. 한 지역의 역사와 전통문화는 곧 그 지역 사람들을 규정짓는 가늠자가 된다. 따라서 지역의 훌륭한 역사적 전통과 문화는 곧 그 지역민들의 자긍심이되며, 한 울타리에서 함께 살아가는 지역공동체 구성원들의 유기적관계의 바탕을 이루는 정체성의 근거가 된다.

선사시대부터 현재에 이르기까지 파주에 남겨진 문화유산은 파주가 얼마나 살기 좋은 지역이며 지정학적으로 매우 중요한 곳임을 알려주는 단서이다. 율곡 이이 선생, 방촌 황희 정승, 묵재 윤관 장군 등 우리 민족사를 빛낸 선현들이 파주에 뿌리를 두고 있었음은 학생들로 하여금 자긍심을 지니게 한다. 또한 지역의 역사적 유산과 지역사회의 귀중하고 생생한 교육 자료들을 수집·정리·보존하여 교육의 변천 과정과 파주의 역사를 한눈에 볼 수 있는 파주초등학교의 파주교육박물관은 조상들의 지혜와 슬기를 느낄 수 있는 파주 역사 체험의 중심에 있다.

이에 할아버지에서 손자에 이르는 3대가 파주초등학교에 다니고 있는 가정을 표집으로 조사하여 구술 증언 및 생애사를 통해 파주초등학교의 살아 있는 역사 이야기를 담아내고자 했다. 생생하게 들을 수 있는 생활 속 역사 체험을 통해 학생들의 삶의 지평을 확장하고, 지역특화 체험학습 프로그램의 확대를 통해 '마을이 학교다'라는 역사교육의 생태계를 넓힐 수 있었다. 3대가 들려주는 살아 있는 학교 역사의 구술 자료 수집 또는 역사 해석의 학생 주도 역사탐구 프로젝트를 통해 과거와 미래를 이어가는 끊임없는 대화의 장이 되었다. 이제부터 이 이야기를 펼쳐내고자 한다.

"학생 주도 역사탐구 프로젝트 연구가 있대, 우리 해볼까?"

학생들과 복도에서 나눈 첫 마디가, "학생 주도 역사탐구 프로젝트 연구가 있대, 우리 해볼까?"였다. 학생들은 자세한 설명도 듣기 전에 "재미있을 것 같아요, 해볼래요"라고 했다.

별다른 설명 없이도 냉큼 해보겠다던 아이들이 고맙고 대견했다.

우리 학교가 오랜 역사를 지닌 터라, 교정에 나란히 있는 교육박물관을 늘 드나들면서 자연스레 역사에 대한 감수성이 자라나 있어서 고민 없이 흔쾌히 받아들였을 것이다. 오히려 나보다 더 눈빛이 반짝이며 반겼던 까닭도 거기에 있을 것이다. 복도에서 불쑥 내뱉은 말 한마디로 우리의 구술사 역사탐구의 첫발을 내디뎠다.

그럼, 우리 이제 뭘 할까?

학생들에게 두 번째 던진 질문은 "그럼, 우리 이제 뭘 할까?"였다. 처음에 우리의 연구과제는 마을에 흩어져 있는 역사 이야기를 담아내는 것이었다. 어디서부터 시작할지 방향이 잡히지 않는 가운데 한 학생이 "제가 아는 이모가 있는데, 아버지도 아들도 우리 학교에 다녔대요. 3대가 들려주는 우리 학교 이야기를 담아내면 어떨까요?"라고 했다. 그래, 바로 그거야! 파주초등학교에 3대가 이어 다니고 있는 가정을 대상으로 구술 증언 및 생애사를 통해 우리 학교의 살아 있는 역사 이야기를 엮어내자. 그때부터 우리의 연구를 여기저기 소문내기 시작했다.

우리가 알지 못했던 우리 학교의 흥미진진한 이야기

우리 학교 뒤편에는 봉서산이 있다. 우리 학교 교가는 '봉서산 굳센 기상'이라는 가사로 시작한다.

봉서산은 '봉황새가 깃들어 즐기며 노래하던 곳'이라는 뜻이 있다. 이 산

| 학부모회 밴드에 소문내기 | 3대 가족 모집하고 구술 면담자 선정하기 | 우리 학교의 생생한 역사를 담아내다 |

정상에는 두 개의 우물이 있는데, 장사가 먹었다는 장사 우물은 산성에서 사용하였고, 약수인 전대 우물은 파주읍 주민들이 즐겨 마시고 있다. 그런데 이 우물이 얼마나 깊은지 명주실 한 타래를 풀어도 닿지 않을 만큼 깊어 측량할 수 없을 정도였다고 한다. 또한 이 산마루에는 장사가 가지고 놀던 공깃돌을 몇 개 포개놓은 공기바위와 용마바위 등이 벌판 가운데 우뚝 솟아 있고, 해발 300m가량 되는 산림이 우거진 아름다운 명산이다. 그리하여 예부터 문산 포구를 바라보는 군사요충지로, 임진왜란 당시 권율이 행주산성에서 승전을 거두고 이 산성으로 돌아와 수비하였던 곳이기도 하다. 현재 이 지역은 군사기지로, 산성 주위가 훼손되고 있는 안타까운 실정이다(『파주의 역사와 문화』에서).

이처럼 우리 지역에 역사적 의미가 있는 봉서산이다. 일제강점기에 봉서산에 말뚝을 박아 봉서산의 상서로운 기운을 막아 파주의 유능한 인재가 나지 않도록 했다고 한다(62회 졸업생 김○섭 인터뷰에서).

6·25전쟁 개전 3일 만에 파주 전 지역은 인민군의 점령하에 들어갔다. 10월 1일 유엔군이 파주에 진격해 올 때까지 파주는 96일간 인민군의 점령하에 있었다. 파주는 북한과 접점 지역이니 전쟁 내내 수복과 점령이 반복되었을 것이다. 휴전 이후 학교 옆에는 미군 부대가 주둔했다. 수업을 마친 후 우리는 미군이 지나가면 쉴 새 없이 "Give me the chocolate"를 연발했다. 그러면 미군은 초콜릿이나 우유를 건네주었다. 그때 먹은 초콜릿은 꿀맛이었다(50회 졸업생 이○재 인터뷰에서).

"학교 다니실 때 우리 학교만의 특별한 점이 있었나요?"라는 질문을 받은 김○석(60회 졸업생) 선생님은 학교 다닐 때 우리 학교만 체육관이 있었다는 이야기를 들려주었다. 아이들은 그때부터 우리 학교에 체육관이 있었다는 것에 놀라면서 자랑스러워했다. 미군이 학교에 체육관을 지어주었다는 말에 학생들은 6·25전쟁 이후 우리가 도움을 많이 받아왔다는 것을 알고, 우리도 어려움을 겪는 나라를 도와주어야겠다는 소감을 면담일지에 남겼다.

구술사 면담을 진행하면서 학생들은 만날 때마다 "다음 면담은 언제예요?"라고 물으며 다음 면담을 기다렸다. 이젠 녹음기와 영상 녹화 장비를 제법 능숙하게 설치하고, 질문에 대해서도 고민하는 모습에서 스스로 자라나는 아이들의 모습을 보았다. 학생 주도 역사탐구 프로젝트를 통해 시간의 흐름 속에 석화된 과거가 아닌 현재를 살아가고 미래를 준비하는 살아 있는 역사의 장에 아이들이 있다는 생각에 뿌듯했다.

우리 학교 곳곳에 숨은 보물을 찾는 워킹 인터뷰

구술사 면담이 후반부에 접어들 때 즈음, 한 학생이 자신의 고민을 이야기했다. "선생님, 한 장소에 앉아서 계속하니까 면담이 딱딱하고 자세한 이야기를 들을 수 없어서 아쉬워요."

그때 떠오른 것이 워킹 인터뷰이다. 학교 곳곳에 숨은 보물을 찾을 수 있는 워킹 인터뷰를 시작했다. 녹음이나 촬영을 담당하는 보조 면담자 학생들은 이곳저곳을 쫓아다니며 녹음하느라 분주했지만, 녹음을 마친 후 "이번 면담이 최고예요, 정말 다양한 이야기를 생생하게 들을 수 있었어요"라며 소감을 들려주었다. 파주교육박물관에 전시된 아버지와 딸의 졸업앨범을 들춰 보며 그때의 모습으로 돌아가서 흥분과 감회가 교차하는 표정을 읽을 수 있었다.

워킹 인터뷰　　　3대 가족 구술 면담 후 소감　　　우리 학교의 숨은 보물

3대가 들려주는
파주초 100년 이야기

　학생 주도 역사탐구 프로젝트를 통해 파주초등학교에 대해 증언해 줄 수 있는 분들에게 생생한 생애사 및 학교사를 들을 수 있었다. 파주초등학교의 과거와 현재를 연결할 수 있는 3대 가족이 들려주는 학교사 이야기를 통해 과거와 현재를 잇는 끊이지 않는 대화를 할 수 있었다.

　초등학교는 학생들이 처음 역사를 접하는 시기이자 역사 감수성을 함양할 수 있는 중요한 시기이다. 이 시기에 자신이 다니고 있는 학교의 역사를 통해 역사를 가치 있고 흥미롭게 받아들이게 하는 것은 초등 역사 학습에서 가장 중시해야 할 일이다. 자신의 가족을 통해, 이웃을 통해, 구체적인 이야기를 통한 구술사 프로젝트를 통해 역사 속 상황들을 이해하고 주도적으로 참여하는 살아 있는 역사 체험이 되었다고 자부한다. 구술사를 통한 학생 주도 역사 프로젝트는 현대사의 역사적 사실을 알고 이해하는 데 도움이 되는 유용한 방법이며, 참여한 학생들은 역사의 다양한 모습들을 생생하게 마주하게 될 것이다.

　아울러 파주 역사의 발자취를 통해 근대 사회의 모습들을 살펴보고, 옛 문화에 대한 다양한 체험활동으로 조상들의 지혜와 슬기를 체득함으로써 삶의 가치와 의미를 스스로 발견할 수 있는 역사 체험의 장으로 우리 학교에 있는 파주교육박물관이 자리매김하기를 바란다.

이에 더 나아가 학교 밖 마을의 역사를 수집 및 채록하여 13주년을 맞이하는 파주교육박물관을 마을사 아카이브로 구축하고자 한다. 지역의 주민에게는 문화공간으로, 우리 학생들에게는 파주 지역의 역사와 전통에 대한 교육의 장이 될 수 있도록 학생 주도 역사탐구 프로젝트 제2막을 시작하고자 한다.

나에게 역사수업은 무엇인가?

파주초등학교 학생 김재현

나는 역사를 그리 좋아하지 않았다. 아니, 싫어했다. 역사에 흥미가 있지도 않았다. 글, 영상 등등… 진부한 방법들로만 배워서 지루했다. 내게 역사란 그저 과거에 일어난 일을 배우는 것이었다. 학교에서 역사 시험을 본다고 하면 내용을 요약해서 외우고, 많은 사건들의 기승전결, 관련 인물, 유산들을 외우고 시험을 보는 것이 다였다. 이렇게 해도 시험을 망치지 않았고, 딱히 더 역사를 공부하거나 역사 공부 방법을 바꾸어야 한다는 생각을 하지는 않았다.

역사탐구 프로젝트 준비 과정

프로젝트 준비 과정은 그리 간단하지 않았다. 이번 역사탐구 프로젝트는 구술을 통해 이루어졌지만 나는 구술이란 게 어떤 것인지 잘 몰랐다. 구술사에 관한 책을 읽고, 강사님을 통해 연수를 들은 후 구술 인터뷰를 위해 한 걸음씩 준비를 해갔다. 첫 인터뷰를 하던 날, 바로 앞에서 질문하고 말을 주고받는 게 떨리고 긴장되었지만 구술자가 생생하게 말해주는 학교의 역사를 들으니 미처 몰랐거나 재미있는 내용이 많아서 시간이 어떻게 흘러가는 줄 모를 만큼 구술을 통한 역사탐구가 재미있다는 것을 알았다.

내가 미처 알지 못했던 학교 이야기

처음엔 우리 학교에 대해 어느 정도 알고 있다고 생각했다. 학교 연대기도 대략 알고 있었고, '우리 학교가 113년의 역사가 있다지만 얼마나 되겠어'라고만 생각했다. 하지만 구술을 여러 차례 하면서 생각이 많이 바뀌었다. 구술 인터뷰를 할수록 내가 미처 알지 못했던 학교의 역사를 많이 들었다. 나중에 우리 학교 100주년을 기념하여 지은 파주교육박물관에 가봤는데, 이 박물관에도 기록되지 않았던 학교 역사를 역사탐구 프로젝트를 통해 알 수 있었다. 박물관에 있는 사료들은 물론, 그 사료들과 관련된 여러 가지 숨겨진 이야기를 들을 수 있어서 좋았다. 구술한 얘기들을 듣고 난 뒤 파주교육박물관에 가보니 그동안 보아왔던 모든 것이 다르게 보였다. 내가 알게 된 내용을 친구들에게 전해줄 때는 박물관 큐레이터가 된 것 같았다. 내가 전한 내용은 기억에도 오래 남았다. 내가 원하던 진짜 살아 있는 역사 공부를 한 것 같다.

우리 학교 미군 이야기

나는 우리 학교에 미군이 있었는지 몰랐었는데, 구술 인터뷰를 할 때마다 미군 얘기가 나와서 미군 이야기에 흥미를 갖게 되었다. 다음 구술을 진행할 때는 미군과 관련된 질문을 했고, 구술자들은 자신의 경험을 바탕으로 미군 이야기를 많이 했다. 우선 미군들은 6·25전쟁이 일어난 지 얼마 안 되었을 시기에 있었는데, 당시 학생들에게 초콜릿과 빵 등을 주었다고 한다. 또 지금은 의료 기구를 샀지만, 옛날에는 가난해서 미군들이 보건실에 반창고, 약 등을 보급해주었다고 했다. 내가 겪지 못한 일들이 눈앞에서 있었던 일처럼 들으니 생생하게 전해졌다. 우리가 그때 받았던 도움을 도움이 필요한 누군가에게 돌려주어야겠다는 생각이 들었다.

가장 인상 깊었던 3대 가족 구술

처음으로 3대 가족 인터뷰를 하던 날이 기억에 남는다. 각 세대의 이야기를 들으면 과거와 현재가 이어질 수 있어 좋은 기회였다. 3대 가족이랑 구술 인터뷰를 했을 때 각 세대의 차이점이 뚜렷했고, 그래서 각 세대를 비교하며 더욱 뚜렷한 역사를 배울 수 있었다. 3대 가족은 파주교육박물관에서 워킹 인터뷰도 했다. 박물관에 있는 자료들을 보며 편안한 분위기에서 추억에 젖어 더욱 많은 이야기를 담기 위해서였다. 실제로 해보니 기대 이상의 수확이 있었다. 물건 하나하나를 보며 '나 옛날에 이거 좋아했었는데' 하는 반응을 보이셔서 덩달아 반가웠다. 앉아서 하는 것보다 더 편안한 분위기에서 말씀하셔서, 많은 이야기를 생생히 접할 수 있어 좋았다.

역사탐구 프로젝트 이후 나에게 역사수업이란?

이번 역사탐구 프로젝트를 마친 뒤 역사에 대한 생각이 많이 바뀌었다. 우선 역사는 오늘날과 비교하면서 다른 점과 같은 점을 찾고 이해하는 과정이 필요하다는 것을 느꼈다. 가령, '어, 지금도 이걸 사용하는데 옛날에도 이걸 사용했네!'라는 기분이 들면서 '그러면 이렇게 옛날에도 사용했고 지금까지 사용하는 물건이 더 없을까?'라는 생각에 자연스럽게 흥미를 갖게 되었다. 그런 과정에서 많은 것을 배웠으며, 조사하고 비교하는 과정도 재미있었다.

무엇보다 역사는 단지 외워서 끝나고 지나가는 것이 아닌, 이해하는 것이라고 생각한다. 평범한 사실에 대해서도 '왜?'라는 물음으로 시작해서 옛날을 이해하고, 직접 느낄 수 있는 체험 및 활동을 한다면 이것이 진정한 역사 공부라고 생각하게 되었다. 이번 역사탐구 프로젝트에서 직접적인 체험과 다양한 활동들을 못 해서 아쉬웠지만, 옛날과 지금을 비교하고 옛날에 대해 생생하게 이해할 수 있어 즐거웠다. 또 다른 형태의 역사탐구 활동을 하고 싶은 생각도 들었다.

다른 친구들이 역사탐구 프로젝트를 하게 된다면?

역사를 좋아하든 싫어하든 일단 공부해보라고 하고 싶다. 우선 우리 학교 졸업생과 인터뷰하면서 책에서 볼 수 없는 생생한 이야기를 통해 미처 알지 못했던 사실, 역사적 사실들을 알 수 있어 좋았다. 또한 역사탐구 프로젝트를 통해 역사의 흥미를 느낄 수 있기에 추천해주고 싶다. 프로젝트를 통해 역사만 배우고 끝나는 것이 아니라 구술에 대해서도 알게 되었고, 자신감도 얻었다. 함께하는 친구들과 활동하면서 팀워크도 맞출 수 있었다. 무엇보다 우리가 함께 해냈다는 데 뿌듯함이 느껴지는 소중한 경험이었다.

함께 만드는 우리의 이야기

안중중학교 역사 교사 박미정

나에게 역사탐구 활동은

대한민국 임시정부 수립 100주년을 계기로 탄생한 이 프로젝트를 통해 우리 학교 학생들이 한층 더 성장할 수 있는 기회가 될 것 같아 역사탐구 활동에 참여하게 되었습니다. 학생들에게는 잘 알려지지 않은 '구술사'라는 방법을 통해 학생들 스스로 주제와 관련된 사람들을 만나 그들의 이야기를 듣고 역사를 만들어가는 활동은 학생들의 경험의 폭을 더 넓혀주리라는 생각이 들었고, 평소 역사에 관심이 많은 친구들로 동아리를 구성하였습니다.

역사는 많은 학생들이 지루해하고 따분해하는 과목입니다. 그래서 학생들의 삶과 역사를 연계해보는 활동을 수행평가나 교과 수업에서 적용하고 있고, 내 주변에서 시작하여 국가의 역사로 범위를 확대하며 학생들도 역사의 주인공이 될 수 있다는 것을 깨닫도록 지도하고 있습니다. 나와는 멀게만 느껴졌던 국가의 역사를 학생들의 조상과 연관 지어 알아가고, 내가 살고 있는 지역사회에서 일어난 역사적 사실들을 살펴보며 역사는 나와 먼 곳의 이야기가 아니라는 것을 알게 했습니다. 매년 여름방학이면 2학년 학생들을 대상으로 지역의 역사 유적지를 답사하도록 '향토탐구대회'를 열어 지역을 조사하게 했는데, 이 활동을 통해 학생들은 지역사에 관심을 갖게 되었고, 지역에 더 관심을 가져야겠다고 소감을 밝혔습니다.

마찬가지로 역사탐구 활동 프로젝트도 '거시사'보다는 '미시사'가 중점이 되는 활동이라고 생각했습니다. 우리 주변 이야기를 듣고 역사를 만들어가는 활동인 것입니다. 이 점이 매력적으로 다가와 학생들 스스로 역사를 써 내려가는 과정을 통해 우리 주변 사람들도 역사의 대상이 될 수 있음을 배우면 좋겠다는 생각이 들었습니다.

하지만 '구술사'는 시도해본 적이 없는 역사 방법론이었습니다. 2015년 자유학기제 시범학교로 1학년을 대상으로 '우리 가족 이야기'라는 주제로 인터뷰를 통해 가족을 소개하게 해본 적이 있지만 '구술사'와는 멀게만 느껴졌고, 과연 학생들이 잘할 수 있을지 시작부터 걱정되었습니다.

멀고 먼 주제 선정의 길

기우가 현실이 되었는지, 주제 선정은 학생들에게 어렵게만 느껴졌습니다. '3·1운동', '한국전쟁(6·25)'을 주제로 마을 사람들이 들려주는 역사 이야기는 흥미롭고 재미있을 것 같았지만 '내가 살고 있는 안중 지역'은 이 주제와 맞지 않았고, 우리가 살고 있는 지역과 관련된 역사 이야기를 만들어보는 것이 학생들의 역사탐구 활동 주제에도 맞을 것 같아, 주제를 고르는 데 생각보다 많은 시간이 걸렸습니다.

처음 학생들에게 주제 선정을 맡겼는데, 민감한 이슈인 '세월호', '위안부' 같은 주제를 선정해 계획서를 가져왔습니다. 그들 생각대로 하게 해주고 싶은 마음은 굴뚝같았으나 좀 더 접근하기 쉽고 우리 주변에서 할 수 있는 것들을 찾아보자며 다양한 제재를 찾기 시작했습니다. 교육청에서 보내준 예시 자료를 보던 중, '우리 학교 이야기'라는 주제가 눈에 들어왔고, 1953년 설립된 우리 학교는 60년이 넘었지만 학교에 대해 학생들이 잘 모르고 있어 역사탐구 주제로 적합하다고 생각되었습니다. 우리 학교를 매개체로 학교가 지역사회에 한 역할도 알 수 있을 듯해 흥미로웠습니다. 안중 지역에 온 지 6년밖에 안 되는 나에게도, 학교에 그다지 관심이 없던 아이들에게도 좋은 경험이 될 것 같아 '학교의 역사'를 주제로 잡고 접근해보기로 했습니다.

우리 학생들은

우리 역사탐구 동아리는 중학교 2학년 학생들로 구성된 팀입니다. 대표인 이형용 학생은 역사에 관심이 많고, 역사학자를 꿈꾸고 있습니다. 올해 초 경기도교육청에서 주도하는 역사원정대 활동에 지원서를 냈으나 학교에서 역사 동아리 활동 실적이 전무해 떨어져서 마음의 상처가 컸던 터라, 처음 이 프로젝트 활동을 제안했을 때 흔쾌히 수락하며 대표로서 팀원을 이끄는 데 조력하였습니다. 영재학교와 학교 내 다양한 활동, 꿈의학교 등으로 마음의 여유가 없어 가끔 버거

위하긴 하지만 특유의 리더십으로 친구들을 이끌면서 탐구를 주도하고 있습니다.

다음으로 박지성 학생은 팀에서 브레인 역할을 하고 있습니다. 논리적이며, 우리가 가야 할 방향을 제시하며 실질적으로 팀을 진두지휘하고 있으며, 많은 친구들이 그를 믿고 따릅니다. 세 번째로 소개할 안계현 학생은 다방면에 관심이 많고 상식이 풍부하며, 근현대사를 특히 좋아합니다. 말없이 친구들의 의견을 잘 들어주며, 분쟁이 생기면 조정해주는 역할을 합니다. 마지막으로 소개할 이성빈 학생도 역사학자를 희망하는데, 역사에 대한 지식이 풍부하고, 역사와 관련된 독서를 즐깁니다. 수업시간에 역사와 관련된 게임을 하면 따라올 친구가 없을 정도로 두각을 나타냅니다.

이 네 친구가 모여 '우리 학교 이야기'라는 주제로 졸업생, 재학생, 선생님, 지역 주민에게 학교 이야기를 들려줄 예정입니다.

주제를 정하기까지 많은 우여곡절이 있었지만 논의 과정에서 서로를 더 이해하고 탐구 활동의 목적을 명확히 하는 계기로 삼을 수 있었고, 서로 존중하는 법을 배울 수 있었습니다.

험난한 인터뷰의 길

학생들은 구술사와 관련된 서적, 인터뷰와 관련된 자료를 찾으며 인터뷰하는 방법을 배우기 시작했고, 이 내용을 바탕으로 학교에 대한 재학생들의 인식을 파악해보고자 설문지를 작성했습니다. 설문 내용을 바탕으로 인터뷰할 학생을 정하기로 했고, 인터뷰의 방향을 잡아 갔습니다.

학생들은 1950년대부터 2018년까지의 우리 학교 졸업생과 재학생, 학부모, 교사, 지역 주민, 학교 설립자를 대상으로 면담을 하기로 했으며, 이를 바탕으로 우리 학교가 지역에 미친 영향을 알아보기 위해 지역사회 인사들을 대상으로 별도의 면담을 해갈 거라고 했습니다. 걱정스럽기는 했지만 아이들을 믿고 지켜보기로 했습니다.

방학 중, 시험 기간, 개인적인 활동 등으로 학생들이 모이는 시간이 적어 인터뷰를 차일피일 미루다 드디어 1차 지필고사가 끝나고 2학년 김대환 학생을 대상으로 인터뷰를 하게 되었습니다. 학생들이 작성해 온 질문지를 보면서 '일찍 끝나겠군, 방향을 다시 잡아줘야겠다'고 생각하며 인터뷰하는 모습을 지켜보았습니다. 영상 촬영을 맡은 지성이는 카메라 조작에 신이 났고, 인터뷰를 주도하는 형용이는 긴장되었는지 얼어 있었습니다. 오히려 인터뷰에 응하는 대환이가 너무 자연스러워해 나도 모르게 웃음이 나왔습니다. 아니나 다를까, 인터뷰는 7분 만에 끝났습니다. 어이가 없었지만 그래도 처음 하는 시도라 잘했다며 다시 방향을 잡았고, 질문지를 수정해갔습니다.

천 리 길도 한 걸음부터

학생들과 활동하면서 느끼는 거지만, 방향만 설정해주면 될 것 같아도 이끌어주어야만 성과가 나오는 것 같아 아쉬움이 큽니다. 하지만 이것 또한 학생들이 활동하는 과정에서 배우는 것이라 생각합니다. 학생들은 시행착오를 겪으며 시간의 중요성과 책임감에 대해 생각해보게 되었고, 면접 준비 과정에서 서로의 생각 차이로 마찰을 겪기도 하면서 협력의 중요성을 배워갔습니다.

또, 설문지 작성 과정에서 그동안 관심 갖지 않았던 학교에 대해 생각해볼 수 있었고, 학생들이 생각하는 학교의 모습, 학교가 지역사회에서 해온 역할, 우리 학교에 대한 주변의 인식을 알게 되어 좋았다고 했습니다. 더 나아가 자신들도 학교를 빛낼 수 있는 사람이 되고 싶다고 했습니다. 이것을 보며 학생들의 삶에 역사탐구 활동이 녹아들고 있다는 생각이 들었습니다.

인터뷰를 통해 학생들은 누군가의 이야기를 듣는 방법, 질문 선정 및 경청과 공감의 중요성을 느낄 것이고, 그 과정에서 많은 시행착오를 겪을 것입니다. 이를 통해 '구술사'가 무엇인지 배우며 이야기를 만드는 과정에서 어려움과 보람도 느낄 것입니다. 궁극적으로 우리 학교의 역사, 학교의 역할, 지역과 학교의 관계를 배우고, 이를 재학생들과 많은 지역 사람들에게 알리려 합니다.

이 탐구 활동의 이야기가 어떻게 맺어질지는 모르겠지만 "시작이 반이다"라는 말이 있듯이 학생들이 첫걸음을 내딛고, 그 과정에서 배우고 느끼며 생각하는 것들이 학생들의 삶에 긍정적인 영향을 미치기를 바라며, 이 노력들이 누군가에게는 기억될 수 있는 소중한 하나하나의 이야기들로 꽃피어 나면 좋겠습니다.

나를 성장시키는 역사탐구

안중중학교 학생 이형용

들어가며

역사탐구 활동에 참여하게 된 것은 선생님의 추천이 계기였습니다. 저는 평소 한국사에 관심이 많아 역사에 대해 자신만의 견해를 가지고 사람들과 이야기를 나누는 것을 좋아합니다. 한국사능력검정시험에 도전해 1급이라는 성과를 얻었고, 꿈의 학교에 들어가서 제가 살고 있는 평택의 역사에 대해 조사하기도 했습니다. 교육청에서 주최한 해외 역사탐방 기회를 두 번이나 눈앞에서 놓쳐버려 상심하고 있던 터에, 역사 선생님이자 담임선생님인 박미정 선생님이 활동을 권유해주셨습니다. 비록 자발적인 의도가 아니었지만, 저와 처지가 같던 3명의 친구들과 팀을 결성해서 도전하기로 했습니다. 역사 선생님을 코칭 선생님으로, 다른 3명의 친구들과 함께 '우리 학교 60년 이야기'라는 역사탐구 활동을 진행하게 되었습니다.

우리는

우리의 탐구 목적은 우리 학교의 오랜 역사에 대해 잘 모르는 학생들에게 역사를 알려주고 학교가 나아가야 할 방향을 고민해보는 것이며, 이에 따른 연구방법으로 면대면 면담을 선택했습니다. 아직 연구는 현재진행형이지만, 졸업생(1950~2018), 재학생, 학부모, 교사, 지역주민, 학교 설립자분들께 학교 이야기를 주제로 면담을 진행할 계획이며, 지역사회 인사들을 대상으로 한 별도의 면담을 하여 지역사회와 학교의 관계도 연구하려고 합니다. 또한 재학생에게는 목적에서 '인지도를 높인다'고 명시된 만큼 따로 설문조사를 할 것입니다.

우리 팀은 총 4명으로 구성되어 있는데, 대표인 저 이형용과 박지성, 안계현, 이성빈입니다. 코칭 선생님은 역사를 가르치시는 박미정 선생님입니다. 앞서 말씀드렸듯이, 저희는 평소 역사에 관심이 많지만 기회가 없어 아쉬워하던 친구들이 모여 결성한 팀으로, 팀원 전체가 안경을 썼다는 특이한 공통점으로 즐겁게 뭉쳐 있습니다. 더욱이 팀원들은 저만큼이나 다들 역사에 관심이 많아 배경지식이 풍부하며, 유물 발굴이나 새로운 역사적 견해 등장 등의 관련 이슈에도 큰 관심이 있습니다. 비록 처음 해보는 활동이지만, 끝까지 최선을 다하며 프로젝트를 마무리하겠습니다.

과정의 중요함이란

'우리 학교 60년 이야기' 프로젝트는 현재 진행 중이어서 탐구 활동 이후 어떻게 성장했다고 이야기하기는 어렵습니다. 따라서 활동

이후 어떻게 성장할지 생각하고 서술해보려 합니다.

먼저, '나'에서 소개해드렸듯이 우리 팀의 탐구 목표를 달성함으로써 학생들에게 우리 학교의 오랜 역사에 대해 알리고, 학교가 변해갈 방향을 가늠할 수 있을 것입니다. 이에 따라 역사학자의 일을 간접체험하게 되어, 장래 희망이 역사학자인 팀원들에게 좋은 성장의 기회가 되리라 봅니다. 저도 구술적인 방면에서의 구체적인 역사탐구 방법을 익히고, 큰 규모의 활동을 꺼리던 자세를 고쳐가면서, 역사학자가 되기 위한 토대를 다지는 데 많은 보탬이 되리라 생각합니다. 역사학자가 장래 희망이 아닌 팀원들에게도 스스로 연구를 계획하고 목표를 정한 뒤, 이를 성취하는 과정이나, 인터뷰를 위해 사람들과 대면하고 부탁하는 과정 등은 어느 직업을 장래 희망으로 하더라도 유용한 경험이 될 것입니다.

역사탐구와 '나'

안중중학교 학생 박지성

역사를 좋아하는 '나'

저는 역사에 관심이 많습니다. 역사소설을 즐겨 읽으며, 새로 나온 역사 영화는 놓치지 않고 다 챙겨볼 정도로 역사를 좋아합니다. 초등학교 5학년 때 한국사 능력 검정시험 5급에 합격했고, 2년 전쯤엔 같은 시험 3급에도 합격했습니다. 1년 전쯤엔 성인도 힘들다는 세계사 능력 검정시험 6급에도 합격했습니다. 정규 과목에 역사가 들어 있어 매 시간 제가 좋아하는 역사를 만날 수 있습니다.

초등학교 역사수업은 제가 아는 것에 대해서만 계속 책을 읽는 듯했지만, 중학교에 와서는 선생님께서 설명도 잘해주시고 그때그때 시대 상황을 실감나게 표현하셔서 누구보다 열정적으로 수업에 임하게 되었습니다. 그러던 중 역사 선생님께서 역사 동아리를 꾸려보는 데 참여를 권하셨고, 흥미가 생겨 역사탐구 활동에 참여하게 되었습니다. 마침 2019년이 대한민국 임시정부 수립 100주년을 맞는 해여서 우리나라 역사에 대해 활발히 조사하고 있었고, 60년 역사를 자랑하는 우리 학교에 대해서도 궁금한 것이 많았는데, 이번 기회를 통해 우리 학교의 역사를 하나부터 열까지 알아보고 싶었습니다.

역사탐구 속의 '나'

우리 역사탐구 활동은 역사에 관심이 많은 4명의 학생들과 한 분의 담당 선생님으로 이루어져 있습니다. 우리 학교의 역사를 조사할 뿐이지만 다양한 역사 이야기들도 나누며 관심의 폭을 넓히고 있습니다. 담당 선생님은 역사 선생님이십니다. 바쁘신 중에도 활동을 점검하며 저희의 경험을 위해 많이 도와주고 계십니다. 처음이다 보니 실수할 때도 있고 시험 기간에 걸쳐 있어 약속한 기일 내에 주어진 일을 마치지 못할 때도 있지만 이해해주시고 더 격려해주셨습니다.

역사탐구 활동은 역사를 잘 아는 친구들이 모여 잘난 척하고 아는 체하는 자리가 아니라 개개인의 경험과 지식을 한층 심화해갈 수 있는 좋은 기회라고 생각합니다. 잘 이해되지 않거나 모르는 부분은 한 번 더 설명해주고 같이 풀어가며, 특히 학교 역사와 관련된 설문조사를 할 때도 질문을 준비하기 위해 같이 고민하기도 했습니다. 또한, 무엇보다 다른 특정한 곳의 역사가 아닌 우리 학교의 역사이기 때문에 친구들도 참여할 수 있게끔 여러 가지 활동을 하고 있습니다. 예를 들어 이번 역사탐구 활동으로 우리 학교에 대해 친구를 인터뷰하게 되었는데, 원래 우리 학교를 몰랐던 친구가 이 인터뷰로 학교에 대해 한 가지라도 더 알게 되었습니다. 그런 모습을 지켜보니 학교에 대한 자부심이 생기고, 전교생에게 우리 학교의 역사를 알려주고자 하는 열정도 생기게 되었습니다.

성장하는 '나'

우물 안 개구리처럼 살아왔지만, 저보다 역사를 잘 아는 친구들과 활동함으로써 겸손을 배웠습니다. 또한 우리 학교가 남자 학교이다 보니 별로 애착이 없었는데 이번 기회에 애착과 관심이 많다는 것을 알게 되었고, 장차 어떤 분야에서 어떤 일을 하든 우리 학교를 빛내고 싶어졌습니다. 이 활동은 친구들과 머리를 맞대고 조사하며 협동심도 키우고 우리 학교의 역사에 대해 알아보고 홍보도 해보는, 어찌 보면 일석이조의 기회라고 생각합니다. 제게 주어진 기회인 만큼 남은 역사탐구 활동에도 더욱 열정적으로 참여해 좋은 결과를 내고 싶습니다. 제 꿈은 역사와 관련된 것은 아니지만, 어떤 꿈을 갖든 제 미래에 도움이 되고 과거를 회상했을 때 큰 보람을 느낄 것 같습니다.

2부

일상의
수업 이야기

재능을 일깨워주는 역사수업을 하고 싶다

고색고등학교 역사 교사 김영화

1. 교사에게 수업이란?

"19세기 교실에서 20세기 교사가 21세기 학생들을 가르치고 있다"라는 앨빈 토플러의 지적 때문만은 아니겠지만, 다행히도 오늘날 교육현장에서는 많은 변화들이 나타나고 있다. 기존의 주입식 교육으로는 미래 사회가 요구하는 인재를 육성할 수 없기 때문이다.

오늘의 사회는 기하급수적으로 증가하는 지식과 정보를 단순히 갖고 있는 것이 아니라, 이를 충분히 잘 활용하여 스스로 혹은 다른 사람들과 협력하면서 당면한 복잡한 문제를 창의적으로 해결할 수 있는 능력을 갖춘 사람을 요구한다. 이처럼 인재상의 변화에 따라 사회적 요구에 적합한 인재를 육성하기 위해 초·중등학교의 교육정책 및 수업 방식 변화를 위한 노력이 계속되고 있다. 이러한 변화는 기존의 주입식 교육에서 벗어나 다양한 수업 방법을 통해 학생 참여형 수업을 강조하는 시대적 요구에 부응하는 것이다. 현재 초·중·고등학교에서는 프로젝트 학습, 협동 학습, 토론 등 다양한 교수·학습 활동을 강조한다. 역사교육에서도 역사적 사실의 이해, 역사 자료 분석과 해석, 역사 정보 활용 및 의사소통, 역사적 판단력과 문제해결능력, 정체성 및 상호 존중 같은 역량을 육성해야 함을 역설하고 있다.

그러나 정해진 수업시수(時數)에서 고대사부터 현대사까지 광범위한 시대를 다루며 많은 내용을 가르쳐야 한다는 핑계로 교사는 부지불식간에 강의식 수업을 하게 되고, 학생들은 너무 많은 외울 거리때문에 역사 공부를 지겨워하며 역사를 암기 과목으로 인식하기 시작한다. 이러한 교육 환경은 학생들이 수업에 집중하지 않고 딴생각을 하거나 엎드려 자는 심각한 모습을 보이는 결과를 가져왔다.

게다가 교단에 첫발을 내디디며 지녔던, 학생들에게 역사를 잘 가르치고 싶다는 마음을 뒤로한 채 몇 년간 수업을 해오다 보니 수업전의 긴장감은 어느새 사라졌다. 여러 해 동안 사용하던 학습지를 조금씩 수정하여 활용하고 수업에 대한 노하우가 생기며 익숙해졌지만, 매너리즘에 빠져 있다는 생각도 들었다. 수업시간에 졸고 있는 학생을 보면 '이런 학생들을 위해 내가 열심히 수업을 준비해야 하나?'라는 생각도 들었다. 그럴수록 학생들에게 미안했다. 학생들은 학교에서 가장 많은 시간을 보내고, 교과서에 있는 지식만 습득하는 것이아니라 수업 공간에서 삶의 방식과 질서를 배운다. 그래서 교사인 나는 그들의 미래에 책임이 있는 것이다.

2. 수업의 주인공은 "내가 아닌 너희들이야!"

　수업에 대한 고민이 깊어지면서 연수에 많이 참여했다. 과연 내가 수업을 잘하고 있는 것인가, 수업시간에 학생들과 공유하려는 가치는 무엇인가, 수업에서 학생들의 배움과 성장이 일어나고 있는가, 그리고 한국사 수업시간에 학생들은 정말 행복할까? 이런 질문들을 계속 나 자신에게 되물었다. 이런 고민이 깊어갈 무렵 연수를 통해 '플립러닝' 학습에 대해 알게 되었다.

　한국사는 가르쳐야 할 내용이 너무 많다 보니 수업시간에는 진도 나가기에 급급하여 정작 학생 중심의 활동 수업을 하는 것이 어려웠다. 그런데 플립러닝 학습은 다양한 학생 참여형 수업 방식 중에서 이러한 단점을 가장 잘 보완하면서 학생들에게 필요한 미래의 역량을 기를 수 있는 적절한 수업 방식이었다.

　플립러닝 학습은 학생이 교실에서 이루어지는 수업에 들어오기 전, 교사가 미리 제공한 학습 자료(동영상, 오디오, PPT 자료 등)를 중심으로 다양한 매체를 이용해 온라인상에서 기본 학습 내용을 미리 학습한 후, 교실 수업에서는 토론, 토의, 질의응답 등 학습한 내용을 적용 및 심화 이해하는 것으로, 다양한 활동의 진행과 교사의 피드백을 통해 주어진 문제를 해결하는 학생 중심의 수업 방식이다. 플립러닝 수업을 위해서는 준비할 것들이 많았다. 우선 디딤 영상을 어떻게 촬영해야 하는지, 학생 중심의 참여형 수업 활동을 어떻게 설계해야 하는지, 학생들과 온라인에서 어떤 방식으로 소통해야 하는지, 강의식 수업 절차와 다른데 어떻게 수업지도안을 만들어야 하는지 등의 문제가 있었다. 이런 것들은 교사가 직접 해결할 수 있지만, 무엇보다 '학생들이 새롭게 바뀐 수업에 거부감을 느끼지 않고 잘 해낼 수 있을까'라는 점이 가장 걱정스러웠다. 우선은 플립러닝 관련 온-오프라인 연수를 듣고 책, 논문, 인터넷 자료들을 검색하며 작년 겨울방학부터 플립러닝을 주제로 공부했고, 올해 4월에는 경기도 스마트플립러닝연구회에 가입하여 다양한 정보를 교류했다.

플립러닝 수업을 시작하기 전, 학생들에게 3차시에 걸쳐 오리엔테이션을 했다. 왜 플립러닝 수업을 하는지, 앞으로 학생들이 준비할 부분은 어떤 것이고 본 수업시간은 어떻게 진행되는지를 안내했다. 학교에는 학생 개인당 구글 계정이 만들어져 있어 구글 클래스룸을 사용하기로 했다. 오리엔테이션 시간에 개인당 크롬북을 나눠 주고 클래스룸에 들어가는 방법, 과제 올리는 방법, 구글 문서 및 시트 작성 방법 등을 가르쳐주었다. 또 디딤 영상을 집에서 시청할 수 있는지 등의 학습 환경도 조사하고 문제점이 없음을 파악했다. 학생들에게는 솔직하게 말했다.

"선생님이 강의식에서 플립러닝 수업으로 전환하는 것이 처음이고, 너희도 해본 경험이 있는 사람도 있겠지만 그렇지 않은 친구들이 더 많아 서로 서툴러서 힘들 수도 있어. 하지만 선생님이 반년 동안 플립러닝 수업에 대해 많이 공부했고, 최선을 다해 준비했으니 선생님 한번 믿어주기 바란다. 예전의 강의식 수업으로는 도저히 너희들의 창의력, 비판력, 문제해결능력 등의 고차원적 사고력을 기를 수 없단다. 그런데 미래 사회에서는 그런 사고력을 갖춘 인재를 요구하기 때문에 교실에서 수업의 변화가 먼저 이루어지지 않으면 결국 선생님도 너희도 힘들어진단다. 교실과 수업에서 주인공은 선생님이 아니라 바로 너희들이야. 플립러닝 수업을 계기로 성적이 향상되는 것도 좋겠지만 무엇보다도 너희들이 수업의 중심, 즉 주인이라는 것을 깨닫기 바란다."

3. 플립러닝 수업하기

이렇게 새로운 수업에 대한 작은 불안감과 학생들에 대한 믿음으로 2학기부터 플립러닝 수업을 시작했다.

디딤 수업(온라인)

금요일에 학생들에게 디딤 활동지를 배부하고, 3회 분량의 디딤 영상을 매주 토요일 오전 9시에 클래스룸에 올리면, 역사 반장이 학급 친구들에게 안내 메시지를 보낸다. 학생들은 토요일 오전 9시부터 일요일 자정까지 디딤 영상을 학습한 후, 미리 나눠 준 디딤 활동지를 작성하여 클래스룸에 과제로 제출한다. 그러면 나는 학생들이 제출한 활동지를 보면서 피드백하고 돌려준다. 이런 활동은 모두 구글 클래스룸(온라인)에서 이루어진다. 이때 댓글로 학생들이 그날의 디딤 영상에 대한 피드백을 주면 다음 디딤 영상을 만들 때 의견을 반영하여 만들고, 학생이 공부하다가 질문이 있다고 댓글을 달면 바로 답해주는데, 이는 교사와 학생이 서로 성장할 수 있는 기회가 된다.

한번은 디딤 활동지를 집에 가져가지 않은 학생이 디딤 영상을 학습하면서 학습 내용을 일일이 손으로 써가며 공부한 흔적을 제출했다. 1학기에는 잠이 좀 많았던 학생이었기에 그 학생에게 약속을 지킨 것에 대한 칭찬의 댓글을 달았다. 그 후 그 학생의 한국사 시간의 수업 태도가 몰라보게 달라졌고, 매 시간 적극적으로 참여했다. 또한 학생은 언제나 첫 번째로 디딤 영상 시청을 완료했는데, 수업시간에 그 부분에 대해 성실하다고 칭찬했더니 계속해서 디딤 영상을 제일 먼저 시청 완료할 뿐만 아니라 활동지도 열심히 작성해서 제출하고, 수업시간에 소극적이던 모습이 적극적으로 바뀌어 친구들에게 설명을 해주기도 하였다.

학생 중심의 참여형 수업 활동

디딤 영상과 디딤 활동지를 가정에서 학습해 온 후, 본 수업시간에는 모둠을 구성하여 학생 참여형 활동 수업을 한다. 차시별 교과 및 활동 내용은 다음과 같다.

임진왜란과 병자호란을 학습할 때는 본문을 돌려 읽으며 핵심어를 파악한 후, 문장 카드를 활용해 스토리를 전개하게 했다. 혼자 교과서를 읽을 때보다 같이 소리내어 읽으니 친구의 말소리에 집중하려 했다. 학생들은 사건의 순서를 단순히 암기하는 것보다 전후 흐름을 파악하며 친구들과 문장 카드를 재배열하면서 적극적으로 참여했다.

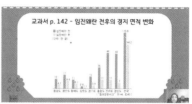

| 구글 클래스룸 디딤 영상 업로드 화면 | 실제 플립러닝 디딤 영상 화면 |

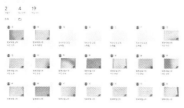

| 디딤 활동지 과제 제출 상황 파악 | 개인별 비공개 댓글 작성으로 교사와 소통 |

　붕당 정치에 대해 수업할 때는 보석맵 활동을 통해 학생들이 어려워하는 부분을 서로 설명해줄 수 있게 했다. 종이를 돌려가면서 본인이 맡은 부분들을 정리하고, 이해가 안 되는 부분들은 서로 묻고 가르쳐주며 보석맵을 완성하는 모습에서 학생들의 협동심을 볼 수 있었다.

　수취제도를 학습할 때는 역사와 수학의 융합 활동을 했다. 이때 평소 한국사를 잘하지 못해 자신감이 없던 학생이 있었는데, 수학 문제 풀듯 척척 활동지를 작성해나가는 모습이 인상적이었다. 아이들의 성향이 너무도 다르기에 과목 간 통합을 하여 가르치는 것이 필요함을 새삼 느꼈다.

　다음으로는 학생들의 창의력을 관찰해보고 싶었다. 그래서 실학자들을 가르칠 때, 'Face Map'을 활용해 실학자들의 생각을 알아보는 활동을 했다. Face Map이라는 도구를 활용해 중농학파, 중상학파 실학자 중 인물을 선택하여 그 인물이 되어 머리(그 인물이 했을 듯한 생각 적기)·귀(그 인물이 들었을 듯한 소리 혹은 이야기 적기)·코(그 인물이 맡았을 듯한 냄새 적기)·입(그 인물이 하고 싶어 하는 것 같은 말 적기)·눈(그 인물이 보았을 듯한 장면 적기)에 대해 작성하는 것이다. 이런 활동은 대부분의 학생들이 생소했기 때문에 활동지를 해결하는 데 좀 어려움을 겪었다. 그때 크롬북으로 실학자들에 대한 자료를 찾던 한 학생이 유수원이 귀가 먹었다는 사실을 알게 되었고, "이 실학자에 대해 Face Map의 그 인물이 들었을 것 같은 소리(이야기)에는 아무것도 쓸 수 없지 않을까요?"라는 질문을 했다. 교사인 나도 잠시 당황했지만, 이내 그 학생은 "선생님, 그럼에도 유수원은 이렇게 유명한 실학자가 되었잖아요. 정말 대단하네요. 유수원에게 장애는 인생의 장애물이 아니었나 봐요"라고 말했다. 그렇다. 분명 그 학생은 자신이 찾은 그 한 줄에서 뭔가를 느끼고 배웠을 것이다. '과연 이런 배움이 강의식 수업에서 이루어질 수 있을까?'라는 생각에 먹먹해졌다.

　세도정치를 학습할 때는 교과서 함께 읽고 그림으로 표현하기를 했다. 미술 시간이 아니므로 그림을 잘 그릴 필요는 없다고 생각했다. 그러나 미술을 좋아하는 학생에게는 그렇지 않았다. 뭔가를 그림으로 표현하는 것을 좋아하는 학생에게는 이 시간만큼 집중할 수 있고 재미있는 시간은 없다는 것을 한 학생을 보며 느꼈다. 수업시간을 마치는 종이 울렸음에도 자리를 뜨지 않은 채 계속 활동지에 그림을 그리고 색을 칠하고 있었다. 그 학생의 시간을 깨고 싶지 않아 그림 그

문장 카드를 활용한 스토리 전개하기 활동 　 서로 설명해주는 보석맵 활동

비주얼 씽킹(트리형 레이아웃) 활동 　 릴레이툰으로 창틀 채우기 활동

리는 것을 마칠 때까지 기다려주었고, 열심히 임해줘서 고맙다는 말로 칭찬을 대신했다. 그런데 오히려 내게 그림 그릴 수 있는 행복한 시간을 주셔서 감사하다는 말을 하는 그 학생의 눈빛은 어느 때보다 초롱초롱하게 빛났다.

4. 학생들의 재능을 일깨워주는 교사가 되고 싶다!

플립러닝을 한국사 수업에 적용하면서 놀란 것은 먼저 수업시간에 자는 학생이 한 명도 없었다는 점이다. 학생 중심의 참여형 수업 활동이 항상 모둠으로 이루어졌고 그 속에서 수업시간마다 본인이 맡은 역할이 바뀌기 때문이다. 그러면서 본인의 기여도에 따라 모둠 활동 결과물이 달라지므로 학생들은 책임감을 느끼고 본인이 맡은 부분을 수행하며 서로 협력했다.

그리고 강의식 수업이 교사와 한국사 공부를 잘하는 학생들 위주로 진행되었다면, 플립러닝 수업은 다양하게 설계된 활동을 학생들이 서로 의사소통하면서 진행하기 때문에 자신만의 강점으로 다른 학생들에게 도움을 주게 된다. 따라서 평소 한국사에 관심을 두지 않던 학생들에게 자신감을 심어주며 그들도 수업의 전면에 나설 수 있게 되었다.

또한 얼마 전 플립러닝 수업에 대한 소감을 받아보았는데, 학생들은 플립러닝 수업을 만족스러워했다. 특히 디딤 영상을 듣다가 모르는 부분은 다시 영상을 돌려볼 수 있어 이해가 안 가는 부분도 디딤 영상 학습을 통해 해결할 수 있었고, 시험 기간에는 디딤 영상을 다시 찾아보며 공부하여 많이 도움이 되었다는 의견이 많았다.

이쯤에서 나에게 일 년 전 던졌던 질문을 다시 해본다.

'과연 역사 수업시간에 학생들은 행복할까?'

이 질문에 아직은 확실한 대답을 할 수 없지만, 교사의 역할이 미래 사회에서 어떻게 변해야 하는지에 대한 시사점은 찾을 수 있겠다. 학생들이 자신의 강점을 찾아낼 수 있도록, 그리고 주변 사람들과 건강한 관계를 만들 수 있도록 교육 환경을 조성해주어야 한다. 그러한 환경 속에서 학생들이 상황에 적절한 의사소통 능력을 길러 머리로만 알고 있는 지식과는 다른 자신의 강점을 발휘할 수 있도록 도와주어야 한다. 스티브 잡스처럼 졸업식 연설에서 "내가 인생에서 가장 잘한 것은 학교를 그만둔 것"이라고 말하는 학생이 나오지 않도록, 교사는 학생들이 적극적으로 도전할 수 있는 수업을 하고, 그 속에서 자신만의 길을 만들어가려는 학생들에게 필요한 부분이 무엇인지 끊임없이 관찰해야 한다. 이처럼 미래 사회를 이끌어갈 학생들을 위해 그들을 가르치는 교사들도 변해야 하고, 교실에서 이루어지는 수업도 바뀌어야 한다.

역사수업에서 나를 찾다

고색고등학교 학생 이유민

1. 역사수업의 새로운 방식을 만나다

중학교 때부터 역사수업은 늘 지루하고 시대 순서에 따라 강의식 수업만 하는 것으로 생각해왔다. 그래서 고등학교에 와서도 역사수업에 대한 기대를 딱히 하지 않았다. 그러다 선생님께서 플립러닝이라는 수업 방식을 알려주셨고, 그 방법에 따라 플립러닝 수업에 참여하게 되었다. 기존 방식과 다른 수업 방식이 처음에는 조금 낯설고 신기했지만, 수업이 진행될수록 선생님께서 우리에게 해주시는 이 수업이 매우 만족스럽고 좋은 활동이라고 생각하게 되었다.

나에게 일어난 가장 큰 변화는 플립러닝 수업 방식이 자율적으로 학습할 수 있는 능력을 길러준 것이고, 공부한 내용이 기억에 오래 남게 되었다는 것이다. 이런 수업 방식은 함께 참여한 우리 모두의 학습에 큰 도움이 되었다. 한국사 선생님, 친구들과 함께한 플립러닝 수업은 우리 모두가 수업의 주체가 되어 학습에 참여할 수 있게 해주었기에 플립러닝 수업의 장점을 꼭 알리고 싶다.

2. 한국사 수업에서 플립러닝을 시작하며

한국사 선생님께서는 지루한 교과서 위주의 수업보다는 다양한 활동을 통해 역사적인 사실과 의미를 전하고 싶어 하셨다. 외부에서 진행하는 수업을 하신 뒤에는 우리에게 그곳에서 있었던 일과 흥미로웠던 점, 그리고 그곳에서만 보고 느낄 수 있는 것을 알려주셨다. 그러던 어느 날, 선생님께서 "다음 시간부터 플립러닝 수업을 할 거란다"라고 하셨다. 친구들은 모두 술렁거렸고, 나도 처음엔 "과연 이 방법이 나의 공부에 도움이 될까?"라고 생각하면서 조금은 불안했다. 그러다 플립러닝 수업에 대한 전반적인 설명과 앞으로의 진행 방식에 대한 자세한 설명을 듣고 차츰 안심이 되었고, 열심히 참여해 봐야겠다고 생각하게 되었다.

3. 우리 역사수업의 변화

역사수업이란 선생님께서 강의식 수업을 하시고, 학생들은 학습지에 필기하며 공부하는 것이라고만 생각해왔다. 그러다 시험 범위까지 진도를 다 나가면 자습하는 것이 자연스럽고 당연한 일이라고 생각했다. 그리고 역사수업은 늘 외울 것이 많고 힘든 수업이라는 생각을 조금씩 하고 있었다. 그러던 중, 선생님께서 '플립러닝 수업'이란 것에 대해 이야기해주셨다. 플립러닝 수업은 말 그대로 강의식 수업을 반대로 하는 것이다. 집에서 선생님의 강의를 보고, 학교에서는 집에서 본 강의를 바탕으로 모둠끼리 할 수 있는 다양한 활동을 한다. 처음에는 학원 수업과 야간자율학습을 하기도 바쁜데 디딤 영상까지 보라고 하시니 얼마나 귀찮고 힘들까 생각했고, 플립러닝 수업이 진행되면 공부할 시간을 빼앗길 수 있으리라 생각하니 몹시 걱정되었다. 그러나 수업을 시작해보니 플립러닝 수업은 오히려 우리에게 많은 도움이 되었고, 역사수업에 대한 지루함이 사라지게 해주었다. 또한 미리 집에서 기본적인 개념과 지식을 예습하고 학교 수업시간에는 학생이 수업의 주체가 되어 수업에 적극적으로 참여할 수 있는 기회가 되었다. 지금은 플립러닝 수업을 기다리며 매일 디딤 영상 내용을 궁금해하며 선생님의 영상이 올라오기만을 기다린다. 우리의 생각이 바뀌기 시작했고 우리의 역사수업에 변화가 생긴 것이다.

4. 다양한 과제와 새로운 활동

플립러닝 수업을 하면서, 정규 수업시간에 강의식 수업이 아닌 다양한 활동을 할 수 있는 시간이 생기게 되었다.

첫째, 우리의 역사적 사실에 대한 개념을 확실하게 알게 해주는 '나만의 강의노트' 활동을 했다. 나만의 강의노트란, 교과서를 꼼꼼히 읽고 중요하다고 생각하는 부분에 대해 자신만의 언어와 정리 방법으로 역사 노트를 작성하는 것이다. 친구들마다 중요하다고 생각하는 부분이 달라서 서로 자신이 정리한 노트에 대해 설명해주기도 했다. 이 활동으로 우리는 기본적인 개념과 내용을 자율적으로 학습할 수 있었다.

둘째로는 문장 카드 만들기 및 문장 카드를 활용하여 스토리 전개하기를 했다. 문장 카드를 이용하여 역사적 사건들의 순서를 명확하게 알 수 있었다. 평소 헷갈렸던 역사적 사건들을 이렇게 문장 카드로 정리하니 기억에 오래 남았다.

셋째, 보석맵 만들기를 했다. 예송, 환국, 정치구조 변화의 주제를 가지고 주제를 큰 종이에 4등분하여 종이를 돌려가며 한 사람당 모든 주제에 대해 정리했다. 또한 문제를 출제하고 서로 답을 맞히기도 했다. 처음에는 쓸데없이 종이를 돌려가면서까지 귀찮게 정리한다고 생각했지만, 모둠원 모두의 생각을 공유하며 공부하니 기억에 더 잘 남아 오히려 효과적인 공부 방법이라는 생각이 들었다.

넷째로는 비주얼씽킹을 했다. 비주얼씽킹이란, 자신의 생각을 글과 이미지 등을 통해 체계화하고 기억력과 이해력을 키우는 시각적 사고 방법으로, 생각을 글과 그림으로 표현하고 나누는 것이다. 우리는 이것을 조선시대 영조와 정조의 업적을 표현할 때 활용했다. 그리고 표현한 것을 다른 모둠들이 한 것과 공유하여, 다른 친구들이 정리한 영조와 정조에 대한 비주얼씽킹을 보며 같은 주제로 표현해도 다양한 생각을 할 수 있다는 것을 알게 되었다. 처음에는 내가 중요하다고 생각한 부분을 잘 정리해야겠다고 생각했지만 친구들의 생각을 공유하면서 더 폭넓은 생각들을 정리할 수 있게 되었다.

다섯째, 역사와 수학을 동시에 배우는 융합 수업을 했다. 조선시대 수취제도를 수학으로 풀어보는 것이었다. 기본적인 수학 공식을 이용하여 풀 수 있는 문제들로 이루어졌기 때문에 모두 참여할 수 있었고, 역사와 수학을 동시에 공부할 수 있다는 점이 색다르게 다가와 수업에 더욱 집중할 수 있었다.

마지막으로, 클래스룸이라는 어플로 선생님과 소통하며 다양한 과제를 했다. 선생님이 평소 관심이 있으셨던 위안부에 대한 과제와 봉오동 전투에 관한 과제를 하게 되었다. 클래스룸으로 영통 갤러리에서 진행된 '위안부 피해자 특별전'과 영화 〈봉오동 전투〉에 대한 에서 이를 작성하여 제출하고 선생님의 피드백을 받았다. 클래스룸으로 한 활동은 이것뿐만이 아니다. 플립러닝 수업에 필요한 강의를 선생님께서 직접 만들어 클래스룸에 게시해주셨다. 우리는 선생님의 인터넷 강의를 학교에 오기 전에 보고 그것에 대한 프린트를 작성하고 질문을 만들어 제출한 뒤, 피드백을 받으며 선생님과 소통했다.

이렇듯 우리가 주체가 되어 다양한 활동을 하면서 더욱 알찬 수업이 되었고, 클래스룸으로 편리하게 수업을 들을 수 있게 되어 좋았다.

5. 클래스룸을 통한 과제 [〈봉오동 전투〉 관람 에세이]

작성 날짜: 2019년 8월 25일
작성자: 이유민

독립운동의 꽃 봉오동 전투

〈봉오동 전투〉를 관람하거나 영통 갤러리에 방문해서 일본군 위안부 피해자 특별전 전시회 관람하기 중 하나를 선택해 주말 과제를 하라고 역사 선생님께서 말씀하셨다. 평소 보고 싶었고 관심이 많았던 〈봉오동 전투〉를 보기로 했다. 내가 봉오동 전투에 관심이 많았던 이유는, 이 전투가 한국사 교과서에는 짧게 한 줄로만 기록되어 간단하게 배우고 넘어가는 부분이어서 궁금했는데 이러한 전투가 영화로 제작되었다 하여, 더 자세히 알고 싶은 마음에서 관심을 가지게 되었다.

우선 봉오동 전투는 3·1운동 이후 봉오동 일대에서 독립군의 무장항쟁이 활발해진 시기가 배경이다. 주요 인물들의 목표는 골짜기를 넘어 죽음의 골짜기까지 일본군을 유인하는 것이었다. 그들은 필사적으로 일본군을 유인한 끝에 죽음의 골짜기로 몰아넣고, 영화 내내 러시아로 피신한 것처럼 관객을 속인 독립군이 등장하여 죽음의 골짜기에서 일본군을 소탕하게 된다. 일본군을 죽음의 골짜기로 몰아넣기 위해 아군 황해철과 그 무리들까지도 속인 독립군의 전략이 인상 깊었다. 그 반전이 여운을 남긴 것 같아 좋았다. 실제로 봉오동 전투는 홍범도 장군을 중심으로 독립군들이 목숨 바쳐 일본군 헌병 국경초소를 격파하고 그것을 반격하려 출동한 1개 중대마저도 죽음의 골짜기로 유인해 승리를 거둔 사건이다.
실제 봉오동 전투에서는 홍범도 장군이 전투를 승리로 이끌었지만 영화에서는 어떤 인물인지, 그리고 구체적으로 한 활약에 대해서는 설명과 등장 장면들이 나오지 않아 아쉬움이 있었지만 전체적으로는 인상 깊은 부분이 많은 영화였다.

이 영화를 통해 봉오동 전투가 봉오동뿐만 아니라 다른 많은 지역에서부터 일어나기 시작한 전투임을 알게 되었다. 그리고 홍범도 장군 외에도 황해철 등 봉오동 전투에서 활약한 다른 독립군에 대해서도 잘 알게 되었다.
〈봉오동 전투〉를 보고 독립군들과 그분들의 업적을 잊지 않아야 한다고 생각했고, 우리도 그분들처럼 나라에 어려운 일이 생기거나 나라를 빼앗길 위기에 처했을 때 그분들을 본받아 앞장서서 나라를 지켜야 한다는 생각이 들었다.
그리고 나라를 지키기 위해 끊임없이 노력하며 끝까지 포기하지 않는 정신을 마음에 새겨, 나도 쉽게 포기하지 않는 사람이 되어야겠다고 다짐했다.

새내기 교사, 지난 7개월을 돌아보다

대부고등학교 역사 교사 김성재

1. 새내기 역사 교사에게 역사교육이란?

내가 교단에 선 지 벌써 7개월이라는 시간이 흘렀다. 초임 교사로서 어떻게 해야 할지 막막했던 봄을 지나 뜨거운 여름을 보내고 어느새 가을이 불쑥 다가왔다. 임용시험 합격 통지를 받고 나서 기뻤던 시간이 지나고, 나를 고민에 빠지게 한 것은 '어떤 주제를 가지고 학생들과 수업을 해나갈 것인가?'였다. 수업을 통해 학생들에게 단순히 역사적 사실을 이해시키고, '상식으로 당연히 알고 있어야 하는 역사'를 가르치기보다는 역사를 통해 자신들의 생각을 표현할 기회를 주고 싶었다.

또한 학생과 교사 서로에게 실제로 도움이 되는 수업을 만들어가고 싶었다. 요즘 학생들에게는 타인과 공감하는 능력, 자신의 주장을 조리 있게 표현하는 능력을 키워주는 것이 필요하다고 생각했다. 모든 학생이 다 그런 것은 아니지만, 다른 사람과 직접 만나는 것이 아니라 컴퓨터나 스마트폰에서 타인과 만나고 소통하는 환경이 익숙하다고 생각했다. 따라서 실제 상황에서 타인을 이해하고 공감하는 능력이 부족할 수 있다고 판단했다.

이러한 부분을 역사로 어떻게 채울지에 대한 고민은 생각보다 쉽게 풀렸다. 역사라는 학문은 시간을 다루며, 그 시간 속에 살고 있던 사람들의 생활을 살펴보는 학문이다. 따라서 당시 역사적 상황에 처한 인물들에게 감정을 이입해보는 방식으로 학생들에게 표현할 기회를 주어야겠다고 생각했다. 자신과 다른 시대와 상황에 처한 인물들에게 공감하고, '그 인물이라면 어떻게 생각했을까'를 고민하면서 이를 표현한다면 자신의 생각을 표현하는 능력과 공감 능력을 키울 수 있을 것이다.

표현의 결과물도 모든 학생이 똑같지 않을 것이다. 역사적 상황을 각자 어떻게 생각하느냐에 따라, 성별과 나이, 직업 등에 따라 어떤 인물을 정하느냐에 따라 결과물은 다양해질 수 있다. 이를 학생들이 서로 나누고 이야기해주면서 현재와 마찬가지로 과거 사람들도 다양한 생활을 하고 있었다는 것을 알고, 이를 이해하는 과정을 거치는 것이다. 이러한 과정을 거친다면 학생들은 역사를 통해 자연스럽게 타인과 소통하고 공감하는 방법을 학습할 수 있을 것이라고 생각했다.

1학기에는 학생들이 다양한 역사적 인물에 공감하고 이를 표현할 수 있는 자료를 준비했다. 자료를 준비하고 학생들이 다양한 생각을 표현할 수 있도록 도와주는 것이 나의 역할이라고 생각했기 때문이다.

4개 과목(중학교: 역사1, 역사2, 고등학교: 한국사, 동아시아사)의 수업을 준비하고 구성할 때는 선배님들과 전국역사교사모임에서 공유해준 자료들이 큰 도움이 되었다. 이런 자료들을 활용하여 해당 주제에 들어갈 때 주제와 관련한 동영상과 글을 보고 나서 짧은 질문에 답하면서 학생들이 생각을 열어볼 수 있는 시간을 주었다. 그리고 해당 주제와 관련된 역사적 개념과 사실들을 학습하고 정리한 다음에, 주제와 관련한 내용 또는 배웠던 내용을 기초로 당시 사람들에게 감정이입을 하는 활동을 했다.

다음으로는 그 내용을 모둠 또는 발표 형식으로 다른 친구들과 나눠보고 소감을 듣고 수업을 마무리했다.

2. 7개월을 돌아보다

모든 수업이 생각대로 순탄하게 흘러간 것은 아니다. 첫해를 보내다 보니 학생들에 대한 이해가 부족하기도 했고, 기존 수업과의 괴리감, 자료 준비 부족 등으로 속칭 '망한 수업'이 된 적도 많았다. 그러나 역사 교과 담당 교사가 혼자였기에 수업을 설계하는 데 자유로웠고, 다양한 수업을 해볼 수 있었다. 다음은 내가 교단에 서서 했던 수업들 중 기억에 남는 수업들에 대한 이야기다.

1) 선사시대 사람들은 어떻게 살았을까?

(1) 왜 나는 이 주제로 수업을 하게 되었지?

첫 시간 오리엔테이션을 하고 난 뒤 처음으로 시작하는 수업은 선사시대다. 역사, 한국사, 동아시아사 과목을 불문하고 오리엔테이션 시간에는 학생들과 '역사를 어떻게 공부해야 할까?'를 주제로 이야기를 나누어보았다. 학년별, 과목별로 이야기를 나눈 방식은 조금씩 다르지만 주제에 대한 답을 이끌어내기 위한 과정은 비슷했다. 역사와 일기의 공통점을 생각해보고, 같은 사건을 다루지만 교과서마다 설명하는 내용이 조금씩 차이가 있는 부분을 보여주었다.

이에 따른 결론으로 '역사적 사실과 대화해야 한다'는 의견을 도출할 수 있었다. 교과서 또는 그 국가에서 말하는 역사적 사실에서 다른 일은 없었는지, 당시 사람들이 그 사실을 동일하게 생각했는지에 대해 대화하는 방법으로 역사를 공부하고 이를 표현해야 한다는 것이다.

학생들이 당시 사람들과 대화하고 이를 표현하려면, 선사시대 사람들은 어떻게 살았는지 다양하게 생각해볼 기회를 학생들에게 제공하는 것이 가장 중요하다고 생각했다. 이 때문에 수업 주제를 '선사시대 사람들은 어떻게 살았을까?'로 정했다.

(2) 수업 설계 과정

'선사시대 사람들은 어떻게 살았을까?'라는 주제를 효과적으로 전달하기 위해 나는 다음과 같이 수업을 설계했다. 먼저 활동지를 구성

하며 주제에 관련하여 선사시대에 대한 학생들의 개념을 잡아주기 위해 '문자로 기록되지 않은 과거는 어떻게 알 수 있을까'를 질문했다. 자연스럽게 학생들이 역사 이전, 선사에 대해 생각해볼 수 있으리라 생각했다. 이후 구석기, 신석기, 청동기의 흐름을 읽을 수 있는 읽기 자료를 제시하고, 이를 읽으면서 읽기 자료의 빈칸을 채우며 요약하는 부분(개념 잡기)과 사이사이에 당시 생활방식을 자연스럽게 추론할 수 있도록 짧은 질문거리(생각해보기)를 넣어두었다.

이런 과정에서 학생들이 '선사시대 사람들은 어떻게 살았을까?'에 대해 당시 사람들과 대화할 수 있을 것이라 생각했다. 다음은 이런 부분을 직접 표현(한 걸음 더)해보는 것이었다. 표현하는 방법으로 학생들에게 카카오톡 메시지 완성해보기를 준비했다. 중학교 역사와 한국사는 구석기, 신석기, 청동기 중 한 시기를 선택해보는 것으로, 동아시아사는 신석기시대 중 한 문화권을 선택하여 특징과 생활방식을 담아서 그림을 포함한 카톡 메시지를 완성하는 것으로 전체 수업을 설계했다.

(3) 학생들이 표현하는 선사시대

수업을 시작하면서 던졌던 질문인 "'문자'로 기록하지 못한 과거를 어떻게 알 수 있을까?"에는 내가 예상한 답변들을 들을 수 있었다. 남아 있던 도구(유물), 그 시대 사람들이 살았던 집터, 그림 등의 답이 나왔다. 자연스럽게 이 과정에서 학생들은 유물과 유적으로 당시 사람들의 생활을 상상할 수 있었다.

읽기 자료와 교사의 강의를 통해 내용을 정리하고 짧은 질문으로 학생들의 생각을 물어볼 수 있었다. 그중에서 '석기시대 사람들이 사용했던 돌과 현재 우리의 스마트폰은 무엇이 다를까?'에 대한 답변이 특히 기억에 남는다.

학생들은 석기시대의 돌도구(주먹도끼 등)는 현재 스마트폰처럼 무엇이든 할 수 있는 가능성이 있다고 했다. 지금처럼 누구나 하나씩 가지고 다녔을 것 같다는 답변도 있었다. 가장 인상적이었던 것은, "없으면 죽을지도 모른다"는 답변이었다. 석기시대 사람들에게 돌로 만든 도구는 생존을 위한 수단인 것처럼, 스마트폰은 우리에게 없으면 죽을 것 같은 느낌을 준다는 이유였다. 당시엔 공감하면서 가볍게 넘어갔지만, 대중교통을 이용하는 나조차도 스마트폰을 뚫어지게 바라보고 있음을 돌아보며 소름이 돋았다.

마지막으로 준비했던 '카카오톡 메시지 완성하기'에서는

학생들의 다양한 작품을 볼 수 있었다. 누구는 먹을 것을 찾는 데 성공해서 엄청난 부자가 되었다는 이야기를 적은 학생도 있고, 하나도 잡지 못해서 배가 고픈 사람의 이야기를 적은 학생들도 있었다. 내가 생각지 못한 범위까지 표현한 학생들도 있었다. 당시 사람들도 성별과 나이, 직업에 따라 다르게 생각할 수 있다는 것이었다. 나이가 많은 사람을 선택해 더 이상 사냥을 나서기 힘들다는 내용을 적은 학생도 있고, 여성의 입장에서, 사냥보다 불을 사용해 요리에 치중했던 사람의 입장에서 살펴보는 학생도 있었다. 이렇게 다채로운 내용들이 발표된 것을 교훈 삼아 다른 학급에서, 또는 비슷한 활동을 할 때 학생들에게 더욱 다양한 선택지를 잡아 표현할 수 있도록 수업을 설계할 수 있었다.

(4) 느낀 점과 남은 고민거리

오리엔테이션 때 학생들에게 이야기했던 수업 방향을 처음으로 보여주는 수업이라서 많은 준비를 했지만 불안하기도 했다. 일부 학생들은 빈칸 채우기 등 내용 정리는 쉽게 했지만, 짧은 질문에 답하는 것이나 카카오톡 메시지 완성하기를 할 때는 어려움을 겪기도 했다. 자신의 생각을 표현하는 데 익숙하지 않은 학생들의 답을 어떻게 이끌어낼 수 있을지에 대한 고민이 생겼다. 전체적으로 선사시대의 수업 내용은 쉽기 때문에 잘 진행되었지만, 앞으로 수업에서는 이를 해결하기 위해 많이 노력해야 할 것이다.

2) '2019년 일본상품 불매운동'과 앞으로의 동아시아

(1) 왜 나는 이 주제로 수업을 하게 되었나?

8월 중순, 2학기를 준비하던 내가 접한 소식 중 눈에 들어오는 것은 일본상품 불매운동이었다. 역사 교사로서 한국 근현대사를 다루는 나에게 '한국과 일본의 관계를 어떻게 보아야 하는가?'라는 문제는 복잡하게 다가왔다. 중학교 3학년 학생들에게 1학기 동안 개항기와 일제강점기 수업을 하면서 느낀 점은, 학생들이 한국인으로서 자연스럽게 일본에 대한 적개심이나 혐오감을 갖게 된다는 것이다. 이런 점에 대해서는 나에게도 일부 책임이 있다는 생각이 들었다.

2학기 첫 시간에는 일본상품 불매운동에 관해 학생들과 이야기하고 싶어졌다. 2학기에 고등학교 한국사와 동아시아사 과목은 근현대사를 공부하기 때문에 이 주제를 먼저 다루고 나가면 좋겠다고 생각했다. 또 중학교 3학년은 1학기 동안 공부했던 역사와 앞으로 한국과 일본의 관계에 대해 고민할 수 있는 기회를 제공하리라 생각했기 때문이다.

(2) 수업 설계 과정

해당 주제는 당시 대단한 이슈였기 때문에 학생들에게 별 어려움 없이 다가갈 수 있으리라 생각했다. 한국 사람들이 불매운동을 전개한 배경을 쉽게 설명하기 위해 전국역사교사모임에서 공유한 학습자료를 토대로 수업을 준비했다. 우선 일제강점기 강제징용에 대해 짧은 토막 영상(무한도전)을 보여주고, 강제징용 피해자분들에 대한 대법원 판결 이야기를 한 뒤, 이에 대한 일본의 반응을 질문거리로 준비했다. 그 후 읽기 자료를 만들었는데, 수출 심사 강화, 화이트리스트 등 경제 관련 용어에 대한 해설이 주를 이루었다. 어려운 용어의 뜻을 알려주고 왜 일본이 이런 조치를 취하게 되었는지 설명해주었다. 질문거리로 '수출 심사 강화, 화이트리스트 제외 등의 조치가 한국에 어던 영향을 줄 수 있을까?'를 준비했다.

이후 한국의 대응에 관한 이야기를 위해 일본상품 불매운동에 관한 내용을 준비했다. 전부터 있었던 불매운동과의 차이점, 일본 기업 목록을 정리해놓은 '노노재팬' 사이트를 보여주면서 학생들에게 일본상품 불매운동에 대한 생각을 세 가지(모두 참여 / 희망자에 한해 참여 / 참여하고 싶지 않음)로 나누어 그 이유를 물어보기로 했다. 다음으로는 서울시 중구에서 실시했던 'NO JAPAN' 포스터 게양과 관련한 영상을 보여주고 학생들의 의견을 물었다. 해당 영상에는 중구에서 이를 실시한 장면과 이와 관련한 한국인들의 찬반 의견, 일본인 관광객의 의견이 등장한다. 다음으로는 여름에 있었던 홍대 앞 일본인 여행객 폭행사건에 관한 반응들을 보여주며 한일 관계에 대한 이야기를 이어갔다. 해당 사건과 관련해서 현재 대립 중인 한일 관계에도 한국인들이 가해자(한국인)를 비판하고, 한일 관계 악화를 걱정하는 분위기를 보여주기로 했다. 한편으로는 일본인에 대한 혐오를 조장하는 사람들의 발언들을 보여주며 한일 관계에 대해 생각해볼 시간을 주기로 했다.

다음으로는 앞으로 배울(중학생에게는 배웠던)
근현대 역사에서 큰 비중을 차지하는 일제의
한국 식민지배와 침략 전쟁이라는 주된 주제
를 어떻게 보아야 하는가에 대한 이야기, 일제
의 침략정책에 저항하고 평화를 외쳤던 일본
인들, 이를 추구한 한국인과 일본인들의 교류
의 역사에 대해 언급했다. 물론 오리엔테이션
이므로 앞으로 학기가 지나면서 진행할 것이라고 알렸고, 자세한 내
용은 넣지 않았다. 이후 마지막 질문으로 갈등을 지켜본 학생들의 생
각과『할아버지 집에는 귀신이 산다』의 일부 장면(부산의 아미마을을 배경
으로 한 한국인 노인과 일본인 귀신의 만남과 협력)을 보여주고, 이 그림책이 한
일 갈등과 관련해 전하는 의미와 그 의미에 동의하는지를 물어보기
로 했다. 그리고 현재 갈등뿐만 아니라 밀접한 관계를 맺고 있는 동
아시아에 대한 나의 생각과 "일본상품 불매운동이 적개심과 혐오로
발전되기보다는, 교류와 평화를 위한 움직임으로 나아가야 하지 않
을까요?"라는 말로 읽기 자료를 마무리했다.

(3) 학생들이 생각하는 한일 관계

학생들은 일본상품 불매운동에 관한 이야기를 꺼내자 활발한 반
응을 보였다. 자신이 사용하던 학용품들의 브랜드를 서로 확인해보
기도 했다. 처음에 보여준 강제징용 피해자 관련 영상과 일본의 대응,
한국에 미치는 영향에는 공통된 반응을 보였다. 일본에 대한 적개심

을 나타내는 학생들이 대부분이었고, 한국에 경제적으로 부정적인 영향을 줄 것이라는 답변이 주로 나왔다.

일본상품 불매운동에 대한 학생들의 생각은 희망자에 한해서 참여해야 한다는 답변이 많았다. 자신의 의지로 불매운동에 참여해야 그 의미가 있다는 이유에서였다. 그러나 모두가 참여해야 한다고 생각하는 학생들도 많았다. 그 이유로는 '일본에게 한국의 반응이 어떻다는 것을 효과적으로 알려야 하기 때문에', '한국인이기 때문에' 등이 있었다. 참여하고 싶지 않다고 답변한 학생들은 일본의 상품이 나름대로 경쟁력과 기능성이 있기 때문에 꼭 참여해야 한다고 생각하지 않는다고 했다. 중구에서 한 포스터 게양과 관련해서는 부정적인 의견이 많았다. 그 이유로는 지자체에서 실시하는 것은 시민들이 직접 하는 것보다 한국인들의 의지를 직접 보여준다고 보기 어렵다는 것이 많았고, 일본인 관광객이 주로 찾는 지역에 거는 것은 오히려 한국에 있는 외국인들에게 불안감을 줄 수 있다는 것 등이 있었다.

마지막 질문들에 대한 학생들의 답변은 다양했다. '한일 관계에서 평화와 교류가 중요하지만 일본 측의 사과가 필요하다', '일본에 대한 혐오감이 남아 있을 것 같다', '평범한 한국인과 일본인들 간에 존재하는 적대심을 버리고 나아가야 한다' 등이었다.

(4) 느낀 점과 남은 고민거리

이 주제로 수업을 하면서 처음에 학생들은 첫 시간부터 수업이냐며 볼멘소리를 하기도 했지만, 수업을 진행하면서 대부분이 집중해주었다. 최근 우리 삶에 가깝게 다가와 있는 주제를 다루었기 때문이기도 할 것이다. 또한 다행이었던 점은, 1학기에 수업을 해본 경험이 있어서 학생들의 답변이 활발했다는 것이다. 수업시간에 잘 졸던 학생도 이 시간에는 자신의 생각을 조리 있게 말하는 점이 인상 깊었다. 그러나 한 차시로만 수업을 구성하여 더 많은 학생들의 의견을 듣지 못한 점이 아쉬웠다. 학기 말에 시간을 내어서 근현대 역사를 다 살펴본 후 앞으로 한일 관계를 어떻게 바라보아야 할지에 대해 학생들의 답변을 들어보고자 한다.

3. 앞으로의 시간

2019년 3월 학기를 시작하면서 첫 느낌은 막막함과 두려움 그리고 설렘이었다. 중학생과 고등학생들을 대상으로 네 개의 과목을 맡아 수업 준비는 어떻게 해야 할지, 내가 생각했던 역사교육을 학생들과 만들어갈 수 있을지에 대한 고민이 컸다. 2학기의 10월이 찾아오고 있는 지금, 하고 싶었던 수업을 많이 했지만 아쉬움이 남는 수업도 많다.

1학기를 마무리하면서 매번 비슷한 포맷의 수업이 학생들에게 식상함을 주는 부분을 확인했고, 2학기에는 학생들이 생각할 수 있는 시간을 좀 더 주고 싶었다. 따라서 해당 시기에 공감하고 표현하는 것에서 더 나아가 일부 주제에는 학생들이 역사적 사건들에 대해 판단해보고 근거를 마련하여 자신의 의견을 표현해보는 토의 또는 토론 시간도 자주 갖고 있다. 해당 시기의 인물들에게 감정이입하여 표현하는 것보다 조금 어렵게 느끼는 학생들도 많았다. 하지만 자신의 의견을 정하고 근거를 마련한 뒤 다른 학생들과 이야기를 나누는 과정에서 다른 학생들의 생각도 이해할 수 있었다. 이를 통해 타인에게 공감하는 것은 물론 적절한 근거를 토대로 자신의 생각을 말하고, 역사적 문제에 대해 판단해볼 시간을 줄 수 있었다.

수업의 주인공은 수업을 준비하고 설계하는 교사라고 생각할 수 있다. 나 또한 학생과 교사 모두에게 도움을 주는 수업을 하고 싶다는 점에서 수업을 만드는 교사의 역할에 무게를 더 두고 있었다. 그러나 실제로 수업을 진행하면서 '학생들이 실제 수업에 참여하는 것에서 수업이 완성된다'는 생각이 들었다. 내가 준비하고 설계했던 것과 동일하게 수업이 진행되지 않기도 했다. 그렇지만 학생들이 자신이 과거와 대화하여 얻은 결과물을 다양한 방식으로 표현한 것, 자신의 주장을 나름대로의 관점과 근거를 가지고 타인과 이야기한 경험들을 통해 나 또한 타인들에게 공감하고 자신의 생각을 표현하는 시간으로 만들 수 있도록 더욱 노력해야겠다.

역사를 돌아보며 역사를 꿈꾸다

대부고등학교 학생 이본

1. 나에게 역사수업이란?

역사를 배우는 이유는 다양하다. 기본적인 상식이기 때문이라고 생각하는가 하면, 과거의 역사적 문제와 그 문제의 해결 방안이 현재의 문제 해결에 실마리가 되거나 지혜, 공감 등을 주기 때문이라고 생각한다. 더 나아가서 역사는 민족의 정체성을 확립해준다는 등의 이유도 있다. 내가 역사를 배우는 이유는 과거의 기록이나 유물 등의 사료만으로 그 시대의 생활상 환경 등을 파악하는 것이 신기해서였다. 역사를 배우는 시간이 점점 길어지면서 한국인이라는 것에 자부심을 느끼고, 정체성에 대해 생각해보기도 했다. 그러면서 '역사를 배우는 것은 필수적'이라고 생각이 바뀌었다.

나는 어렸을 때부터 사회나 역사과목을 좋아했고 관심이 많았다. 역사는 현재 내 생활의 이모저모와 많은 관련이 있다고 생각했다. 역사 관련 동영상이나 문화재를 볼 때 그 내용을 알고 보면 더욱 재미

있고 이해가 잘되었다. 한국사를 배우다가 프로젝트 발표를 준비하면서 역사를 계속 공부하게 되었고, 진로에도 영향을 주었다. 프로젝트 발표의 주제는 무신정변에 관련된 것이었다. 무신정변에 대해 공부하면서, 우리가 배워 온 것처럼 무신들이 권력을 잡아 고려가 혼란스럽지만은 않았다고 생각했다. 오히려 무신정변이 일어났던 시기에 일어난 만적의 난과 망이·망소이 형제의 난을 살펴보면, 신분 차별을 극복하려는 시도가 있었음을 알 수 있다. 이는 권력을 잡은 무신 중에 낮은 신분의 출신이 있었던 점도 이유가 되었을 것이다. 이처럼 역사는 사실을 대하는 여러 가지 관점을 일깨워주기도 한다. 선생님의 수업을 들으면서 이런 점이 더욱 절실하게 느껴졌다.

하지만 학교 다니면서 역사와 관련된 활동을 한 기억이 공부 말고 거의 없는 것 같다. 방과 후 수업을 듣거나 역사 관련 대회에 참가한 것뿐, 그 외에는 없다. 그래서 고등학교 졸업 전에 역사와 관련된 활동을 한 번 정도는 하고 싶었다. 그런데 올해가 3·1운동 100주년을 맞아 다양한 활동이 있다는 것을 선생님을 통해 듣게 되었다. 그중 역사수업 에세이가 가장 눈에 들어왔다. 몇 년 동안 학교에서 역사를 배워왔지만 이에 대해 돌아본 적이 없었다. 그래서 고등학교 생활을 정리하며 진로를 역사 쪽으로 정한 것에 질문해보고 싶었다. 마침 이번 역사수업 에세이 공모에 신청하여 선정되었다. 올해 들었던 동아시아사 수업 중 인상 깊었던 수업을 소개하고, 역사수업과 나에 대해 생각을 나눠보려 한다.

2. 누구를 위하여 전쟁을 일으키는가?

동아시아사 시간에 일본의 침략전쟁에 대해 배우게 되었을 때, 먼저 선생님은 우리에게 애국에 대해 질문하셨다. 화면에 사전에서 설명하는 애국의 뜻을 보여주고 각자 생각하는 애국자에 대해 생각해 보라는 것이었다. 나는 애국자가 단순히 '나라를 사랑하는 사람'이라고 답했다. 여기서 사랑이란 국가를 위해 자신을 일부 희생한다는 것이라 생각했다.

이어지는 선생님의 질문은 '국가에 대한 충성과 애국의 차이점'에 대한 것이었다. 나는 충성이 오히려 내가 생각한 애국의 의미와 겹친다고 느꼈다. 충성은 나라에 몸과 마음을 바쳐 맹세하는 다짐의 의미로 다가왔으나, 사실 이것이 내가 생각한 애국이었던 것이다. 이후 다른 한 친구의 말에 일부 공감이 갔다. 그는, 충성은 예전에 존재했던 국민들에게 강요되는 것이며 애국은 요즘 자신의 의지로 나라를 사랑하는 것이라고 했다.

이런 질문들을 안고 선생님의 내용정리 강의를 들었다. 한국사에서 배웠던 만주사변과 중일전쟁 같은 일본 제국주의의 침략전쟁과 그에 대항했던 국제연대와 관련한 내

용이었다. 이후 이번 단원을 마무리하면서 〈맨발의 겐〉이라는 만화를 보고 질문에 답하는 시간이 있었다. 이 만화는 중일전쟁·태평양전쟁 당시 일본인들의 생활, 그리고 일본에 원자폭탄이 떨어지고 난 뒤의 삶을 다루고 있다.

그중 내가 본 장면은 오른쪽에 있는 장면이다. 이 사진과 함께 두 가지 질문이 있었다. 첫 번째 질문은 '고오지'의 행동이 애국이라고 할 수 있는가 하는 것이었다. 처음에는 질문이 어려워 명료한 답을 하기 힘들었고, '고오지'의 행동이 무모하다고만 생각했다. 나라를 위한 일은 많은데 굳이 참전하여 목숨을 버리려고 하는지 의문이 들었기 때문이다. 그래서 수업 후 이 만화의 줄거리를 찾아보았다. '겐'의 아버지 '나카오카 다이키치'가 전쟁을 반대하여 '비국민'이라고 사람들에게 손가락질 받고 고문당하게 된다.

장남 고오지는 집안이 비국민이라는 소리를 듣지 않게 하기 위해 해군에 자원한다. 그 후 나카오카 아키라는 집단 소개로 야마가타 군으로 가게 된다. 어느 날, 전투기가 날아와 방공호에 숨으라는 사이렌이 울리고 사람들은 모두 방공호에 숨지만 곧 다시 돌아가는 전투기를 보고 안심하여 다시 방공호에서 나온다. 돌아간 전투기가 다시 날아왔을 때 사람들은 사이렌이 울리지 않아 방공호에 숨지 않는다. 그러나 돌아온 전투기는 폭탄을 떨어뜨린다. 폭탄으로 히로시마는 폐허로 변해버리고, 아버지와 누나, 남동생을 잃어버린 겐은 히로시마에서 새로운 발걸음을 시작한다는 내용이다. 이런 줄거리를 파악하고 나니 고오지가 왜 그랬는지 공감이 갔다. 고오지가 보인 태도는 겉으로 보기에는 애국이라고 할 수도 있다. 하지만 줄거리를 보았을 때, 애국이 아닌 '가족을 사랑하는 마음'으로 보아야 할 것 같다.

두 번째 질문은 '국민과 국가를 위한 전쟁이 존재하는지'에 대한 생각을 묻는 것이 있었다. 처음에는 국민과 국가를 위한 전쟁은 이름만 그렇다는 생각이 들었다. 왜냐하면 전쟁은 국가와 국가 간에 여러 이유로 시작하는 것이고, 국가에는 국민이 있다. 그래서 승패에 관계없이 득보다 실이 많은 건 국민이라고 생각했다. 만화에서 다이키치(아버지)는 전쟁은 몇몇 사람들이 국민과 아무 의논 없이 한몫 챙기려고 저지른 것이라고 한다. 전쟁을 겪어보지 않았지만, 전쟁은 국민에게 피해만 줄 것이라고 생각했기에 이 말에 공감이 갔다. 그래서 국민을 위한 전쟁은 없지만 국가를 위한 전쟁은 존재한다고 생각했다.

하지만 다른 친구가 말한 내용 중에서, '다른 국가가 자기 국가를 공격했을 때 이를 막기 위한 전쟁은 국민과 국가를 위한 전쟁'이라는 말이 기억에 남는다. 그렇지만 결국 그런 전쟁에서도 주로 피해를 입는 것은 국민이다. 진정 국가가 국민을 위한다면 전쟁이 일어나는 것을 최대한 막는 것이 최선이다.

3. 지나간 역사를 내가 바라보는 것

동아시아사 수업은 역사 관련 게임을 한 번쯤 하면서 쉬어 가는 시간을 가지면 좋겠다는 생각이 들 정도로 쉴 틈 없이 계속했던 것 같다. 한 주제가 끝나면 그에 관해 생각할 시간이 적었던 것 같다. 전반적으로 가장 인상 깊었던 것은, 새로운 주제에 들어갈 때 수업 시작 전에 나눠 주신 프린트에서 여러 가지 질문을 대하게 된 점이다. 답하기 쉬운 것들도 있지만, 많은 생각을 하게 하는 것들도 있다. 그래서 답하기 어려운 질문들도 있었다. 그렇다 보니 다른 아이들의 이야기를 경청하게 되었고, 공감할 수 있는 답이나 그 외의 답들도 들을 수 있어서 참 좋았다. 수업을 마무리하면서 해주시는 질문들과 이를 연결 지어 생각할 수 있게 해주신 점도 기억에 남는다.

가장 인상 깊었던 수업은 제국주의를 배우기 시작한 무렵이었다. 근현대사 중 제국주의에 관한 단원을 부담스러워 했고, 두려워했다. 초등학교 5학년 때 사회 시간에 역사를 배울 때 제국주의, 정확히 얘기하면 일제강점기에 대해 수업을 듣고 강제징용이나 위안부 문제 등에 큰 충격을 받았다. 그 때문에 역사에서 그런 부분들을 대하기를 꺼리는 경향이 생겼는데, 고3 때 동아시아사에서 근현대사를 배우기 전까지 이런 감정이 남아 있었다. 하지만 이번에 근현대사와 관련한 수업들을 듣고 침략전쟁이 주로 일어나던 상황에서도 여러 국가에서 반전과 평화를 지키려했던 같은 저항 운동이 여기저기서 일어났다는 것과 맨발의 겐을 보면서 당시 침략을 시도했던 일본에서도 반전사상을 주장하고 노력했던 사람들이 있다는 것을 알았다. 그래서 지배를 시도했던 국가의 모두가 전쟁을 하고 싶은 건 아님을 느꼈다.

사실 고등학교 1학년 때까지는 한국을 중심으로 배우다 보니 다른 국가에서 언제 무슨 일이 일어났는지 제대로 몰랐다. 일본에도 반전사상이 있는 사람들이 있다는 것을 몰랐을뿐더러, 당시 일본 사람들은 나쁜 사람들이라고만 생각했다. 그들의 만행들이 일본 사람들의 동의에 의해 벌어진 것이라고 생각했기 때문이다. 그런데 3학년 때 새로 동아시아사를 배우면서 한국뿐만 아니라 중국과 일본, 베트남 같은 주변 국가의 역사들을 알게 되었고, 모든 지배국가의 사람들이 나쁜 건 아니라고 느꼈다.

현재도 몇몇 사람들의 잘못된 언행으로 그 국가의 모든 사람을 나쁘게 인식하는 경우가 있다. 그래서 향후 역사교육에서는 몇몇 사람들 때문에 국가의 이미지가 나쁘게 보이더라도 그 나라 국민 모두가 그렇지는 않다는 것을 심어줄 수 있으면 좋겠다. 일제강점기로 인한 일본인들에 대한 부정적인 생각들을 재고해볼 수 있었듯이 말이다. 따라서 역사를 통해 단순한 사실을 기억하는 것을 넘어, 그 시대의 여러 상황들, 우리가 미처 알지 못했던 것들을 되새겨보는 기회가 되었으면 한다.

그리고 향후 역사교육의 지향점이 입시 등의 시험으로 치우치지 않으면 좋겠다. 역사를 배우는 이유가 그저 시험 잘 보고 스펙 쌓으려는 수단의 하나로 이용되지 않았으면 한다. 무엇보다 사회 전체가 '일반화의 오류'를 계속 깨뜨리면서 인식을 바꿔나가야 한다고 생각한다. 이를 위해 역사교육이 기존 사실들에 대한 인식을 달리하며 접근하고 받아들여야 한다는 점을 지적해줄 필요가 있다. 이러한 변화를 위해 나와 같은 학생들은 당연한 것으로 받아들이며 배우고 있는 것들에 대해 다시 한 번 살펴보며 새로운 관점에서 돌아보아야 한다.

일상의 수업에서 배움을 나누다

수원외국어고등학교 역사 교사 최미현

1. 좋은 수업이란

오래전. 교생 실습 때 일이다. 학생상담, 조·종례, 공개 수업 등 정신없는 기간을 보내고 드디어 마지막 날. 여러 선생님께서 좋은 말씀을 해주시며 마무리가 지어질 무렵, 교무부장 선생님이 이런 말씀을 하셨다.

"선생님들이 어디에 계시든지 변하지 않는 한 가지는, '교사는 수업이 우선'이라는 것입니다. 수업을 잘하는 교사가 스스로를 지키는 교사입니다."

시간이 흘러 교생 실습 때의 추억과 기억이 많이 남아 있지 않지만, 이 말씀은 마음속에 오래도록 남아 있었다.

수업을 잘하는 교사는 어떤 교사일까? 정말 잘 가르치기만 하면 되는 교사일까? 잘 가르친다는 것은 무엇일까? 학교에서 학생들과 함께하면서 이 고민은 더 깊어져만 간다. 무엇이 진정한 수업인가?

시간이 지나 경험이 쌓이고 많은 학생들을 만났어도 수업에 대한 고민이 해결되지는 않는다. 공부는 이미 대학 가기 위한 도구로 취급되고, 어떤 과목을 잘해야 대학 가는 데 유리한지가 과목 결정의 기준이다. '수포자', '영포자'라는 개념은 이미 우리에게 너무 흔한 단어다. 국·영·수 중심의 학교 시스템과 교과 간의 치열한 눈치 싸움. 수업에 대한 고민은커녕 수업 준비에 투자할 시간조차 줄어들고 있는 것이 오늘의 현실이니, 정말 초라할 수밖에 없다.

게다가 나의 담당 과목인 역사는 학교에서 비주류로 취급되며, 학생들에게는 옛날이야기, 암기 덩어리, 지루한 과목, 수능에서 등급 따기 힘든 과목 등으로 분류되며 천대받고 있는 것이 현실이다. 이런 상황에서 수업을 고민해야 하다니!

그렇다고 수업을 버릴 수는 없다. 교사는 수업을 통해 학생들과 만나고 소통하는 시간이 가장 길다. 따라서 수업에 대한 고민은 내가 학생들과 만나는 시간에 대한 고민이기도 하다. 그렇다면 역사수업을 통해서는 무엇을 길러줘야 하는가? 단순히 과거 사실을 암기하는 것은 아무런 의미가 없다. 진정한 수업은 학생들에게 세상을 바라보는 안목과 시야를 갖게 하고 이것을 생활에서 적용할 수 있어야 한다. '알아두면 쓸데 있고 살다 보면 시야를 밝혀주는 수업'을 위해서는 무엇을 준비해야 하는가? 여기서부터 수업에 대한 고민을 시작해보려고 한다.

2. 새로운 수업, 고민의 시작

2017년, 새로운 학교에서 1학기 수업을 마쳤다. 특목고에서의 수업은 학생들의 성향이나 수준의 편차가 크지 않아서 내용 전달이 쉬운 편이다. 정신없이 한 학기를 보내고 나서 지난 시간을 돌이키며 나는 고민에 빠졌다. 2학기 수업을 지금처럼 강의식으로 할지, 아니면 학생 중심의 모둠 수업으로 바꿀지였다. 고민의 시작은 시험 기간이었다. 학생들이 한국사 시험을 준비하는데, 스터디를 조직해서 서로 묻고 답하며 설명하는 방식으로 한국사를 공부하는 학생들이 많았다. 그런데 스터디 내용을 듣고 살펴보니 이미 내가 수업에서 설명한 내용을 똑같은 방법으로 친구들끼리 설명해주고 있었다. 순간 여러 가지 생각이 들었다. 단어 설명이 너무 어려웠나? 말이 너무 빨랐나? 내가 설명을 잘 못하나? 게다가 다른 학원 강사의 인강을 다시 듣고 있는 학생이라니! 강의식 수업에 대한 스스로의 자부심이 사라지는 순간이었다.

고민에 고민을 더하고 생각에 생각을 더하면서 내린 결론은 수업이 변할 필요가 있다는 것이었다. 학생들의 스터디 활동을 보면서, 학생 스스로 만들어가며 자기주도학습 능력을 기를 수 있는, 스스로 생각하고 탐구하며 무엇이든 스스로 해낼 수 있는 능력을 기르는 데 도움이 되는 수업을 만들어보기로 했다. 그러면서 한 번 사용하고 버려지는 수업이 아니라 언제나 적용될 수 있는 수업, 또 학생들에게 큰 부담을 주지 않는 수업을 고민하기 시작했다.

3. 새로운 수업: 큰 변화는 없이, 그러나 학생 중심으로

배움 중심 수업, 토론 수업, 플립러닝 등 다양한 수업에 대한 책을 읽고 강의를 들었지만 녹록지 않았다. 교실 사정과 학교 여건 및 여러 가지 수업 환경을 고민했을 때 내린 결론은 이런 것이었다. "학생들의 부담은 최소화하면서 스스로 배움이 일어날 수 있는 수업을 목표로, '내가 꾸준히 진행할 수 있는 수업'을 만들자." 특별한 이론이나 수업 방법이 아니라, 학생의 배움이 일어날 수 있는 수업들 중 내가 할 수 있는 부분을 차용해서 수업을 변화하자는 것이었다.

따라서 수행평가를 위한, 일회성 수업이 아닌 일상 수업에서 학생의 배움과 소통이 일어날 수 있도록. 현실적으로 실현 가능한 수업. 이를 위해 기존 수업의 틀은 그대로 두고 수업의 주체를 학생으로 바꾸기로 했다. 기존 강의식 수업에 플립러닝, 즉 거꾸로 수업의 장점을 융합하여 강의의 주체를 학생으로 한 것이다.

STEP 1 수업 구성하기

기존 1학기 수업 흐름, 즉 강의식 수업은 '전 시간 학습 확인-교과서 읽기-간단 퀴즈-프린트 채우기(학생)-교사 설명(강의)-정리 및 프린트 정리(학생)'로 이루어졌다. 수업은 배울 내용을 같은 시간에 최대한 여러 번 살펴보는 것을 목표로 교과서를 통해 배울 내용을 알고 학생 스스로 프린트를 채우면서 복습하고, 교사의 설명을 통해 다시 복습하고, 학생 스스로 프린트를 정리하면서 마무리하는 것으로 구성되어 있었다. 학생들에게 수업시간만 충실해도 예습 복습이 동시에 이루어진다는 것을 느끼게 해주고 싶었다. 이런 흐름을 그대로 가지고 가되 수업의 주도권을 학생에게 넘기기 위해 우선 모둠을 구성했다. 모둠은 교실 내 자리 배치를 중심으로 평균 4명을 기준으로 하여 3-5명으로 구성되었다(사실 본교는 모둠 수업이 많아서 과목별로 모둠이 모두 달라 학생들이 힘들어하는 점을 고려했다). 구성된 모둠 내에는 각자 역할이 있다.

- 센터: 수업 리더로 그날 수업을 진행한다(프로듀서 101에서 차용한 개념이다). 평상시 교사와 함께했던 수업처럼 모둠원들과 교과서를 함께 읽고, 수업 내용을 설명하며 강의를 진행한다. 즉 전체적인 수업 진행을 담당한다.
- 토커: 지난 시간에 배운 내용을 모둠원들과 함께 활용한다. 또한 매 수업에 제공되는 '생각해볼 문제'의 해결을 위한 토의, 토론을 진행한다.
- 서포터: 주로 그날 풀었던 퀴즈 정리와 프린트 채우기 및 정리를 담당한다.
- 타이머: 시간 관리자다. 모둠 수업을 정해진 시간 내에 끝내기 위해 전체적인 수업 진행 상황을 살피고 흐름을 이끈다.

이후 학생들과 자료를 공유하고 소통하기 위해 카페를 만들고 학생들을 가입하게 했다.

센터는 카페에 올린 수업 동영상을 시청한 후 모둠별 수업을 진행한다.

STEP 2 동영상 강의 만들기

학생들이 그날 수업을 진행하고 모둠별로 강의 내용의 차이가 크지 않게 하기 위해 교사가 필수 수업 내용을 정해주는 것이 필요했다. 1학기에 몇몇 주제에서 학생 중심 수업을 해봤을 때 반별·학생별로 내용과 수준이 너무 달라 당황했던 적이 있다. 이를 방지하고 수업 주제의 핵심 내용을 전달하며, 언제든지 학생 스스로 복습할 수 있도록 핵심 내용을 담은 강의 동영상을 제작했다.

- 먼저 판서를 위해 수업 내용을 정리한 것을 한글 파일이나 PPT 파일로 만든 후 동영상 제작 프로그램을 이용해서 동영상을 만든다.
- 카페에 동영상 강의와 수업 자료를 올린다. 가입 승인된 학생들은 누구나 강의를 볼 수 있다. 이때 모둠 내 센터는 반드시 강의를 듣고 와야 수업이 진행된다.
- 동영상은 학생들에게 학업 부담을 주지 않고, 들었을 때 부담이 없도록 평균 7분을 기준으로 제작되었다.

처음에 강의 동영상을 만들 때는 자세한 내용을 꼼꼼하게 설명하려고 했으나 그러다 보니 강의 시간이 길어졌고, 학생들 입장에서 강의를 듣고 오는 것이 부담이 되었다. 따라서 이후에는 핵심 내용과 학생들이 이해하기 힘든 역사적 흐름을 중심으로 간략하게 제작했다. 또한 카페 자료실에는 강의 동영상에 사용된 요점정리 파일이나 PPT를 올려 누구나 활용할 수 있도록 했다.

STEP 3 수업 진행하기

먼저 교실에 들어서면 교사는 간단한 안부 확인 후 오늘 배울 내용의 주제를 알려주고, 모둠학습이 완료되어야 하는 시간을 알려준다. 평균적으로 30분 정도 주어진다. 이후 모둠별 센터를 중심으로 수업을 진행한다. 모둠별로 교과서를 먼저 읽는 모둠도 있고, 전 시간 학습을 먼저 확인하는 모둠도 있다. 이때 교사는 오늘 수업에 활용할 퀴즈와 프린트, 영상에 사용된 자료 및 기타 수업 자료를 배부한다. 수업 자료를 활용하는 것도 모둠별로 자율적으로 한다. 예를 들면 퀴즈를 수업 내용 설명 전에 활용하는 모둠도 있고, 내용 전달 후 마무리 과정에서 활용하는 모둠도 있다. 이때 교사는 모둠을 돌면서 수업이 잘 진행되고 있는지, 잘못된 개념을 설명하지는 않는지 확인하고 모둠별로 질문이나 수업 진행이 안 될 때 도움을 준다. 또한 모둠별 설명 중 잘된 설명이나 중요한 질문은 체크해서 공유한다. 이후 모둠학습이 끝나면 교사는 간단한 판서로 수업 내용을 정리하고, 동영상 자료를 통해 학생들이 배운 내용을 정리하며 마무리한다.

동영상 강의 화면   모둠별 수업 진행

4. 어라? 수업의 변주

원칙적으로 거꾸로 수업을 제대로 하려면 모든 학생이 영상을 보고 오고 수업시간에는 이를 바탕으로 하는 창의적인 활동, 즉 사전학습을 바탕으로 한 단계 진화된(?) 수업을 해야 한다. 하지만 과제와 모둠수업이 많고 행사가 많은 학교 사정상 매 시간 학생들 모두에게 수업 영상 시청이라는 부담을 주기 힘들었다. 따라서 모둠에서 센터만은 꼭 미리 강의를 듣고 오게 한 후, 센터가 수업을 진행하게 했다. 대신 모둠 활동 마지막에는 반드시 '생각해볼 문제'를 넣어, 모둠원 모두가 생각해보고 토의하여 이야기를 나눌 수 있는 주제나 역사 속 뒷이야기를 찾아볼 수 있게 했다. 예를 들면 '미국 화폐에 나타난 미국 혁명 속 인물 이야기', '베토벤 교향곡 〈영웅〉과 관련된 나폴레옹', '무장독립 전쟁과 외교론 중 내가 선택한 독립운동 방법은?' 등이다. 여기에는 정답이 있는 질문도 있고, 내가 역사 속 인물이 되어 생각해보는 문제 등 다양한 질문을 통해 스스로 답을 찾고 이야기를 나

누도록 했다.

　처음 모둠별 역할을 정했을 때는 모둠원의 역할을 고정했다. 한 번 센터는 다음 자리 배치가 바뀔 때까지 계속 센터인 것이다. 그런데 의외로 학생들은 자기가 수업을 진행하는 센터 역할을 해보고 싶어 했다. 영상을 듣고 친구들에게 설명해야 한다는 자체에 부담을 느끼는 학생들도 있었지만, 모둠 속에서 선생님이 되어 친구들을 리드하는 역할을 해보고 싶어 했다. 모둠별 자율에 맡기고 있지만, 현재 대부분은 모둠에서 센터를 비롯한 모둠별 역할을 돌아가면서 맡고 있다.

　타이머의 시간 관리 역할은 수업의 원활한 진행을 위해 가장 중요한 역할이었다. 30분 내에 센터의 설명부터 서포터와 함께 프린트를 채우기까지 모두 타이머의 시간 관리에 달린 것이다. 그러나 수업을 진행하면서 어디에나 있는 뺀질이(?)들이 이 역할을 꿀보직으로 생각하고 계속 탐내는 경향이 보였다. 따라서 올해 수업부터는 타이머의 역할을 추가하여 '타이머 페이퍼'로 불리는 모둠 종이, 즉 그날 수업 내용을 정리하고 질문 만들기와 오늘날의 삶과 연결하는 등 프린트를 간단히 정리하는 역할을 추가했다.

　처음 수업을 기획했을 때는 교사의 설명을 최대한 줄이고 학생들이 활동하는 시간을 많이 확보하려 했다. 그러나 학생들은 교사의 설명을 통해 자신들의 배움을 확인받고 싶어 했다. 즉 센터의 설명이 맞는지를 교사의 설명을 통해 확인하고 검증받고 싶어 하는 것이다. 교사의 강의가 없으면 불안해했다. 따라서 수업에는 반드시 교사의 강의가 포함되어 있고 (대신 판서는 좀 더 간결하게 하려고 노력한다) 이 시간을 통해 모둠별 토의 내용을 공유하고 생각을 나눈다.

5. 수업을 통해

수업을 통해 학생 스스로 공부하고 이것을 전달하는 능력과 소통하는 능력을 기르고 싶었다. 혼자서 공부하는 것이 아니라 함께 배우고 함께 나누며 소통하는 사람으로 성장하길 바랐다. 그래서 혼자만 아는 것이 아니라 배움을 나누고 이를 통해 더 큰 가치를 생각하고 바라볼 수 있는 사람으로 자라는 데 도움이 되길 바란다. 모둠별 학습 내용을 중심으로 이야기를 나누면서 자연스럽게 자기주도학습 능력을 갖추며, 주변을 배려하며 성장하는 학생으로 자라났으면 하는 것이다.

수업에서는 '아는 만큼 보인다'는 것을 늘 강조한다. 알아야 보이고, 알아야 실천하고 변화할 수 있음을 강조하는 것이다. 교과서 속의 지식이 수업으로만 끝나는 게 아니라 일상생활에서 다양하게 활용되고, 해야 할 것을 분별하고 실천할 수 있는 안목과 능력이 길러지기를 바란다. 그래서 수업에서는 늘 역사가 반영된 오늘날 우리 삶의 단면들-음식 이름, 지명, 영화 속 대사 등-을 예로 들곤 한다. 예를 들면

이자겸과 생선 굴비, 강원도 명칭의 유래, 미스코시 백화점과 신세계 백화점, 반장이라는 명칭의 유래 등 일상에서 찾을 수 있는 다양한 역사적 사례와 명칭을 이야기하고 찾기 위해 노력한다. 이를 통해 '혼자 공부해서 길러지는 자기주도학습 능력'이 아니라 '삶의 맥락과 흐름을 잡을 수 있는 자기주도학습 능력'이 길러지기를 바란다.

6. 변화와 현재

수업을 통해 가장 크게 변화된 부분은 수업시간이 학생들이 생각을 나누고 이야기를 전하는 시간으로 변화했다는 것이다. 교사에 의한 지식 전달의 장이 아니라 학생들 스스로가 묻고 답하고 이야기 나누는 시간으로 변화했다. 그러다 보니 이전보다 훨씬 질문이 늘어났다. 센터는 그날 수업을 진행하기 위해 다양한 참고 자료와 배경지식을 찾게 되었고, 그것을 전달하는 과정에서 모둠원들과 다양한 이야기를 나눈다. 전달이 힘들 때는 손을 들고 도움을 청한다. 수업 주제에 대한 이해도나 관심은 달랐지만 열심히 서로 설명하고 묻고 답한다. 모둠별로 나누는 질문과 이야기의 수준은 제각각이지만 의미 없는 질문은 없다. 크고 작은 질문을 통해 서로가 서로를 이끌어준다.

또한 학생 한 명 한 명이 보이기 시작한다. 전체가 함께 있을 때는 알지 못했던 학생들의 특징과 장점, 학생의 흥미가 더 크게 보인다. 센터가 되어 수업을 이끌어갈 때 저마다 자신의 특기와 흥미를 활용하

학생이 제작한 다양한 수업 자료

는 모습이 보인다. 그림을 잘 그리는 학생은 그날 배울 수업 내용을 만화로 그려 와 학생들에게 설명해주었으며, 설명에 자신이 없으면 PPT를 통해 도표와 그래프로 표현하기도 했다. 포스트잇을 카드처럼 활용해서 수업 마무리에 활용하는 등 생각지도 못했던 다양한 방법으로 수업을 진행해서 오히려 내가 배우는 경우도 많다. 얌전한 줄 알았던 학생이 얼마나 재미있게 이야기를 할 수 있는 학생인지, 부끄러워하면서 설명하는 학생들에게 잘하고 있다는 격려 한마디가 얼마나 큰 영향을 주는지가 수업 속에서 보인다. 모둠별로 1장씩 주어지는 수업 요점정리 자료를 모둠원 숫자대로 출력해 와서 모두에게 제공하는 배려심 가득한 학생도 있다. 내가 아는 학생의 모습은 학생들의 극히 일부분의 모습이었다.

교사는 수업에서 조금 여유가 생겼다. 학생들이 모둠 수업을 진행하는 동안 모둠을 살피며 센터들의 설명을 살펴본다. 그 속에서 교사가 미처 생각하지 못했던 학생들의 잘못된 개념과 전 시간 학습에서 어려웠던 부분을 캐치할 수 있다. 교사도 몰랐던 인물과 사건의 뒷이야기를 학생들을 통해 배우고 이해하게 되는 부분도 많다. 실제로 교과서에 제시된 수많은 문학작품과 문화재에 대한 이야기를 학생들의

수업 준비를 위한 참고 자료들   전체 수업의 센터로 활약하는 학생

설명을 통해 배우는 면이 많았다. 독도 수업을 할 때는 오히려 내가 넋을 잃고 학생의 설명에 빠져들었다. 진정한 '교학상장(敎學相長)'인 것이다.

　학생들은 각자 자기가 할 수 있는 부분에서 최선을 다해 수업을 준비해 온다. 물론 문제점도 많다. 센터의 그날 컨디션과 준비도에 따라 수업의 질이 달라진다. 성실한 센터냐 아니냐가 그날 모둠 수업의 질을 좌우하는 것이다. 너무 얌전한 학생들만 모인 모둠은 멤버 전원이 강의를 다 듣고 왔지만 서로 어디서부터 어떻게 설명해야 할지 몰라 꿀 먹은 벙어리처럼 있는 경우도 있다. 반대로 강한 성향의 학생들이 많은 모둠은 설명 시작부터 시장통처럼 시끄럽다. 옆 모둠의 눈치에도 거리낌이 없다. 주변에서 교실이 너무 시끄럽다며 교사에게 조용히 시켜달라고 요청한다. 그러나 그들은 아랑곳하지 않는다. 타이머 페이퍼도 매일 성실히 작성하는 모둠이 있고, 몰아서 한꺼번에 작성하는 모둠도 있다.

　그러나 이런 다양한 모습 속에서 학생들은 스스로 배우고 함께 성장한다. 한국사에 이어 올해는 세계사에서도 함께 나누고 이야기하며 시끌시끌 수업을 만들어간다. 그러다 보니 주말에도 영상을 만들고 참고자료와 동영상을 찾느라 개인 시간을 갖기는 힘들다. 솔직히 이것이 교육 전문가들이 말하는 학생 중심 수업인지, 거꾸로 수업인지 자신이 없다. 하지만 "수업이 재미있어요"(물론 내 앞에서만 그렇겠지만)라는 학생의 한마디에 오늘도 나는 주말을 반납한다.

모두들 세계사의 매력에 퐁당 빠져봐!

수원외국어고등학교 학생 박정화

1. 배움, 교육이란?

'가르친다는 것이란 무엇일까?'

교육에 관심 있는 사람이라면 모두가 한 번쯤 생각해본 질문이다. 나도 미래의 교사를 꿈꾸고 있기에 이 질문에 대한 답변을 생각해본 적이 있다. 물론 쉽게 답을 찾지는 못했지만 말이다. 그러던 중 수업 에세이를 쓸 기회가 찾아왔고, 이 활동은 수업을 관찰하면서 교사라는 직업에 대해 구체적으로 살펴볼 기회였다. 내가 수업 에세이를 쓰게 된 이유는 크게 두 가지다.

먼저, 수업 에세이를 작성하며 교사라는 직업에 대해 알아보고, 수업에는 어떤 요소가 필요한지 등을 생각해볼 수 있을 것으로 판단했다. 특히, 50분가량의 제한된 시간 안에 최대한의 효율을 끌어낼 수 있는 수업을 구상하기 위한 교사의 노력을 경험할 수 있었다. 학생들의 흥미를 유발하는 시청각 자료 제작, 학생들의 이해력에 도움이 되는 자료 선정 등 교사의 노력은 모든 과목에서 나타나지만, 특히 '역사'라는 과목에서 그 비중이 더 크다고 느꼈다. '교사가 어떤 사료를 찾아서 학생들에게 보여주어야 학생들이 흥미를 느낄까?'와 같은 질문을 떠올릴 수 있었고, 이에 대한 답을 에세이 작성을 통해 찾고자 했다.

두 번째 이유는 자기주도 학습을 통해 배움에 대한 인식이 달라졌기 때문이다. 역사수업에 참여하면서 역사에 대한 인식 및 가치관을 변화시킬 수 있었기 때문에 수업 에세이 작성의 목적과 잘 부합한다고 생각했다. 우리 학교의 역사, 세계사 수업은 자기주도 학습을 기반으로 이루어지기 때문에 학생이 주체가 되어 수업을 이끌어간다. 즉, 개인의 수업 참여도가 수업의 효율을 좌지우지할 수 있다는 뜻이다. 이런 환경에서 학생들은 모두가 뛰어난 집중력을 발휘했고, 나는 역사에 대한 인식을 재확립할 수 있었다.

나는 어릴 때부터 역사에 큰 관심이 있었지만, 역사를 그저 과거의 일로 치부하며 현대와 연결하는 관점에서 역사를 생각해본 적이 없었다. 그러나 우리 역사수업은 과거와 현재를 이어주는 연결 고리 역할을 한다. 우리에게 많은 시사점을 주는 주제를 선정한 후 과거와 현재를 비교하며 탐구하는 식의 수업을 통해 나는 역사에 대한 시각을 확장할 수 있었다.

2. 모두가 선생님이 된다! 우리 세계사 수업

1) 뇌가 말랑말랑해지는 알쏭달쏭 세계사 퀴즈

우리 학교의 세계사 수업은 '알쏭달쏭 세계사 퀴즈'로 시작한다. 일종의 빈칸 추론 퀴즈다. 학생들이 본격적인 수업 전에 '오늘은 무엇을 배우며, 이에 대해 나는 얼마나 알고 있는지' 등을 점검하게 하며, 수업에 더욱 적극적으로 참여할 기회를 준다. 하브루타 방식, 즉 짝꿍과 함께 묻고 답하는 형식을 통해 빈칸을 유추하는데, 이런 활동은 학생들이 그날 배운 내용을 더 잘 기억하는 데 도움을 준다. 이 퀴즈의 또 다른 장점은 복습에 적합하다는 것이다. 수학 교과목에 비유하자면, 이 퀴즈는 수학 공식을 적어놓은 참고서 같다. 학생들은 수업 직후나 자투리 시간에 틈틈이 퀴즈 종이를 들고 다니며 그날 배운 내용을 복습한다. 이 외에, 학생들끼리 문답 형식으로 퀴즈를 재학습하는 경우도 있다.

2) 나도 역사 선생님 할래요!

퀴즈가 끝나면 본격적인 수업이 시작된다. 수업은 '나도 역사 샘'(이하 '나역샘') 활동을 토대로 진행된다. 이름에서부터 알 수 있듯이, 나역샘 수업은 학생이 누구나 교사가 되어 학급 친구들에게 역사를 가르쳐주는 활동이다. 이 수업의 가장 큰 특징은 '모두'가 교사가 될 수 있다는 점이다. 처음 이 활동에 대해 듣고 나서, '모두가 교사가 될 수 있다고? 내가 스스로 수업을 진행할 역량이 있을까?' 같은 의문이 앞섰다. 그러나 곧 의문은 확신으로 바뀌었다. 모두가 교사가 될 수 있는 수업이 현실로 이루어진 것이다.

나역샘 수업은 학생들에게 교사의 역할을 해보는 기회를 제공하는 데서 끝나지 않는다. 이 수업을 가능하게 하는, 한편으로 이 수업에 큰 의미를 부여하는 것은 바로 학생과 교사의 신뢰라고 생각한다. 어느 교사도 학생들에게 수업을 진행할 권리를 주는 것을 쉽게 결정하지 못할 것이다. 그러나 우리 학교에서 학생 중심 수업을 진행할 수 있는 가장 큰 이유가 바로 학생들에 대한 교사의 신뢰가 아닐까 생각한다.

나역샘 수업 방식에 대해 구체적으로 설명하자면, 선생님은 하루 수업 내용을 녹화한 영상을 인터넷 카페에 정기적으로 올리신다. 그러면, 학생들은 4~5명이 한 조가 되어 하나의 작은 교실을 만든다. 약 4명의 모둠원은 각각의 역할을 부여받는데, 그 역할에는 센터, 토커, 타이머 등이 있다. 모든 학생은 번갈아가며 역할을 맡고, 한 역할이 한 학생에게 치우치지 않게 한다. 센터의 주 역할은 일반적인 수업에서 교사의 역할과 동일하다. 즉, 그날의 수업을 이끈다. 토커의 역할은 전 시간 학습 확인이다. 세계사, 역사 과목은 과목 특성상 꾸준히 복습하지 않으면 배운 내용을 금방 잊어버리기 일쑤다. 그래서 세계사 과목에서 중요한 학습 방법의 하나가 꾸준한 복습인데, 토커는 센터의 설명 전, 지난 수업에 배운 내용을 친구들에게 요약 설명하거나 간단한 퀴즈를 만들어 진행한다. 이때, 세계사 퀴즈 종이가 쓰이기도 한다. 한편, 타이머는 수업이 느슨해지는 것을 경계하고, 그날 배운

교실 수업 모습   나역샘 인강을 듣는 모습

내용을 타이머 기록지에 적는다. 학생들은 타이머 기록지에 인포그래픽, 표, 브레인스토밍 등 형식에 구애받지 않고 그날 배운 내용을 스스로 정리한다. 나는 타이머의 기록 활동이 효과적인 학습 방법이라고 생각한다. 수업 후 책을 덮고 배운 내용을 하나씩 기억하며 타이머 기록지를 작성하면 작성한 내용을 더 오래 기억할 수 있기 때문이다. 이처럼 타이머 종이 기록은 학생들의 학습 효과를 두 배 이상 높여준다.

3) 모두들, 두뇌를 굴려볼까? '생각해볼 문제'

선생님이 나누어 주시는 세계사 학습지에는 '생각해볼 문제'가 빠짐없이 등장한다. 생각해볼 문제란 글자 그대로 모둠원이 토의·토론을 통해 문제의 답을 찾아가도록 동기를 부여하는 문제다. 예를 들어, 키예프 공국에 대한 수업을 할 때는 '키릴 문자란 무엇일까?' 같은 질문이 등장한다. 키릴 문자에 대한 질문이 심화학습 주제로 선정되면 학생들은 모둠원과 질문에 대한 자신의 답변을 나누고, 답을 아는 학생이 있을 때 한 학생을 중심으로 생각해볼 문제 토의가 진행된다. 하지만 모둠 내에서 정확한 답을 알지 못할 경우 선생님이 학생들에게 문제 해결의 단서를 제공하신다. 직접 답을 알려주시는 경우도 있지만, 대부분의 경우 학생들이 답을 찾아내도록 선생님은 학생들을 기다려주신다.

'생각해볼 문제'는 답이 정해져 있는 경우도 있지만, 답이 정해져 있지 않아 모둠원이 각자의 생각을 공유할 수 있는 열린 질문일 때도 있다. 예를 들어, 콜럼버스의 신대륙 발견에 대해 배울 때, '과연 콜럼버스의 신대륙 발견은 모두에게 이로운 사건이었을까?' 같은 질문은 우리에게 많은 시사점을 주었다. '서양 세력'과 '원주민'의 신대륙 발견에 대한 입장은 상충하기 때문이다. 콜럼버스와 그가 속한 집단의 관점에서 신대륙 발견은 경제 발전을 위한 새로운 시장 개척이었다. 이와 반대로, 아메리카 원주민 입장에서 보면 신대륙 발견은 '발견'이 아닌 '침략'으로 해석될 수 있다. 이처럼 콜럼버스의 신대륙 발견에 대한 수업을 하면서, 역사 서술의 주체에 따라 역사 해석이 크게 달라질 수 있음을 느꼈다. 이후, '서술된 역사를 어떤 시선으로 바라보아야 하는가?'에 대한 답변을 스스로 찾고자 노력했다. 나의 답변은 다음과 같다.

"먼저, 서술된 역사를 바라볼 때는 그 역사를 서술한 주체를 살펴보는 태도를 가져야 한다. 승자나 소수에 의해 서술된 역사는 정확한 사실을 전달하기 어렵기 때문이다. 실제로 19세기 역사 서술에는 유럽 제국주의자들이 주장한 백인 우월주의가 나타나고, 백인이 아시아나 아프리카에 문명을 가르쳐야 한다는 얘기가 등장하는데, 이를 그대로 받아들이면 역사를 완전히 왜곡하는 것이 된다. 둘째, 통찰력 있는 시선으로 역사를 바라보아야 한다고 생각했다. 사료 중 일부는 허위로 작성되거나 왜곡된 경우가 있기 때문이다. 따라서 동시대의 다양한 국가에서 쓰인 사료를 비교·분석해보며 비판적으로 역사를 바라보는 시선을 갖추어야 한다. 마지막으로, 편견 없이 역사를 보아야 한다고 느꼈다. 이는 무조건 역사를 받아들이자는 의미가 아니라 색안경을 끼지 말자는 뜻이다. 즉, 역사를 바라볼 때는 편견을 깨고, 있는 그대로 사료를 분석해야 한다.”

4) 백문이 불여일견, 세계사 수업의 다양한 시청각 자료

모둠 내의 활동이 끝나면 선생님은 전반적인 수업 내용을 정리하신다. 특히, 판서를 통해 학생들의 모둠 활동에서 놓친 부분을 설명하신다. 이때 학생들은 자신이 부족한 부분을 필기하며 모르는 부분은 보충할 수 있다. 또한 매 수업시간이 끝나기 전, 선생님은 수업을 마무리하며 다양한 시청각 자료를 보여주신다. 예를 들어, ‘르네상스’에 대해 수업을 하고 미켈란젤로의 생애와 그의 작품을 다룬 영상을 보여주신다. 학생들은 영상 및 시각 자료를 통해 그날 배운 내용을 머릿속에서 정리할 수 있다. 특히 시각 자료는 예술 작품이나 건축 양식에 대한 수업을 듣고 활용할 때 효율이 높다.

5) ‘나’와 세계사를 잇다: 세계사 주제 탐구 보고서

수업 외에 심화 활동으로 학생들은 세계사 주제 탐구 보고서를 작

세계사 주제 탐구 보고서 표지　　　세계사 주제 탐구 보고서 내용

성했다. 각자 관심 있는 주제를 정한 후, 이를 토대로 자유롭게 자료를 조사하여 보고서를 작성하는 것이다. 주제는 진로와 연계한 것을 선정하여 그 이유를 서술할 수 있게 했다.

　예를 들어, 정치·외교에 관심 있는 학생은 '이슬람교의 종교적 갈등과 정세'를 주제로 정한 후, 이슬람 국가의 수니파와 시아파가 생겨난 원인 탐구, 각각의 종파 비교·대조 등을 통해 심화학습을 진행한다. 나는 '이슬람교, 세계 3대 종교에 이름을 올리다'라는 제목의 주제 보고서를 작성했는데, 이 보고서를 작성한 목적은 한국의 다문화 인식을 개선하기 위해서였다. 주제 보고서 작성 전, 평소 교육에 관심이 많아 교육 관련 시사를 찾아보던 중 한국의 적극적인 다문화 교육 정책이 시급하다는 기사를 보게 되었다. 이 기사는 해마다 다문화 가정의 학생이 늘고 있지만 학생들을 위한 맞춤형 교육이 부족하다는 내용을 담고 있었다. 특히, 무슬림이 증가 추세지만 한국의 다문화 인식 수준은 현저히 낮다는 자료를 보고, '약 10년 뒤 내가 초등학교 교사로 근무하게 된다고 했을 때, 한 학급에 몇 명의 다문화 가정 학생이 있을까?', '한국의 다문화 교육은 어떻게 변화해야 하는가?' 같은 질문을 떠올렸다. 그리고 한 가지 결론을 내릴 수 있었다. 미래에 교사가 되어 모든 학급 아이들의 문화를 존중하고 배려하는 자세를 갖추려면 이슬람에 대한 편견을 없애는 것이 기본 바탕이 되어야 하리라 생각했다. 이에 이슬람에 대한 시각을 바로잡고 무슬림에 대한 사람들의 인식을 개선하자는 목표를 설정하여 보고서를 작성했다.

이 활동은 학생들에게 세계사와 개인의 진로를 연관 짓는 기회를 주며, 심화 탐구를 통해 다른 학문에도 응용할 수 있는 능력을 갖추게 해준다. 보고서 작성에만 그치지 않고 학생들은 역사 과목을 영어 교과목과 관련지어 CNN 청취, 영어 신문 탐독 활동을 이어갈 수 있다. 이처럼 세계사 보고서 작성 활동은 세계사의 전반적인 흐름을 파악하여 학생의 진로·진학에 한 걸음 더 나아갈 수 있는 통찰력을 갖추게 하고, 폭넓게 역사를 바라보는 역량을 강화한다.

3. 수업을 통한 역사에 대한 인식 변화

모두가 교사가 될 수 있는 수업, 그런 수업이 있다면 누구나 큰 매력을 느낄 것이다. 그러나 주의해야 할 점은, 학생들이 교사가 된다고 해서 수업의 수준을 과소평가해서는 안 된다는 것이다. 나역샘 활동은 한 학생이 단순히 친구들에게 역사를 알려주는 것에서 끝나지 않기 때문이다. 이 활동에서 센터는 친구들에게 정확하고 올바른 역사적 사실을 알려주어야 하는 큰 책임감을 느끼며 수업에 임한다. 참여형 모둠 수업은 학생들이 자신이 맡은 역할에 책임감을 느끼도록 동기를 부여한다. 센터를 맡은 친구들은 공부할 내용을 복습하고, 교과 관련 다양한 자료를 준비해 온다. 한 반에서 6개의 모둠으로 나누어 수업을 진행하기 때문에, 하루에 총 6명의 센터가 모둠 수업을 진행한다. 이때, 6명의 센터가 각각 다른 부분에 초점을 맞추어 사료를 준비해 오면 선생님은 유용한 사료를 조사해 온 친구들이 모든 학급 친구들과 그 자료를 공유할 수 있도록 이끌어주신다.

이 수업을 통해 나는 세계사 과목에 재미를 느낄 수 있었다. 다양한 사람들과 문화가 한 시대를 이루는 것처럼, 하나의 역사적 사건에 대해 배울 때 역사 속 숨겨진 이야기를 파헤치는 수업은 매우 인상적이었다. 특히 진나라에 대해 배울 때 '진시황제의 불로장생 이야기' 등을 배우고, '아방궁'에 대한 보충 설명을 듣는 것이 흥미로웠다. 세계사 과목에 흥미를 느끼자 자연스럽게 세계사에 대해 더 알아보고 싶어졌다. 이것은 나뿐만 아니라 많은 학생에게 해당하는 이야기다. 학생들은 세계사의 다양한 부분 중 가장 관심 있는 분야를 선정하여 독서 활동을 하기도 한다. 이처럼 학생 주도 참여 수업은 학생이 스스로 배움의 경지에 오르게 한다.

한편, 수업을 하면서 세계사는 다른 교과목과 융합하기 좋은 과목이라는 생각이 들었다. 이를 확장하면 우리 학교의 모토인 글로벌 인재 성장에 밑바탕이 될 수 있는 과목이 바로 세계사다. 역사는 미래를 비추어 보는 거울이기 때문이다. 세계사를 배우며, 다양한 역사적 사실을 접할 뿐만 아니라 세계를 바라보는 안목까지 갖출 수 있다고 느꼈다. 세계를 바라보는 안목이란 세계인의 문화와 전통을 이해하고, 서로를 존중하며 상호작용할 수 있는 관계를 맺는 역량을 말한다. 세계인과 소통할 수 있는 역량을 갖추려면 타인의 문화를 이해하는 태도가 무엇보다 중요하며, 문화 이해 태도를 갖출 수 있는 기본 바탕이 세계사를 배우는 것이라고 생각했다. 다른 문화권의 사람들을 존중하려면 그 지역에 대한 이해가 선행되어야 하기 때문이다. 따라서 세계사 수업은 글로벌 리더의 자질 함양에 크게 기여한다.

이처럼 우리의 세계사 수업은 적극적이고, 활동적이며, 모두가 재미있게 참여할 수 있는 수업이다. 학생들은 능동적으로 수업 준비를 위해 공부하고, '교사가 된 학생들'의 수업을 경청한다. 이렇게 의미 있는 세계사 수업이 가능한 것은 선생님이 학생들을 위해 끊임없이 많은 자료를 두루 탐독하시기 때문이라고 본다. 실제로 선생님은 학생들이 수업에 재미를 느낄 수 있도록 학생들과 끊임없이 소통하고 수업에 대한 피드백을 받으신다. 이러한 '누구나 교사가 될 수 있는 수업'의 장점이 보편화하여 다른 학교에서도 널리 이루어지기를 기대한다.

함께 만들어요, 우리 역사수업

수원외국어고등학교 학생 박세연

1. 수업 에세이를 쓰게 된 동기

　에세이를 통해 2년 동안 선생님과 함께한 수업을 정리해볼 기회가 주어졌다. 1학년 한국사, 2학년 세계사를 가르치시는 선생님의 수업은, 원래 역사에 관심이 많았던 나에게도, 역사를 별로 좋아하지 않는 다른 친구들에게도 인기가 많다. 평소 선생님의 수업에 대한 생각을 정리하고, 선생님의 수업을 비판적으로 평가하고 생각해보면서, 이 수업을 통해 내가 어떤 영향을 받았고 어떤 관점과 시각을 갖게 되었는지 정리하는 기회가 된다는 점이 이 에세이를 쓰게 된 원동력이다. 또한 역사에 관심이 많아 역사 관련 활동밖에 하지 않은 나에게 교육이란 어떤 의미가 있는지 생각해보고, 학생의 입장에서 좋은 수업과 진정한 교육에 대해 성찰하면서 새로운 시각을 갖는 기회가 될 것 같아 에세이 쓰기에 도전하게 되었다.

2. 우리 선생님의 수업 A to Z

 1학년 때부터 선생님과 함께 한국사와 세계사를 배워온 나는 선생님의 수업 방식이 늘 신기했다. 무엇보다 역사 시간이 지루하지 않기 때문이다. 이것은 나처럼 역사를 좋아하는 아이들뿐만 아니라 수업시간만 되면 눈이 감기는 아이들 역시 마찬가지였다. 난 우리 반 아이들 중 선생님의 역사 수업시간에 자는 학생을 본 적이 없다. 자는 학생을 깨우느라 수업이 간간이 중단되는 일이 벌어지지 않으니 수업 효율이 아주 높다. 또한 학생들이 수업 전에 인터넷 강의를 들으며 공부하고 이를 모둠원들에게 가르치는 방식으로 수업이 진행된다는 점 또한 다른 학교와 차별화된 역사수업이라고 생각한다. 여기서 인터넷 강의란, 특정 사이트의 인터넷 강의가 아니라 선생님이 직접 자료를 만들고 찍으신 영상을 말한다. 앞으로 배울 내용을 미리 듣고 공부하여 다른 친구들에게 설명해주고, 수업 후 복습하거나 시험 기간에 공부할 때 다시 돌려볼 수 있어, 학생들의 만족도나 자료의 효율성이 매우 높은 편이다.

 수업의 전반적인 방법은 이렇다. 평소 교실 자리 배치를 기준으로 4~5명씩 조를 이루어 모둠으로 앉는다. 모둠에는 각자 역할이 있다. 예를 들면 센터는 조장으로서 그날 배울 내용의 인터넷 강의를 미리 듣고 오고 '생각해볼 문제'를 풀기 위한 자료 조사를 진행하여 수업시간에 학생들에게 설명해주는 선생님 역할을 한다. 타이머는 센터가 시간 안에 내용을 잘 전달할 수 있도록 돕는 역할을 하며 센터가 설명해주는 그날의 수업 내용을 타이머 종이에 잘 필기하고 이를 바탕으로 느낀 점이나 문제를 만들고 직접 답을 해보는 등의 일을 한다. 이러한 역할은 매 시간 변경되어 돌아가기 때문에 모두가 서로의 선생님이 되어 수업을 이끄는 경험을 해볼 수 있다.

선생님이 들어오시기 전, 학생들은 4명씩 조를 이루어 책상을 돌려 앉는다. 그 후, 전 시간 센터가 저번 시간에 배운 내용을 친구들에게 퀴즈를 내거나 다시 정리해주는 식으로 복습이 진행된다. 이 모든 것이 선생님이 교실로 들어오시기 전에 이루어진다. 선생님이 들어오시고 나서는 각종 프린트물이 전달되는데, 영상에서 이용된 자료와 빈칸을 채울 수 있고 선생님의 수업 내용을 필기할 수 있는 공간이 있는 프린트, 중요 단어의 곳곳에 뚫려 있는 빈칸을 채울 수 있는 프린트 등이 있다. 모든 것은 센터의 계획대로 이루어지는데, 센터는 학생들에게 교과서 페이지를 알려주고 모두가 이를 읽은 뒤 중요 단어 빈칸을 채워본다. 그 후 센터의 설명이 시작되는데, 보통 15분 정도의 시간을 타이머가 재기 시작한다. 센터가 누구냐에 따라 약간의 차이가 있지만 어떤 센터는 다른 친구들이 듣고 필기할 수 있도록 인터넷 강의 자료를 출력해 와서 친구들에게 나눠 주기도 하고, 선생님이 알려주시지 않은 배경지식을 곁들여 설명해주기도 한다. 센터의 설명이 끝난 후에는 선생님의 판서 설명이 이어져, 같은 수업을 총 3번 반복하게 된다. 그 후에는 선생님이 영상 자료를 보여주시는데, 그날 배운 내용을 간략하게 요점을 잡아 설명해주기도 하고, 인물이나 사건을 중점적으로 다루기도 한다.

인터넷 강의로 수업을 시작하고 영상으로 수업을 마무리하는 역사 수업. 이것이 우리 역사수업의 차별화된 특징이다. 이런 수업 방식이 매주 진행되며, 학생들은 계속되는 복습과 퀴즈, 인터넷 강의를 활용하여 재미있고 효율적인 역사수업을 할 수 있게 된다.

3. 수업 방식 파헤치기!

1) 나역쌤 / 나세쌤이란? 오직 우리 학교 학생들만 들을 수 있는 특별한 역사 인강!

선생님의 수업에서 가장 중점이 되는 것은 단연 나역쌤과 나세쌤이다. 나역쌤은 '한국사 강의', 나세쌤은 '세계사 강의'를 뜻한다.

수업의 핵심 내용을 정리한 페이퍼를 바탕으로 한 인터넷 강의 수업이 시작된다. 이 강의는 수업 전에 들어야 한다. 강의를 들으면 선생님이 옆에 계신 것 같고 헷갈리면 계속 반복해서 들을 수 있어, 컨디션이 안 좋거나 집중이 안 되는 날 선생님의 필기를 놓쳤을 때도 문제없이 역사 공부를 이어갈 수 있어 효율이 높은 수업 방식이라고 생각한다.

2) 누구보다 깔끔한 칠판 판서!

선생님의 칠판 판서는 간결하게 진행된다. 앞에서 센터가 수업 내용을 설명했고 인터넷 강의로도 수업 내용을 다시 들을 수 있기 때

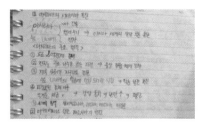

수업 영상 화면   영상을 바탕으로 한 노트 정리

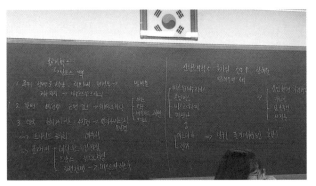

수업 중 선생님의 판서

문에 전체적인 내용을 간략하게 설명해줌과 동시에 센터들이 놓칠 수 있는 부분이나 관련 사건이나 영화, 인물과 관련한 재미있는 이야기 등을 부가적으로 설명해주며 학생들의 이해를 도와준다. 그러나 한 가지 문제점이 있다면 센터가 그날 인터넷 강의를 대충 듣고 왔거나 내용을 제대로 숙지하지 않은 상태에서 설명을 하여 친구들이 완벽하게 내용을 이해하지 못한 경우, 선생님의 간략한 설명은 오히려 친구들의 혼란을 가중시킬 수 있다. 전체적으로 설명하되, 중요한 부분은 인강에서 설명했던 것처럼 자세하게 설명해준다면 이런 친구들에게 도움이 될 것 같다.

3) 지식을 넓히는 역사 독서!

매 학기 한 번씩 진행되는 역사 독서 시간에는 다양한 주제의 역사 도서들 중 하나를 골라 읽은 후 같은 책을 읽은 친구들끼리 독서 토론을 한다. 수업시간에 배운 내용의 연장이 되기도 하고, 어떤 역사적 사건을 새로운 시각으로 바라볼 수 있게 하는 수업이기에 유익하다고 생각한다. 이번 1학기에는 중국 역사와 그리스&로마 역사에 대해 배웠기 때문에 이와 연계된 도서인 『제자백가 사상』, 『알렉산드로스와 헬레니즘』, 『세계사를 보는 눈』과 1학년에 이어 『약탈 문화재의 세계사 2』를 읽었다. 또한 마녀사냥 등 지금 현실에서는 용인될 수 없었던 역사적 사건을 다룬 『비이성의 세계사』와 여성 독립운동가나 역사적 사건의 중심이 된 여성들에 대한 내용이 나오는 『처음 읽는 여성 세계사』 등이 독서 목록에 있었다. 즉 수업 내용과 연계되면서 다양한 관점으로 사건을 볼 수 있는 책을 선정한 것이다.

독서 목록 서적 예시

독서 토론지

이렇게 다양한 주제의 책을 선택한 후 같은 책을 읽은 친구들끼리 독서 토론을 하며 서로의 의견을 공유하고 새로운 관점으로 역사적 사건을 바라볼 수 있는 눈을 키울 수 있게 되었다. 한 가지 아쉬운 점은 독서 토론을 모둠별로 한다는 점인데, 시간이 충분히 주어진다면 책 한 권을 골라 다 같이 읽고 전체 독서 토론을 해보거나 조별 독서 토론 후 내린 결론을 책의 간략한 소개와 함께 앞으로 나가 발표해보는 것을 추가하면 좀 더 의미 있는 독서 토론이 될 것 같다.

4) 귀에 쏙쏙 들어오는 역사 보충 영상!

선생님의 수업만큼이나 학생들이 기대하는 것은 선생님이 그날의 수업 주제에 맞추어 보여주시는 동영상 자료다. 선생님의 수업이나 학생들의 설명으로는 해결되지 않는 궁금증이나 의문은 지도나 사진 등을 이용한 동영상이 많은 도움이 된다. 아래 사진은 헨리 8세의 영국 국교회 설립에 대한 내용을 배운 후 영국의 종교 분포에 대해 설명하는 영상을 찍은 것인데, 이 영상을 통해 친구들은 종교개혁의 큰 흐름과 틀 아래 영국 국교회가 성공회라는 이름으로 영국 사람의 약 50% 정도의 사람들이 그 당시 믿었다는 것을 알 수 있었다. 또한 루터와 칼뱅의 핵심 사상을 중심으로 구교와 신교의 차이를 이해하고 효과적으로 수업 내용의 핵심을 잡는 데 용이했다.

5) 필기는 꼼꼼히! 역사 프린트!

마지막으로, 프린트는 선생님의 판서 내용을 필기할 수 있는 칸과

종교개혁 수업 때 사용된 동영상 화면

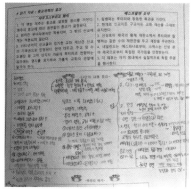

수업시간에 활용한 프린트

빈칸을 채우며 내용을 복습할 수 있게 만들어져 있다. 선생님의 판
서 내용을 필기하고 복습할 때 다시 보면서 공부하면 오래 기억에 남
는다. 중학교 때 처음 한국사를 배울 때부터 프린트는 항상 있었지만
효율은 그다지 좋지 않았다. 그러나 고등학교 1학년 때부터 지금까지
쓰는 프린트는 늘 다시 보게 된다. 그만큼 정리가 잘되어 있고 학습
에 도움이 되는 사료들까지 있어 참고하기 좋게 되어 있다.

4. 수업이 나에게: 역사란 무엇인가

우리의 수업은 내가 생각하는 이상적인 역사수업에 가장 가까운 수업이라고 생각한다. 중학교 때까지는 꿈이 역사 교사였다. 중학교 때 수업을 들을 때마다 느낀 것은 역사는 좋아하는 사람만 좋아서 공부하지 다른 친구들에겐 그저 시험 전날 달달 외워서 시험을 치는 과목 중 하나였다는 것이다. 그때 내 목표는, 나중에 역사 교사가 되어 수업을 할 때 모든 아이들이 시험 때문이 아니라 정말 수업이 흥미 있고 재밌어서 듣는 그런 수업을 만드는 것이었다. 그러나 역사에 대한 친구들의 인식은 쉽게 바뀌지 않았고, 그런 모습은 서서히 내게도 영향을 미쳤다.

국·영·수가 중요한 과목으로 자리 잡고 있는 한국 사회에서 역사는 다른 과목과 마찬가지로 비교과로 치부되고 있었다. 아무리 모든 과목이 중요하다고 배워도 무게중심은 은근히 국·영·수에 쏠려 있다. 당장 주변을 둘러봐도 그렇다. 국·영·수 학원은 넘쳐나건만 과학이나 미술 학원이 간간이 보이는 것 빼고는 기술·가정이나 역사 학원을 찾아보기는 힘들다. 이것이 바로 대한민국의 현실이고, 시험에 허우적대는 학생들에게도 역사는 그저 선생님이 판서해주신 대로 달달 외우면 좋은 점수를 받을 수 있는 과목이었다.

역사를 좋아하기는 하지만 역사수업에 흥미를 잃어가던 무렵 고등학교에 입학하게 되었고, 지금의 선생님을 만나 1학년 때 한국사를 시작으로 현재는 세계사를 배우고 있다. 그리고 정말 놀랐다. 특목고라는 특수함이 있겠지만 모든 친구들이 자지 않고 수업을 듣고 있었다. 너무 놀라 다른 반 친구들에게도 선생님 수업이 어떤지 물어봤더니 자는 친구가 지금까지 한 명도 없었다고 한다.

그 점에서 처음 놀랐고, 두 번째로는 수업 방식에서 놀랐다. 선생님의 판서를 받아 적는 기존 수업에서 학생들이 만들어가는 수업이라는 방식은 정말 신선했다. 인강을 통해 기본 지식을 쌓고 직접 선생님이 되어 모둠 친구들에게 배울 내용을 설명하고 같이 문제를 풀어보고 자료를 공유하며 답을 찾아가는 과정에서 배우는 역사. 이것이 궁극적으로 이루어져야 할 역사수업이고 지금 대한민국 중·고등학생들에게 필요한 교육 방식이라고 생각했다.

오늘날 자기주도형 공부의 중요성은 강조하지만 어떻게 이루어져야 하는지는 알려주지 않는 가운데 학업을 포기하는 아이들이 늘어나고, 성적이 좋은 아이들만을 더욱 향상시키려는 교육을 하고 있다. 그런 친구들에게 선생님의 수업 방식을 추천하고 싶다. 스스로 수업 내용을 준비해 와서 친구들에게 설명해주고 여러 의견을 공유해가며 답을 찾아가는 과정. 거기에 부족한 점을 선생님이 메워주는 형식의 수업 방식. 선생님의 참여 비중은 줄어들지만 이 모든 것을 가능하게 해주는 것은 선생님이 어떤 방식으로 아이들을 지도하는가에 달려 있는 것 같다.

선생님의 수업 방식은 내게 많은 변화를 일으켰다. 진정한 역사수업이란 판서가 전부가 아니라는 점, 공부할 때는 교과서와 문제집으로만 공부하고 프린트는 쳐다보지 않았던 내게 프린트의 중요성을 알려주었다는 점, 그저 외우기만 하면 되는 것으로 생각했던 역사를 친구들에게 설명해주기 위해 열심히 공부하기 시작하고 거기에 추가적으로 관련 정보를 찾아와 친구들에게 알려주게 된 점. 이 모든 것이 고등학교에 와서 역사수업을 들은 후 바뀐 점이다. 이제는 이전까지 정의 내리지 못했던 진정한 역사수업에 대해 이야기할 수 있다. 역사는 무작정 외워야 좋은 점수를 받을 수 있는 단순 암기를 위한 기록이 아니라 우리 모두가 함께 만들어가는 것이다. 이러한 인식이 널리 퍼져 주변의 많은 친구들과 모든 학생들이 이러한 마음가짐으로 역사를 공부했으면 좋겠다.

역사수업에서 과거의 논쟁과 현재의 논쟁이 만나다

여성 단발이 사회적으로 심각한 논쟁거리였다고?

하안중학교 역사 교사 손석영

"꼴페미들 때문에 화가 나요!"

요즘 교실은 혐오로 가득 차 있다. 학생들이 지닌 혐오는 수업 중에도 불쑥 그 모습을 드러낸다. 그러나 학생들은 자신이 사용하는 말이 혐오 발언인지조차 잘 모르는 경우가 많다. 또한 학생들의 혐오 발언 이유를 들어보면 대부분 SNS에서 유령처럼 떠돌고 있는 왜곡되거나 과장된, 심한 경우에는 날조된 내용의 게시물들로부터 비롯된 분노인 경우가 많다. 특히 여성을 주제로 한 이야기가 수업시간에 다루어질 때면 '(꼴)페미들', '쿵쾅쿵쾅' 등의 혐오 표현이 아무렇지 않게 오간다.

'페미니즘'이라는 용어는 교실에서 평등의 의미를 상실해버렸다. 오히려 부정적인 상태를 표현하거나 자신의 불만을 표현하는 배설의 언어로 전락해버렸다. 여성과 남성을 떠나 많은 학생들이 '페미니스트'

를 공공의 적으로 여긴다. 학생들은 남녀평등이 '이미' 구현된 사회(혹은 여성 우위 사회에 가까운 '역차별' 사회)에서 페미니스트들이 '먼저' 남성에 대한 혐오를 보이며, 극단적인 주장을 한다고 생각한다. 혐오는 끊임없이 진화하여 합리성의 탈을 쓴다. 최근 제기된 '젠더 이퀄리즘'은 역사적으로 형성되어 일상화되어버린 여성의 열악한 위치를 '평등'이라는 이름으로 감춘다. 이른바 백래시(backlash) 현상이 만연한 것이다.

학교는 형식적으로는 성적 평등을 추구하는 공간이다. 그러나 학교에서는 사회 구조적으로 권력화된 성차별 문제를 고려하지 않고 남학생과 여학생을 똑같이 대하려 하기 때문에 '성적 평등'이라는 것이 무엇인지에 대해 사고할 수 없는 공간이 되어버린다. 오히려 학교는 민주시민 형성이라는 문자상의 목표와 달리 점차 여성 혐오를 비롯해 성적, 나이 등에 의한 혐오를 소비하는 장이 되어가고 있다. 학교에서 수업을 진행하는 역사 교사로서 학생들이 혐오를 극복하고 다양성을 존중하며 인간에 대한 신뢰를 가진 사람, 즉 민주시민으로 성장하기 위해 나의 역사수업이 어떻게 도움이 될 수 있을지 고민할 수밖에 없는 상황이었다.

민족 문제 〉 여성 문제?

내가 근무하는 학교의 교육과정에서는 중학교 3학년 1학기 역사수업에서 조선 후기부터 대한민국 정부 수립까지의 역사를 다루도록 했다. 비교적 가까운 근현대사의 내용을 다루기 때문에 중학교 2학년 당시 전근대사를 다룰 때보다 학생들에게 와닿을 수 있는 여성 문제를 역사수업에서 다룰 수 있으리라 생각했다. 내가 해당 문제의식을 심각하게 느낄 당시, 학생들과 일제강점기 1920~1930년대 사회 운동 수업이 예정되어 있었다. 나는 해당 부분에서 여성 문제를 다룰 만한 소재를 찾으려 했다. 그리고 내가 알고 있는 지식을 기반으로 현재 페미니즘 운동의 시초라고 할 수 있는 일제강점기 여성 운동을 역사수업에서 다루려 했다.

이런 관점을 가지고 2009 개정 현행 교육과정에 의거한 중학교 역사 교과서 9종의 1920~1930년대 사회 운동 관련 서술에서 당시 여성 문제와 여성 운동이 어떻게 다루어지는지 파악해보았다.

9종의 중학교 역사 교과서에서 일제강점기 여성 운동에 대한 서술은 매우 추상적이며 빈약하다. 대부분의 중학교 역사 교과서는 다양한 사회 운동의 흐름 중 여성 운동이 존재했다고 서술한 뒤 대표적인 여성 운동 단체로 근우회를 소개하는 정도에서 그친다. 왜 이 시기에 여성 운동이 전개되고 여성 운동 단체가 조직되었는지 알기 위해 필요한 당시 여성의 지위, 여성에 대한 사회 인식, 사회적 대우에 대한 사실 등은 전혀 서술되지 않았다. 이러한 서술은 '당시 여성의 지위는 현재에 비해 매우 낮았고, 사회적 대우는 지금보다 좋지 않았다'는 막연한 전제를 기반으로 한 것으로 보인다.

역사 교과서는 일제강점기라는 압제의 시기에서 특정 친일 세력을 제외한 대부분의 한국인은 상당히 고통받는 삶을 살았다고 그리고 있다. 이 점에 비추어 볼 때, 학생들이 혹여나 '다 같이 힘든 일제강점기에 여성들은 왜 자신들의 권익 신장만을 추구하는가?'라는 생각을 하지 않을까 우려되었다. 현재와 같이 페미니즘에 대한 혐오가 만연한 사회에서 이러한 교과서 서술은 오히려 '옛날부터 자신들의 이익만 주장하는 이상한 여성들이 존재했다'라는 왜곡된 여성 인식과 혐오를 강화할 수 있다는 생각마저 들었다.

또한 일제강점기 여성 운동 관련 교과서 서술에서 근우회는 여성 운동 단체로서보다는 일제강점기 동안 최대 민족운동 단체였던, 좌우 합작 단체였던 신간회의 자매 단체로서의 성격만 강하게 부각되어 있다. 즉, 근우회는 여성 운동 단체로서보다 민족 운동 전선의 통합 사례로 부수적으로 다루어지고 있다. 소수의 교과서를 제외하고는 근우회가 어떤 활동을 했고, 무엇을 추구했는지조차 알 수 없었다.

교과서의 서술이 이렇게 될 수밖에 없었던 것은 2009 개정 역사과 교육과정과 당시 집필 기준 때문이다. 현행 역사과 교육과정과 집필 기준은 여성 문제를 민족 문제에 비해 부차적인 문제로 취급한다. 특히 집필 기준을 살펴보면, 민족운동의 전개 과정과 관련된 '중요한 것'을 중심으로 교과서 내용을 서술할 것을 제안하고 있다. 만주 침략 이후 사실에 대한 집필 기준은 '일본군 위안부' 같은 여성 문제 역시 일제의 강압과 침략전쟁에 의해 희생당한 민족 문제의 사례로 서술하도록 규정한다. 이에 따라 일제강점기의 여성 문제와 여성 운동은 중학교 역사 교과서에서 다루어지되, 여러 민족운동의 사례 혹은 민족운동보다 덜 중요한 무엇인가로 서술된 것이다. 즉, 역사교육과정과 교과서 속 일제강점기 여성 문제는 민족 문제와 '독립운동 역사에 대한 자부심'에 밀려 '소외된 기억'이 되어버렸다.

일제강점기 일상 속에서
여성권 신장을 외친 여성들을 찾아서

나는 교육과정과 집필 기준, 교과서의 한계로 인해 역사 교과서라는 교재만으로는 내가 가진 문제의식을 역사수업을 통해 학생들과 공유하기가 매우 힘들다고 판단했다. 때문에 교육과정과 교과서의 내용상 흐름을 거스르지 않으면서 문제의식을 구체화할 수 있는 수업 소재를 발굴하여 교육과정과 수업 내용을 재구성할 필요가 있었다.

일제강점기의 여러 잡지 원문을 제공하는 한국사 데이터베이스에서 '여성'을 키워드로 검색하던 도중 『별건곤』이라는 잡지에서, 근우회 회장을 역임한 김활란과 근우회 간부로 활동한 정종명이 '여자 단발이 가한가 불가한가'를 두고 토론한 내용이 실린 것을 알게 되었다. 김활란과 정종명 외에 남성인 박사직, 김병준 등도 여성 단발에 대한 찬반 토론에 참여했다.

토론에서 김활란, 박사직 등은 여성도 단발을 해야 한다는 입장에서, 정종명은 여성의 단발은 불가하다는 입장에서 서로의 주장을 전개하고 있었다. 토론은 김활란 대 정종명, 박사직 대 김병준, 곧 여성 대 여성, 남성 대 남성의 토론으로 구성되었다. 먼저 김활란의 '여성 단발은 가하다'라는 입론으로 시작해 이에 대한 정종명의 반론, 다시 박사직의 입론과 김병준의 반론으로 토론이 전개된다. 실제 토론이 이루어질 때 청중의 '만장대소' 같은 반응들도 기록된 것으로 보아 청중이 있는 토론을 녹취한 것으로 보인다. 토론 참여자들이 주장하는 바를 요약하면 다음과 같다.

김활란	·단발은 머리에 때가 끼거나 냄새가 나는 일이 줄어 위생상으로 좋다. ·단발을 하면 쪽머리를 할 때 소비되는 머리 빗는 허다한 시간이 발생하지 않아 경제적이다. ·단발은 외형상으로도 쪽머리보다 미적으로 좋다. ·세계에서 단발을 하는 국가가 늘어나므로 단발을 하는 것은 세계 정세에 따르는 것이다. ·남성들도 단발을 하고 있으므로 단발은 여성 해방을 위한 길이다.
정종명	·여성 운동을 하려면 일반 여성들에 대한 이해가 있어야 하는데, 단발을 하면 일반 여성들이 다른 세계 사람 보듯 한다. ·단발을 하면 머리를 잘라야 해서 이발비가 많이 발생하므로 경제적이지 않다. ·짧은 머리카락은 눈에 잘 보이지 않아 음식을 만들 때 들어가도 발견이 힘들어 위생적이지 못하다.
박사직	·단발을 한 것이 장발을 한 것보다 미적으로 훨씬 낫다. ·물질적·시간적 양면에서 단발을 하고 다니는 것이 경제적이다. ·위생상으로도 단발이 필요하다. ·남자들이 양복을 입고 옛 제도를 깨고 편리를 취한 것처럼 여성도 그럴 수 있다.
김병준	·신문화라고 무조건 따르고, 전통은 배척하는 것은 옳지 못한 태도다. ·여성 운동을 한답시고 단발을 하는 여성들을 보면 굳은 용기나 신념이 없다. ·여성의 아름다움은 아름다운 모양으로 변형할 수 있는 머리채에 있는 것이다. ·여성들이 머리 빗는 시간까지 아껴서 할 만한 큰일은 없으며, 자주 머리를 깎고 가꾸는 것은 경제적이지 못하다. ·여성은 여성으로서의 본분이 있고 남자는 남자로서의 본분을 지켜야 한다. ·단발이 하고 싶으면 미국이나 중국 등 외국으로 가면 된다.

토론에 참여한 사람들은 여성 단발이 가한지 불가한지에 대한 자신의 입장을 전개하기 위해 위생적·경제적·미적 근거를 제시하지만, 본질은 내가 강조한 부분들에 있지 않을까? 당시 여성 단발 문제는 표면상으로 새로운 문화에 대한 수용과 거부라는 양상을 보이지만

본질적으로는 당시 여성을 남성과 같은 평등한 존재로 볼 것이냐의 문제였다.

여성 단발이 당시 사회에서 어떤 의미로 받아들여지고 있었는지 더 면밀히 살펴보고자 논문을 검색하여 공부했다. 머리카락 자르는 것을 전통을 버리는 것이라고 생각했던 조선 사회에서 단발령 이후 약 30년 이상이 지나서야 남자 단발이 보편화되었다. 1920년대 초부터 여성 단발은 새로운 문화로 인식되었으며, 점차 사회주의를 수용하여 여성 해방을 추구하는 신여성들에 의해 투쟁의 수단으로 여겨졌다. 그리고 이 투쟁 수단은 성별을 떠나 온갖 비난을 받았고, 혐오의 대상이 되었다.

『별건곤』에 나타난 여성 단발에 대한 토론이 벌어지던 1920년대 후반은 1920년대부터 시작된 여성 단발이 대중화에 성공할 기미가 보이지 않자 사회주의 여성들을 중심으로 투쟁 수단으로서 단발을 포기하는 현상이 나타날 때쯤이었다. 그러나 단발은 유학을 다녀온 김활란 등과 같은 자유주의를 추구하는 여성들에 의해 계속 옹호되고 있었다. 이런 상황에서 김활란과 정종명의 여성 단발 토론은 단발이 여성 해방 운동의 수단으로 계속 유효할 것인가의 논쟁이자, 좌우 연합 단체인 근우회 내에서 일어난 자유주의자와 사회주의자의 노선 투쟁이기도 했다. 또한 이 논쟁은 위 자료의 박사직, 김병준의 발언에서 볼 수 있듯이 남성 우위의 사회에서 여성에 대한 남성들의 고정관념의 지속과 이로부터의 탈피 과정 속에서 진행되고 있었다.

1930년대 중반이 되어서도 여성 단발에 대한 인식은 여전히 부정적이었다. 혐오의 방식 또한 진화하여 언론에서는 단발한 여성들을 '외모에만 신경을 쓰는 허영적인 여성'으로 만들어갔다. 이들의 논쟁은 현 사회의 페미니즘 논쟁과 상당 부분 닮아 있으면서도 당시 사회에서 여성이 처한 상황을 단적으로 보여준다. 또 이 문제는 당시 다양한 사상의 수용과 이들 간의 조화와 갈등 또한 드러낸다.

신체의 자유가 상당히 보장된 현재 '여성 단발'이라는 쟁점은 우리에게 당황스럽게 느껴질 정도이다. 기분 전환 삼아 머리를 자르는 현재를 살아가는 학생들이 이 논쟁을 만난다면 어떤 반응을 보일까 궁금했다. 그리고 과거의 논쟁을 통해 현재 페미니즘 논쟁의 핵심을 파악할 수 있을지 의문이 들었다. 그리하여 『별건곤』에 수록된 여성 단발 토론을 학습 텍스트로 활용하고자 했다.

어떻게 학습 텍스트를 구성할까?

1920~1930년대 농민·노동 운동, 형평 운동, 여성 운동, 소년 운동 등 다양한 사회 운동을 살핀 뒤 『별건곤』에 수록된 여성 단발 토론 자료를 활용하여 여성 단발 논쟁을 살펴보고자 했다. 그러나 『별건곤』에 수록된 여성 단발 토론 자료는 한자어가 많고 학생들이 읽기에 난해하고 길었다. 이를 요약하고 현대어로 번역할 필요가 있었다. 이 과정에서 김활란과 정종명의 주장만 요약하여 'A. 1920~1930년대 여성들의 단발 논쟁'이라는 이름으로 다음과 같이 학습 텍스트로 제작했다.

여성도 당연히 단발을 해야 한다	여성의 단발은 불가하다
단발은 위생상으로 좋습니다. 또 머리를 빗는 시간이 줄어들어 경제적이고, 미적으로도 좋습니다. 그래서 세계 각국의 여성들은 이미 단발을 하고 있습니다. 남성들도 머리를 깎는데, 왜 여성들은 단발을 하지 않습니까? 여권 신장을 위해서라도 우리 여성들도 단발을 해야 합니다.	단발이 위생상 좋다고 할 수는 없습니다. 짧은 머리카락이 음식에 들어가도 얼른 눈에 보이지 않습니다. 또 머리를 자주 감아야 하니 경제적이라 하기도 힘듭니다. 그리고 단발을 하는 여성들에 대한 현 시선을 고려할 때, 단발이 남녀평등보다는 따가운 눈총과 거부감을 가져올 것입니다.

박사직과 김병준의 이야기를 제외한 이유는 둘 중 특히 김병준의 주장이 여성에 대한 무조건적인 혐오를 보여주기 때문이다. 김병준의 이야기를 싣는다면 현재에 페미니즘에 대해 무조건적인 비난을 하는 남성들의 모습을 빗대어 볼 수도 있겠지만, 교실에서 불필요한 성별 논쟁이 일어날 수도 있으리라 생각했다. 이들의 이야기를 제외하고 김활란과 정종명의 여성 토론만을 싣고, 대신 당대의 여성 단발에 대한 보편적인 사회 인식을 보여줄 수 있는 자료를 학생들에게 제시하고자 했다.

나는 고등학교에서 5년간의 근무 경험이 있었다. 고등학교 재직 당시 고등학교 한국사 교과서에서 여성들의 단발에 대한 인식을 표현한 자료들을 본 적이 있다. 이 자료를 활용할 수 있을지 판단하려고 고등학교 한국사 교과서 8종을 다시 펼쳐 보았다. 그리고 출처 및 원문 내용 확인을 위해 뉴스 라이브러리와 한국사 데이터베이스 등에서 여성 단발에 대한 인식을 살펴볼 수 있는 신문, 잡지 기사에 대한 검색을 했다. 그리고 다음과 같은 자료들을 'B. 여성들의 단발에 대한 시선'이라는 이름으로 학습 텍스트화했다.

자료 내용	출처
강향란이라는 기생이 돌연 머리를 깎고 남자 옷을 입고 정치 강습원에 통학 중이라 한다. 암탉이 새벽에 우는 것도 그 집안이 기우는 장본이라 했다. 하물며 여자가 남자로 환형한 그것이 변괴가 아니라 무엇이리오, 이렇게 천한 물건은 우리 사회에서 하루라도 매장해버려야 될 것을….	『시사평론』 (1922. 7.)
장난치던 아동배들도 '야, 단발 미인 간다. 이거 봐라!' 하고 떠들어대고 가게 머리에서 물건 팔던 사람들도 무슨 구경거리나 생긴 듯 멍하니 서서 그들의 가는 양을 유심히 본다.	『별건곤』 (1926. 12.)
모던 걸들 사이에서는 아직도 성히 단발을 하고 있는데 어찌 알았으리요. 단발을 하는 것이야말로 머리가 벗겨지는 큰 원인입니다. 단발을 하고 또 값싼 퍼머넌트 웨이브를 늘 하고 있는 여자는 이삼 년 안에는 꼭 대머리가 될 것입니다.	『동아일보』 (1935. 5. 10.)

첫 번째 자료에 나타난 강향란의 경우, 최초로 단발을 한 여성으로 알려져 있다. 강향란의 단발은 사회적으로 큰 파장을 가져왔다. 강향란은 실연을 겪은 후 자신도 '남자처럼 살기 위해' 단발을 했다고 밝혔다고 한다. 위 자료에서 드러난 강향란의 단발에 대한 혐오감은 단순히 '단발'에 대한 악감정이 아니라 '남자처럼 살기 위한' 강향란의 생각에 대한 혐오감인 것이다. 강향란은 당시 다니고 있던 배화학교에서 단발을 한 여자는 다닐 수 없다는 이유로 퇴학까지 당했다. 그러나 공부를 계속하기 위해 정치 강습소에 다니게 된 것이다. 이후 강향란은 기생의 길을 걷지 않고 사회주의를 수용하고 근우회에서 활동하게 된다. 이런 이야기가 담긴 해당 자료는 학생들에게 초기 여성의 단발에 대한 당시 사회의 인식을 잘 보여주리라 생각했다.

두 번째 자료는 『별건곤』에 실린 「단발랑미행기」라는 제목의 기사다. 제목에서부터 단발을 한 여성들을 부정적으로 표현하고 있으며,

해당 자료는 '단발 미인'이라는 표현이 당시 단발을 한 아름다운 사람을 뜻하는 것이 아니라 단발을 한 여성들을 비아냥거리는 말로 사용되고 있었음을 보여준다. 원래 의미는 사라지고 혐오로 채워진 '단발 미인'이라는 말은 현재 학생들에게 통용되고 있는 '페미니즘'이라는 용어를 떠올리게 했다. 특히 아무것도 모르는 어린이들조차 사회에 만연해 있는 여성에 대한 고정관념을 무비판적으로 수용하여 단발 여성들을 놀리는 모습은 현재 교실에서 학생들이 '페미니즘'이라는 용어가 왜, 어떤 의미로 사용되고 있는지를 다시 돌아보게 했다.

세 번째 자료는 혐오를 정당화하기 위해 전문가를 칭하는 사람의 말까지 빌리고 있다. 해당 기사에서는 시카고시에서 25만 명의 대머리를 치료했다는, '대머리가 까지는 병을 전문으로 고치고 있는 토마스'라는 사람의 의견을 빌려 단발이 대머리가 되는 원인이라고 보도했다. 우리는 단발이 대머리의 원인이 아니라는 것을 잘 알고 있지만, 당시 언론 권력이 전문성을 가장하여 자신들의 혐오를 어떻게 정당화했는지 학생들이 생각해볼 수 있는 자료라 여겼다. 해당 자료를 보며 '젠더 이퀄리즘'이라는, 평등을 가장한 차별과 혐오를 정당화하는 사상이 떠오르기도 했다.

이어서 학생들이 위 텍스트들을 접하며 과거의 논쟁을 통해 현재 상황을 돌아보고 현재 논쟁을 어떻게 바라보아야 할지 토의하고 사고할 수 있는 발문들을 다음과 같이 덧붙였다(학습지를 이 글 마지막에 첨부함).

① B를 보고 당시 사람들이 단발한 여성들을 어떻게 보고 있는지 적어

봅시다.

② B를 읽고 A와 같은 논쟁이 발생한 원인을 파악하여 적어봅시다.

③ A 논쟁을 살펴보고, 어떤 생각(느낌)이 드나요?

④ 우리 사회에는 A와 비슷한 논쟁들은 없는지 찾아보고, 비슷하다고 생각하는 이유를 적어봅시다.

학생들은 '여성 단발 논쟁'에 어떤 반응을 보였을까?

보통 나의 역사수업은 다음 표와 같이 진행된다.

수업 활동	활동 내용	활동 형태
논쟁적 주제 제시	해당 차시에서 교사가 선정한 큰 주제를 질문의 형태로 제시하고, 이 주제에 대한 큰 줄거리를 교사가 짧게 설명한다.	교사의 설명
학습 텍스트 읽기	학생들이 논쟁적 주제를 이해하기 위한 구어체의 읽기 자료를 읽고 내용 지식을 습득한다.	개인별 텍스트 읽기
개념 잡기	학생들이 학습 텍스트를 요약하는 과정으로, 핵심 용어를 중심으로 활동지를 작성하며 내용 지식을 확인한다.	개인별 내용 작성
짧은 Q&A	학생들이 학습 텍스트 중간중간에 삽입된 문제 제기형 질문으로, 학습 텍스트를 일정한 문제의식을 가지고 돌아보면서 질문에 대한 답을 1문장 정도로 작성한다. 주제에 따라 제시될 때도 있고, 제시되지 않을 때도 있다.	개인별 글쓰기
한 걸음 더	제시된 논쟁적 발문에 대해 학생들이 역사적 상상력을 통해 감정이입한 결과를 작성하거나 삽입·보간 등의 활동으로, 모둠 학생들과 토론 후 제시되지 않은 역사적 사실들을 추론하여 적는다. 모둠별 발표자가 종합한 내용을 발표한다. 역시 주제에 따라 제시될 때도 있고, 제시되지 않을 때도 있다.	모둠별 토의·토론 글쓰기

토론하기	주어진 논쟁적 발문을 토대로 역사적 사건에 대한 현재의 역사 해석이나 당대 사람들의 역사적 행위에 대해 평가해보는 활동. 양립하는 주장을 제시하고 이 중 자신의 생각과 가까운 주장을 선택한 뒤 이를 선택한 이유를 적고, 모둠별로 의견을 나눈 후 발표자가 모둠별 토론 내용을 종합하여 발표한다. 주제에 따라 여러 토론 주제가 제시되고 이 중 하나를 선택하여 진행하기도 한다.	모둠별 토의·토론 글쓰기

위와 같이 일제강점기 다양한 사회 운동에 대한 내용 학습을 1차시 진행한 후 일제강점기 여성 단발 논쟁에 대한 토의·토론, 글쓰기 활동을 다시 1차시로 진행했다. 활동지의 ①~③ 질문은 개인별로 작성한 뒤 발표하게 했고, ④는 모둠별로 토론한 뒤 정리하여 대표자가 발표하도록 했다.

수업 활동	활동 내용	소요 차시
논쟁적 주제 제시	우리는 왜 약자의 목소리에 귀 기울여야 할까?.	
학습 텍스트 읽기	농민·노동 운동, 여성 운동, 소년 운동, 형평 운동에 참여한 가상 인물들의 이야기를 사진 자료, 글 등으로 제시.	
개념 잡기	사회주의, 지주, 자본가, 농민, 노동자, 계급, 암태도 소작쟁의, 원산총파업, 비합법적 폭력 투쟁, 강주룡, 근우회, 형평 운동, 백정, 조선형평사, 수평사, 방정환, 어린이날 등의 핵심 용어들을 학습.	1차시
짧은 Q&A	없음	
한 걸음 더	"강주룡에게 '독립'이란 ○○○이었다"의 형태로 문장 만들고 이유 설명하기	
토론하기	여성 단발 논쟁 문제 관련 활동	1차시

①에 대해 학생들은 대체로 부정적으로 본다고 답변했다. 사료에 등장한 '천한 물건' 등의 표현을 보고 단발한 여성을 사람 취급도 하지 않는다고 발표한 학생도 있다. 동아일보 기사를 보고 단발을 하거나 파마를 한다고 대머리가 되지 않는데 '억지를 부리며' 여성 단발을 폄하하고 있다는 사실을 분석해낸 학생도 있다.

②에 대해 학생들은 '고정관념 때문에', '여성들이 남성들과 똑같이 행동하는 게 못마땅해서', '남자들이 여자들을 자기보다 낮은 존재라고 생각해서', '단발이 여성스럽다고 생각하는 것에서 벗어난 행동으로 보여서' 등의 답변을 했다. 학생들의 발표를 종합해보면, 여성의 인권이 억압되고 남녀 차별이 극심한 사회였기 때문에 여성 단발 논쟁이 일어났다고 여겼음을 알 수 있다.

③에 대해서는 더욱 다양한 답변들이 등장했다. ①과 ②에서의 답변들보다 학생들이 어떻게 역사를 이해하고 있는지를 잘 알 수 있는 것들이다. 학생들의 답변은 크게 다섯 가지 유형으로 나뉘었다. 유형 분류는 학생들의 실제 발표와 작성한 활동지 내용을 토대로 구성한 것이며, 논쟁에 대한 학생들의 서로 다른 이해 양상을 보여준다.

유형 1. "신체의 자유는 개인의 권리인데 왜 이런 논쟁이 일어났는지 이해할 수 없는 쓸데없는 논쟁이네요."

이 유형은 과거와 현재의 단절성에 바탕을 둔 이해로 보인다. 특히 이 유형에 속하는 학생들은 현재를 중심으로 역사를 이해하며, 당시 사회에서 여성 단발이 갖는 의미, 신체 자유의 권리가 지금과 다르다는 사실을 이해하지 못한다. 즉, 과거와 현재의 상황이 매우 다른 것은 알지만 현재와 같은 상황이 당시 사회에서는 왜 다르게 인식되었는지, 그 상황에 대한 인식이 왜 변해왔는지 고민하지 않는다. 이는 과거 여성 단발에 대한 부정적인 시선에 답답함과 분노가 앞섰기 때문으로 보인다.

유형 2. "지금은 자유롭게 여성들이 단발을 하는데, 자기 머리카락조차 마음대로 할 수 없던 당시 여성들이 안타까워요."

이 유형 역시 유형 1과 비슷하게 과거와 현재의 단절성에 바탕을 둔 이해이다. 다만 유형 1과 달리 여성 단발에 대한 인식이 변해왔다는 점은 어느 정도 인식하고 있다. 과거보다 현재 여성들이 처한 상황이 더 나아졌다고 보며, 과거의 여성들을 연민의 감정을 가지고 바라본다. 이런 유형은 과거의 특수한 맥락과 의미를 무시하고, 과거를 현재보다 열등한 것으로만 바라볼 우려가 있다.

유형 3. "당시 사회는 워낙 남성 중심 사회였으니까 여성 단발이 남성과 똑같이 하려는 여성의 도전으로 느껴져, 이를 억압하려고 했다는 게 당시 시대라면 이해가 되네요."

이 유형은 과거의 맥락에서 여성 단발 문제를 이해하고자 한 것이다. 아주 소수의 학생들이 여기에 속했다. 이 유형의 학생들은 당시 여성 단발을 부정적으로 바라보려 했던 사람들과 이런 사람들이 주류를 이루던 당시 사회를 이해하려고 노력했다. 과거와 현재를 단절성을 바탕으로 이해하는 것에서 벗어나 과거의 특수성과 맥락을 찾고자 한 것이다. 그러나 이런 유형은 과거 사람들의 사고와 행위에 대해 당시 맥락을 근거로 '당시라면 그럴 수도 있다'는 방식으로 이해하기 때문에 과거의 반인권적인 행위나 평화에 위배되는 사실들에 대해서도 당시의 맥락과 사회 인식 속에서는 가능하다는 식의 무비판적 수용을 할 가능성이 있다. 또한 '남성 중심 사회'를 과거에 국한시키고 있어, 현재는 남성 중심 사회가 아니며, 여성 단발 논쟁과 같이 여성권을 억압하는 일들이 일어나지 않을 것이라는 인식이 저변에 깔려 있다.

유형 4. "당시 사회에서 얼마나 여성 인권이 심각하게 탄압되고 있었는지, 현재 얼마나 이 문제에서 긍정적인 변화가 있었는지 알 수 있었어요."

이 유형은 '변화'를 중심으로 역사를 이해하고자 한 것이다. 학생들에게서 가장 많이 나타난 유형이다. 과거에는 여성 인권이 탄압되고 있었으나, 현재에는 어느 정도 이 문제가 해결되었다고 여긴다. 유형 2가 현재에서 과거로 시선이 이동하고 있다면, 이 유형은 과거에서 현재로 시선을 이동하며 '변화'라는 개념을 통해 과거와 현재의 단절성을 극복하고 있다. 그러나 과거에서 현재에 이르며 나타난 '긍정적인 변화'가 왜 나타났는지 고민하고 있지 않다는 점은 유형 1과 다르지 않다.

유형 5. "당시 여성들이 각자 자신의 주장을 펼치고 발언할 수 있다는 것 자체가 좋아 보였어요."

이 유형은 유형 3보다 더 소수의 학생들이 속한 유형으로, 중학교 2학년 당시 자신이 학습했던 조선 후기 사회 여성들의 삶을 떠올려 일제강점기 여성들의 처지와 비교를 시도한 것이다. 남성에게 예속되어 자신의 입장을 말할 수 없던 조선 시대 여성들에 비해 일제강점기 여성들은 단발을 통해 자신을 표현하고 자신의 주장을 펼칠 수 있었다는 사실이 긍정적으로 여겨진 것이다. 이는 과거에서 현재에 이르며 인권의식이 발전했다고 생각하는 유형 4와 비슷하지만, 현재와의 비교가 아니라 과거와 과거를 비교했다는 점에서 차이를 보인다.

④에 대한 모둠별 발표에서는 현재의 다양한 논쟁이 언급되었는데, 대개 중첩되는 경우가 많았다. 이를 정리해보면 다음과 같다.

학생들이 발표한 여성 단발 논쟁과 비슷한 현재의 논쟁	비슷하다고 여긴 이유
학생 화장 규제 논쟁	자신을 꾸미는 것은 자유인데, 이것을 누군가가 통제한다는 점이 비슷하다.

동성애 논쟁	누군가가 다른 사람을 좋아하는 것은 자신의 마음인데, 이것에 대해 찬성과 반대를 나누어 사회가 논쟁하는 것이 비슷하다.
탈코르셋 운동 등 페미니즘에 대한 사회적 논쟁	여성들이 속옷을 입는 것을 사회적인 시선과 억압의 영향으로 보아, 속옷을 입지 말자는 것이 여성 운동으로 연결된 것이 단발이 여성 해방 운동과 연결된 것과 비슷하다.
남성 군복무에 대한 보상 논쟁	남성 군복무 보상 문제로 남녀가 대립하고 있는 모습이 당시 여성 단발 문제와 비슷하다.
남성 화장에 대한 사회적 시선	남자도 아름답게 보이고 싶어서 화장을 할 수 있는데, 화장을 한 남자를 이상하게 바라보는 것이 당시 단발한 여성을 이상하게 바라보는 것과 비슷하다.

'학생 화장 규제 논쟁', '동성애 논쟁', '남성 화장에 대한 사회적 시선'을 언급한 모둠원들은 여성 단발 논쟁이 개인의 자유로운 선택 문제가 되어야 할 사안이 기존 관습과 고정관념에 의해 문제시되어 단발한 여성들이 억압당하는 데서 촉발되었다고 파악하고, 현재 사회에서 고정관념에 의해 개인의 자유가 침해되어 나타나는 논쟁 상황들을 제시한 것이다. 또한 학생들이 찾아낸 현재의 논쟁에서 화장, 연애 등 행위의 주체인 학생, 동성애자, '여성스러운' 남성 등은 사회적 약자이자 소수화된 사람들이라는 점에서 단발을 한 여성들과 공통점이 있다.

특히 '학생 화장 규제 논쟁'의 경우는 학생들이 처해 있는 상황이다. 학생들은 중학교 2학년 당시 타 교과인 도덕 시간에 '학생 화장을 허용해야 하는가'에 대해 논쟁적으로 글쓰기 학습을 한 바가 있었다고 했다. 위 논쟁들을 언급한 학생들은 여성 단발을 자유롭게 하는 것에 대해 아무런 문제 제기가 없는 것처럼 해당 논쟁들 역시 비슷한 방향으로 해결되어야 한다고 여겼다.

'탈코르셋 운동 등 페미니즘 운동에 대한 사회적 논쟁'을 언급한 모둠원들은 당시 여성들이 단발을 여성 해방을 위한 투쟁 수단이자 여성 인권의 표현 수단으로 이용한 것에 주목하여 여성 인권을 위한 페미니즘 운동과 이에 대한 사회적 시선의 유사성을 찾았다. 이 학생들은 '장발'과 '코르셋' 등 겉으로 드러나는 반대의 대상은 다르지만 이 대상들이 모두 여성 억압을 상징하고 있다는 것까지도 파악해 냈다.

'남성 군복무에 대한 보상 논쟁'을 언급한 모둠원들은 논쟁을 두고 남녀가 첨예하게 대립하는 양상의 유사성에 주목했다. 그러나 이 문제가 궁극적으로는 국가가 개인의 자유를 억압하는 인권 문제와 연결된다는 것은 발견하지 못했고, 남성만이 군대를 가는 것은 남녀평등에 위배되는 문제이므로 여성도 똑같이 군복무에 상응하는 의무를 이행하거나 남성들에 대한 적절한 보상이 이루어져야 한다고 언급했다.

수업 이후 '여성 단발 논쟁' 수업은 학생들에게 어떤 의미로 다가갔을까?

수업이 종료된 후 1학기를 마쳐갈 때쯤 학생들에게 가장 인상 깊었던 논쟁적인 수업 주제가 무엇이었는지, 그 이유는 무엇인지 설문조사를 했다. 155명의 학생 중 18명의 학생이 일제강점기 여성 단발 논쟁을 다룬 수업을 가장 인상 깊었던 주제로 선정했는데, 2명을 제외하고 모두 여학생이었다. 이 학생들의 응답 중 몇 가지 답변은 활동지의 ③에 대한 답변에서 보기 힘든 유형이었다. 다음은 한 학생의 설문지 응답이다.

"100년 전과 지금은 많이 달라 단발하는 것이 당연히 이상하지 않다고 생각한다. 또 100년 전은 단발을 좋지 않게 볼 수 있다는 것도 알고 있었는데 100년 동안 그게 왜 바뀌었는지 생각해본 적이 없다. 그 노력들이 없었다면 지금 단발인 나는 기분 전환한다고 단발로 바로 자를 수 있었을까 하는 생각이 들었다."

위와 같이 답변한 학생은 여성 단발에 대한 인식 변화가 시간의 흐름에 따라 자연스럽게 이루어진 것이 아니라 수많은 노력에 의해 이루어진 결과라는 사실을 깨달았다. 수업 이후 어떻게 과거에서 현재로의 변화가 가능했는지 생각하게 된 것이다. 다음은 다른 학생의 응답이다.

"토론을 하면서 페미니스트에 대한 이야기가 나왔는데 평소에 왜 페미니스트가 욕을 먹고 사람들이 그 주제에 대해 싸움을 하는지 몰랐는데, 이 토론을 하면서 페미니스트들이 왜 욕을 먹는지 선생님께서 말씀해주신 건 아니지만 잘못된 점을 알게 되었다."

위 학생은 과거의 단발 여성들에 대한 시각과 이로 인한 논쟁을 살펴봄으로써 현재 페미니즘 논쟁에 대한 이해를 심화시켰다고 했다. 단발 여성들이 전통적인 여성상에서 벗어났다는 이유로 부정적으로 평가받은 것처럼 현재 페미니스트들이 '욕을 먹는' 이유 또한 '잘못된' 것이라 생각하게 되었다. 이와 비슷하게 과거의 논쟁을 학습함으로써 현재 상황에 비판적으로 접근하게 된 학생이 있다.

"예전의 여자에 대한 시선이 너무 어이없고 화가 났지만 지금은 그래도 예전보다 조금은 나아졌습니다. 예전이나 지금이나 변하지 않은 그 기본적인 관념은 조금 막막해졌지만 제가 제일 생각도 많이 해보고 귀에 쏙쏙 들어왔던 시간이었습니다."

이 학생은 현재의 여성 인권에 대한 인식은 과거보다 분명 나아졌지만 지금도 변하지 않은 '기본적인 관념'이 있다고 인식했다. 그 '기본적인 관념'이 무엇인지에 대해서는 서술하지 않았지만 현재에도 분명 해결되지 않은 여성 문제들이 존재한다며 비판적으로 현실을 바라보고 있었다. 자신이 처한 상황에 대해 이 학생보다 조금 더 성찰적으로 바라보려는 학생도 있다.

"여성 단발 논쟁과 비슷한 사례를 찾는 과정에서 남성의 화장, 탈코르셋 등 재미있는 주장과 그에 따른 의견들이 마음에 들었고, 과연 나는 이 사람들처럼 하고 있지는 않은지 생각해볼 수 있는 기회여서 좋았다."

이 학생은 자신이 여성 단발에 대해 부정적으로 바라보았던 일제 강점기 사람들처럼 자신과 다르다고, 다른 생각을 가졌다고 하여 이 사람들을 이상하게 바라보고 있지는 않은지에 대해 반성할 수 있었다고 했다. 한편 이 문제를 통해 현재를 성찰하고 미래의 사회를 위해 현 세대가 어떤 책임을 져야 하는지 고민하게 된 학생도 있다.

"우리 사회에서는 남과 조금 다른, 예를 들어 장애인, 트랜스젠더, 여장 남자 등을 보면 인식이 좋지 않은 경우가 대부분이다. 사실 나도 머리로는 그럴 수 있다고 생각하면서 시선은 그쪽에 가 있고 계속 신경 쓰는 것이었다. 아직까지 고쳐지지 않은 자신과 조금 다르다고 안 좋게 보는 시선을 고쳐야 한다고 생각한다."

위 학생은 일제강점기 여성 단발 논쟁, 그리고 이와 유사한 현재의 논쟁을 찾아보는 과정에서 바로 과거와 현재라는 시제를 뛰어넘어 현재에서 미래로 나아갈 때는 어떤 변화가 필요한지에 대해 생각하게 되었다. 남들과는 조금 달랐던 단발 여성들이 일제강점기에 '틀린' 것으로 취급받았던 것을 떠올리며, 현재 우리도 사회의 소수자들에 대한 편견을 고쳐나가야 한다는 입장을 피력한 것이다. 해당 학생은 이른바 '회고와 전망'을 하게 된 것이다.

"여성 단발은 당시 엄청나게 중요한 문제였지만 시간이 지난 지금 돌아보면 진짜 아무것도 아닌 일인 것처럼 페미니즘 문제도 비슷할 것 같다고 생각했던 것이 가장 기억에 남는다."

"지금 한참 이슈인 페미니즘과 연관된 느낌의 주제여서 인상 깊었고, 지금 보면 어이없는 토론 주제지만, 그때 그 주제를 진지하게 토론했다는 것이 신기했다. 그리고 지금 토론하는 여러 주제들도 후에 보면 어이없어할 것 같다는 느낌이 들었다."

위 학생들은 여성 단발이 과거에는 큰 문제였지만, 인식의 변화를 거치며 현재는 아무도 문제라고 생각하지 않게 된 상황을 보고, 현재의 페미니즘 논쟁들도 첨예한 갈등처럼 보이지만 이 논쟁에서 제기된 문제들도 미래 시각에서 보면 '아무것도 아니었던 일'을 가지고 논쟁한 것처럼 '어이없어할 것 같다'고 했다. 이 학생의 논쟁에 대한 이해는 현재를 과거화하여 미래에서 현재를 바라보려 한 결과다. 그러나 어떻게 미래에 현재의 논쟁들이 '아무것도 아니었던 일'처럼 '어이없는 주제'로 느껴질 수 있을지, 현재에서 미래로 나아가며 거쳐야 할 과정에 대해서는 생각해보지 않은 듯하다.

한편, 오히려 과거와의 거리감이 더 커졌다고 느낀 학생도 있다. 이 학생은 "우리가 지금 살아가고 있는 시대에서는 전혀 이상하지 않고 일상적으로 일어나는 일이지만 예전에는 절대 있을 수 없고 존재하지 않았던 순간도 있다고 생각했는데, 지나고 나니 뭔가 엄청 이상하고 예전 시대와 느끼던 거리감이 훨씬 커져버린 것 같다"고 했다. 과거가 현재와 다른 가치관에 의해 움직였던 것은 인지하지만, 그 '이상한' 가치관을 수용할 수는 없다는 생각이 과거와 현재의 단절감을 더 키운 것으로 보인다. 다만, 우리가 당연하고 일상으로 여기는 일들이 과거에는 그렇지 않았다는 사실을 깨달았다는 점에서 해당 주제가 학생의 역사 이해에 부정적인 영향을 끼치진 않은 것으로 본다.

삶과 사회와 만나는 역사수업을 꿈꾸며

역사수업은 단순히 과거에 일어난 역사적 사실에 대한 정보를 학생들에게 전달하는 행위가 아니다. 역사수업은 역사 교사가 한 명의 민주시민으로서 삶을 살아가며 갖게 되는 문제의식을 학생들과 공유하는 과정이다. 때문에 역사 교사는 자신의 문제의식을 역사수업에서 학생들과 공유하기 위해 문제의식을 구체적으로 보여줄 수 있는, 또 학생들이 이해할 수 있는 수준의 역사적인 논쟁들을 수업 자료로 발굴하고 텍스트화하는 능력에서 전문성을 가질 수 있다. 즉, 역사 교사의 전문성은 자신이 살아가는 사회에 대한 분석적인 시각을 견지하고 이로부터 발생하는 문제의식을 학생들이 처한 상황, 학교 상황, 교육과정 등의 여러 조건들을 고려하여 적절하게 수업화하여 학생들과 공유하는 과정에서 나타난다. 그러나 민족과 국가에 영광스러운 일들의 나열과 암기를 중심으로 한 역사수업에서 역사 교사의 문제의식은 불필요한 것이 되어버리며, 역사 교사의 자율성과 전문성은 위축된다.

과거의 사실들은 현재의 삶과 만났을 때 비로소 의미를 가질 수 있다. 과거 역사 속 논쟁과 현재 논쟁의 연결은 학생들에게 역사가 지나가버린 과거의 일이 아니라 현재까지 이어져오는 '지금-여기-우리'의 일임을 체험하는 장을 제공할 수 있다. 즉, 역사수업에서 과거의 논쟁을 다룰 때는 역사 교사가 현재 논쟁과의 유사성을 발견하고 이를 연결 지어 학생들이 현재의 논쟁을 바라보는 눈을 기를 수 있도록 이른바 '회고와 전망'의 관점에서 수업을 설계할 수 있어야 하며, 이를 위해 역사 교사를 지원하는 풍토가 마련되어야 한다.

학생들의 역사적 논쟁 이해 양상은 그들이 가진 시간성에 기초한 '회고와 전망'과 긴밀하게 결부되어 있다. 위에서 살펴본 학생들의 여성 단발 논쟁에 대한 이해는 크게 다섯 가지로 나뉜다.

① 현재의 상황을 바탕으로 과거 논쟁을 바라보며 과거를 이해할 수 없는 낯선 세계로 인지하는 유형
② 과거에서 현재로 오며 논쟁에 대한 관점이 바뀌었음을 이해하지만 현재의 관점에서 과거를 열등한 세계로 바라보는 유형
③ 과거 사회의 맥락을 따져 그 속에서 과거 논쟁을 이해하고자 하는 유형
④ 과거의 논쟁을 통해 현재 사회가 진일보를 이루었음을 이해하는 유형
⑤ 과거의 논쟁보다 더 과거의 상황을 고려하여 과거의 논쟁 또한 역사 발전 과정에서 발생한 것이라고 이해하는 유형

과거와 현재라는 시간성을 중심으로 과거의 논쟁을 이해하던 학생

들은 과거의 논쟁과 비슷한 현재의 논쟁을 찾아보는 활동 이후 과거의 논쟁을 통해 현재 사회의 문제점을 비판적으로 바라보고, 미래 사회에서는 어떤 문제들이 해결되어야 하는지 등 미래라는 시간성을 고려하여 과거와 현재의 논쟁을 이해하려는 모습을 보이기도 했다.

이러한 '회고와 전망'이 역사수업의 중요한 활동으로 자리 잡으려면 현재적 관점에서 과거를 '열등'하게 바라보는 발전사관을 기반으로 한 역사교육과정과 교과서 서술이 바뀔 필요가 있다. 과거를 현재와 대등한 '낯선' 세계로 인식할 수 있도록 하여 과거인들의 문화를 과거의 맥락에서 이해할 수 있도록 하되, 그것이 현재 우리의 가치관과 신념에 어떤 영향을 미쳤는지, 그것이 현재와 미래 사회에 바람직한 것인지를 비판적으로 바라볼 수 있는 소재들을 더 많이 발굴해야 한다.

추후 학생들이 현재 인권과 관련한 논쟁들에 대해 여성 단발 논쟁처럼 '왜 이렇게 당연한 것을 가지고 논쟁을 했지?'라고 생각할 수 있으려면 우리의 공감과 노력이 필요하다는 점을 느끼고 실천하는 민주시민이 되어야 하는데, 그 과정에서 역사수업이 작은 전환점이 되었으면 한다. 또 해당 수업 사례 연구가 논쟁적 역사수업에 대한 여러 논쟁을 발화하는 데 마중물이 되었으면 한다. 이 글이 논쟁적 역사수업의 개념이 현장에서부터 형성되는 역사교육 이론으로 가는 여정의 하나가 되길 바란다.

나의 역사 수업 스토리 만들기 (1차)

반: 번호: 이름:

안녕하세요. 여러분. 여러분과 함께 1학기 동안 수업을 했던 역사 교사 손석영입니다. 1학기를 마무리하는 시점에서, 수행평가 때마다 여러분이 적어주었던 설문지보다 더 구체적인 질문들을 통해 여러분이 수업에 대해 느끼고 있는 생각을 파악함으로써 **2학기 수업을 만드는 데에 참고하고자** 합니다. 그리고 여러분이 각 질문들에 대해 적어준다면, 여러분의 학교생활기록부 항목 중 하나인 **'과목별 세부능력 특기 사항'에 참고하고** 제가 **관찰한 결과와 비교하여 기록하고자** 합니다. 그러니까 성실히, 솔직히 최대한 구체적으로 적어주세요!

1. 1학기 동안 역사 수업을 함께 하며 느낀점을 전반적으로 적어보기

난 토론을 좋아하는 데 지금까지 내가 배워 온 역사는 항상 지루하고 뻔했다. 그런데 서로 얘기하며 의견을 말하고 왜 그랬을까 생각해 보는게 재밌었다.

2. 1학기 동안의 역사 수업 주제(수업에서 다룬 여러 질문, 토론, 활동들) 중 기억에 남는 주제(1개 이상)와 그 이유를 적어주세요. (제일 중요한 부분입니다. 예시보다 길고, 구체적으로 적어주면 감사!)

저는 단발 논쟁이 제일 재밌었습니다 어느 역사 수업에서 남자, 여자에 대한 생각과 차별 아직까지도 이어지는 편견을 다룰 얘기해 보고 그러겠습니까 페미니스트에 대한 얘기와 동성연애에 대한 토론이 흥미로웠고 더 잘 알게 된 것 같습니다. 예전의 여자에 대한 시선이 너무 좀 어이없고 화가 났지만 지금은 그래도 예전보다 달라 진게 조금은 나았습니다. 그래도 예전이나 지금이나 변하지 않는 그 기본적인 판념은 조금 막막해졌지만 제가 제일 생각도 많이 해보고 귀에 쏙쏙 들어왔던 시간이었습니다.

21

토론하기... (1과 2중에 선택해서 활동합니다.) 1. 여성 문제 : 다음은 일제 강점기 당시 실제로 있었던 논쟁의 내용입니다. 여러 차례 토론회가 진행됐고 그 내용이 당시 잡지였던 <별건곤>이라는 곳에 실리기도 했으며 당시에는 상당히 심각한 사회 문제로 인식되었던 문제입니다. 읽고 물음에 답해봅시다.

A. 1920~30년대 여성들의 '단발 논쟁'

여성도 당연히 단발을 해야 한다
단발은 위생상으로 좋습니다. 또 머리를 빗는 시간이 줄어들어 경제적이고, 미적으로도 좋습니다. 그래서 세계 각국의 여성들은 이미 단발을 하고 있습니다. 남성들도 머리를 짧는데, 왜 여성들은 단발을 하지 않습니까? 여성권의 신장을 위해서라도 우리 여성들도 단발을 해야 합니다.

여성의 단발은 불가하다
단발이 위생상 좋다고 할 수는 없습니다. 짧은 머리카락이 음식에 들어가도 얼른 눈에 보이지 않습니다. 또 머리를 자주 잘라야 하니 경제적이라 하기도 힘듭니다. 그리고 단발을 하는 여성들에 대한 헌 시선을 고려할 때, 단발이 남녀평등을 가져오기 보다는 따가운 눈총과 거부감을 가져올 것입니다.

B. 여성들의 단발에 대한 시선

강향란이라는 기생이 돌연히 머리를 깎고 남자옷을 입고 정치 학원에 다니는 중이라 한다. 암닭이 새벽에 울면 집안이 망한다 하였듯 여자가 남자처럼 하는 것은 도리에 벗어난 악한 일이 아니고 무엇일까. 이렇게 천한 물건은 우리 사회에서 하루라도 빨리 매장해 버려야 할 것을 …… 　　　　　　　　　　- 『시사평론』, 1922. 7.	요즘 여자들 사이에서는 아직 단발을 하는 것이 유행인데 어찌 알았으리오. 이것이야말로 놀랄만한 대머리가 벗겨지는 큰 원인입니다. 단발을 하고 또 값싼 퍼마넨트 웨이브 (파마)를 늘 하고 있는 여자는 이삼년 안에는 꼭 대머리가 벗겨지게 되는 것입니다. 　　　　　　　　　　- 『동아일보』, 1935. 5. 10. 장난치던 아동배들도 '아 단발 미인 간다 이거 봐라' 하고 떠들어 대고 가게 머리에서 물건 팔던 사람들도 무슨 구경거리나 생긴 듯 멍하니 서서 그들의 가는 양을 유심히 본다. - 『별건곤』, 1926.

· B를 보고 단발한 여성을 어떻게 보고 있는지 적어봅시다.

· B를 읽고 A와 같은 논쟁이 왜 발생했는지에 대해 이유를 파악하여 적어봅시다.

· A 논쟁을 살펴보고, 지금 나는 어떤 생각(느낌)이 드나요?

· 지금 우리가 살고 있는 사회에는 A와 비슷한 논쟁들은 없나요?

함께, 빠닥하게, 다양하게, 따뜻한 마음으로 바라보는 力끈(힘써 생각하는 '역사')

나에게 인상 깊게 남은 토론 주제은?

어떤 토론 주제가 기억에 남았나요?

일제강점기 여성의 단발 논쟁. 운항중 지금 우리가 살고 있는 사회에는
A와비슷한 논쟁들은 없나요?

해당 토론 주제에서 나는 어떤 주장과 근거를 가지고 있나요?

탈코르셋을 그 예로 들었다. 탈코르셋이란 여자들은 꼭 예뻐야한다라는 생각이
고정되어 안꾸면다고, 살을 안뺀다고, 털을 안민다고 하는 등 비난하는것이다.
여자라면 당연히 탈코를 해야한다, 탈코를 굳이안해도 된다 라면서 논쟁되고 있는데
내생각엔 이건모두 개인의 자유라는 생각이 들었기때문이다.

해당 토론주제에서 기억에 나는 다른 친구의 의견이 있나요? 왜 기억에 남았나요?

남자의 화장에대해 다음 근가있었다. 요즘 길을 가다보면, 아니 우리가까이
우리반 친구들 안 봐도 화장을 하는 남자가 있다. 그런데 이것을 안좋게 보는 시선이
많다는것이다. 이들제도 결국 개인의 자유인데 마음대로 평가하고 비난하는 사람들이 있다.
여러서 A 와비슷하게 불필요한 논쟁이라고 생각한다.

토론 이후에 변화된 생각이나, 느낌점, 더 생각해볼 거리 등을 적어보세요.

우리사회에서는 남과 다른 예를 들어 장애인, 트렌스젠더, 여장남자 등
을 보면 인식이 좋지않은 논쟁가 대부분이다. 사실 나도 머리고는 그럴수있다고
생각하면서 시선은 그쪽에가있고 계속 신경을 쓴다는것이었다.
아직까지 고쳐지지 않는 자신라 조금 다르고 틀리다고 안좋게 보는 시선을
고쳐야 할의무가 있다고 생각한다.

삶과 연결된 역사수업, 세상을 보는 눈을 길러줘요!

역사는 우리의 현재와 미래다

대한민국의 평범한 중학생인 나에게 역사란 단순 암기 과목 이상 도 이하도 아니었다. 수업이 지루하고 재미없는 건 아니지만 그 시간 에 배우는 것들에 대해 별 의미를 두지 않고 있었다. 역사란 존재하 는 사료를 학자들이 해석해놓은 것이고, 이를 권위 있는 매체인 교과 서로 만듦으로써 그 해석만이 사실인 것처럼 보이게 만든다. 그리고 교사는 이 권위 있는 교과서의 내용을 학생들에게 전달하고, 시험 점 수가 우선인 학생들이 수동적으로 배우고 암기하는 것이라고 생각했 기 때문이다. 하지만 지금은 달라졌다. 중학생이 되고 손석영 선생님 과 역사수업을 한 뒤로 이전과는 다른 여러 가지 생각을 하게 되었 다. 단순히 암기 과목이 아니라 역사를 배우는 것이 나에게 어떤 의 미를 갖는지 생각해보게 된 것이다.

2019년 7월 1일 일본 경제성이 반도체 및 디스플레이 제조 핵심 소재의 수출을 제한하기로 발표하면서 우리나라와 일본 간 무역 분쟁이 일어나고 있다. 이 일에 대해 정치인들이 자신의 세력을 모으고 선거에 이용하기 위해 일으킨 것이라는 해석도 있지만, 큰 흐름을 보면 역사의 반복이라고 보는 사람들이 많다. 백여 년 전 이미 우리나라는 일본에 굴복한 역사가 있다. 그때와 유사한 힘의 논리가 가해지는 지금 우리는 그때처럼 힘없이 무너지지 않는다. 대통령은 "굴복하면 역사는 또다시 반복된다. 우리는 다시는 일본에게 지지 않을 것입니다"라는 메시지를 국민들에게 전했고, 국민들은 일본 제품을 불매하고 관광을 금하며 백 년 전과는 다른 모습으로 대응하고 있다. 이처럼 역사는 반복되지만 교훈을 얻으면 새로운 역사를 만들 수도 있다고 생각한다.

지금의 상황에서 다시 생각해본다. 역사는 왜 배우는 걸까? 단순히 국민들의 자긍심을 고취하기 위해서? 역사에 기록된 위인들과 그들의 업적을 기억하기 위해서? 이런 생각들이 틀렸다고 할 수는 없지만, 역사를 배우는 진정한 의미는 우리의 현재와 미래를 위해서라고 생각한다.

어떤 일에 경험이 있는 사람과 그렇지 않은 사람을 비교해보자. 두 사람이 장애물을 만났을 때 누가 그것을 극복하고 앞으로 나아갈 가능성이 높을까? 경험이 많은 사람이다. 넘어져 본 경험이 있는 사람은 그때 얻은 교훈을 통해 금방 일어날 수 있다. 하지만 처음 넘어져 본 사람은 일어나서 앞으로 나아가는 데 많은 시간이 필요할 것이다. 여기에 역사를 배우는 이유가 있다. 우리 모두가 장애물을 만나고 시런에 부딪힐 때 올바른 방법으로 잘 일어서기 위함이다. 그렇기 때문에 역사를 접할 때 단순히 과거의 사건이라는 인식에 사로잡힐 것이 아니라 지금 우리의 모습과 연결하고 거기서 교훈을 얻는다면 미래를 잘 준비할 수 있을 것이다. 역사수업은 그런 점에서 단순히 암기 과목이 되어서는 안 된다. 역사적인 사건 하나하나가 주는 의미를 현재와 잘 연결해 미래를 대비하는 수업이 가장 이상적인 형태라고 생각한다. 과거의 거울에 현재를 비추는 방식으로 진행하며, 이를 함께 고민하여 미래를 준비하는 수업 방식이라면 역사가 주는 교훈에 좀 더 가깝게 다가갈 수 있지 않을까? 이런 방식의 수업은 학생들의 수동적인 태도를 능동적으로 바꿀 수 있고, 이를 통해 자신만의 가치관을 형성할 수 있는 기회를 가질 수 있다.

손석영 선생님과 1년 반 정도 함께한 수업 방식이 위에서 언급한 수업 방식과 같다. 역사적인 사실을 단순히 조명하기보다는 그 사실에 대한 우리의 생각을 정리하여 서로 나누고, 과거와 현재를 비교하는 것이다. 예를 들어 박정희 전 대통령의 강제 징용 노동자 합의 건과 박근혜 전 대통령의 위안부 합의 건을 비교하며 공통점을 찾는 식이다. 처음에는 이런 수업 방식을 따라가기 힘들었다. 사실만을 외우기 바빴던 나에게 좀 더 깊이 있게 생각하고 의견을 내놓는 일은 힘겹기만 했다. 내가 생각한 의견의 논리가 맞는지 확인하는 일조차 힘들어했기 때문에 역사적인 사건에 대한 좀 더 깊이 있는 해석은 생각조차 할 수 없었다. 더욱이 그 의견을 친구들과 선생님 앞에서 발표하는 일은 역사를 암기 과목으로만 여기던 나에게는 너무나 힘겨운 일이었다.

그래서 수업 초기에는 사건의 핵심은커녕 1차원적인 생각만을 억지로 발표하는 게 전부였다. 3학년이 되고 나서야 여전히 부족하지만 조금씩 생각을 논리적으로 말할 수 있게 된 것 같다. 단순히 사실에만 주목하던 데서 벗어나 다양한 관점에서 질문을 바라봐야겠다는 생각이 들어, 기존 관념들과 반대로 생각해보기도 하였다. 그런 식으로 한 발표에서 친구들의 많은 동의를 받기도 하고, 스스로 생각해도 기특한 의견을 내게 되면서 이전보다 사고의 폭이 많이 넓어지고 성장했구나 하는 생각이 든다. 또한 사회 이슈에 대한 관심도 많아져서 뉴스를 자주 챙겨 보는 등의 변화도 생겼다. 역사수업에서 생각을 정리해서 말하려면 정확성과 논리가 필요한데, 그 힘을 키워주는 데 뉴스가 많이 도움이 되었다

이러한 변화를 통해 배운 점은, 역사수업은 누구도 아닌 우리의 미래를 위해서라는 것이다. 앞서 언급한 역사수업은 단순 암기가 주가 되는 것이 아니라 생각의 폭을 넓혀주고 학생들이 사회에 대해 관심을 가질 수 있게 해준다. 이는 나중에 어려운 일을 겪더라도 다시 일어날 수 있게 해주는 원동력이 될 것이다.

무감각 속에서의 차별

3학년에 올라와서 가장 인상 깊은 주제라면 '여성 단발 논쟁'을 꼽겠다. 수업 당시 선택할 수 있는 토론 주제는 백정의 형평 운동과 여

성 단발 논쟁이 있었다. 전자는 일제강점기 백정들이 받던 차별을 알아보고 현재에도 비슷한 대우를 받는 약자가 있는지 찾아보는 것이고, 후자는 일제강점기 당시 심각한 사회 문제로 대두했던 "여성이 단발을 해도 되는가?"에 대한 찬성과 반대의 입장을 들어보고 이러한 논쟁이 발생한 이유와 현재 사회에도 이와 같은 논쟁이 있는지 찾아보는 것이었다. 이 두 선택지 중 나는 후자를 택했다. 여성 단발 논쟁은 여성 인권에 대한 주제이기 때문에 현재 사회적으로 이슈가 되고 있는 페미니즘에 대한 이야기가 나오지 않을 수 없겠다고 생각했기 때문이다. 또한 나와 같은 나이의 학생들은 페미니즘을 어떤 시각으로 보고 있는지 궁금했다.

여성 단발에 대한 의견은 둘로 나뉘었다. 여성도 당연히 단발을 해야 한다는 입장과 여성의 단발은 불가하다는 입장. 하지만 지금 우리 사회에서는 이 논쟁에 후자로 답하는 사람은 거의 없을 것이다. 그러면 도대체 이 주제에 대해 토론하는 것이 어떤 의미가 있을까? 그 답은 이 논쟁이 나오게 된 배경을 살펴봐야 한다.

일본이 조선을 지배하던 일제강점기는 많은 사람들이 약자로 분류되어 권력을 쥔 강자들에 의해 억압받고 차별받던 시대이다. 약자에 해당하는 사람들은 백정, 어린이, 노동자 등 다양했지만 그중엔 여성도 포함되어 있었다. 그들은 여성이라는 이유만으로 약자로 분류되어 인간이라면 당연히 누려야 할 권리들을 빼앗겼다. 또한 여성은 일본인에게는 식민지 조선인, 고용주들에게는 자신의 이익을 위해 일하는 노동자, 남성들에겐 자신보다 열등한 존재로 평가받았다. 사회적으로 여성이 차별받는 이런 상황에서, 계급투쟁을 통한 차별 없는 평등한 사회를 만들자는 사회주의 사상과 인간은 누군가에게 속박되지 않고 자유로운 삶을 살 권리가 있다는 자유주의 같은 사상이 들어오게 되면서 여성들은 자신들도 독립된 하나의 주체라는 사실을 깨닫게 되었다. 그리고 자유연애, 단발, 여성 인권, 노동권 등을 주장하기 시작했다. 대표적인 단체로 근우회라는 여성 운동 단체가 조직되기도 했다. 전과 달리 여성들은 자신을 억압하는 강자들에 저항하기 시작한 것이다. 이 과정에서 여성 단발 논쟁이 생겨나게 되었다.

친구들과 여성 단발 논쟁에 대한 토론을 하면서 인상 깊었던 것은, 선생님께서 현재 우리 사회에서 여성들이 당하고 있는 차별들이 있는지에 대해 질문하셨을 때, 의외로 여학생들이 쉽게 답하지 못한 점이다. 혹시 여성이 당하는 차별에 무감각해져 있는 건 아닌가 하는 생각이 들었다. 무의식적으로 차별받고 있음에도 그 차별을 인식하지 못하고 있을지도 모른다는 생각도 들었다. 그러자 여성 단발을 주장한 여성들이 자신이 당하는 차별을 인식하며 변화를 주장한 점이 대단하게 느껴졌다. 당시에는 여성들이 단발을 못 한다는 것은 아무도 반박하지 않을 정도로 당연했던 사실이었음에도 그 사실이 차별임을 인식하기란 결코 쉬운 일이 아니기 때문이다. 하지만 여성들이 주장한 변화는 여성들이 머리 스타일을 자유롭게 결정하는 것이 당연하게 여겨지는 현재 사회를 만들어냈다. 그래서 이 토론 주제는 우리가 여성들이 당하는 차별에 대해 더 많은 관심을 가지고 주의 깊게 살펴보아야 한다고 생각하는 계기가 되었다.

말이 바뀌면 생각도 변한다고?

　여성 단발 논쟁에 대해 생각하면서 나에게 큰 변화가 있었다. 내가 당연하게 사용하던 말들에 의문을 갖게 된 점이다. 예를 들어 여성들의 신분이나 직업에는 꼭 '여대생', '여가수', '여류작가'와 같이 '여'가 붙는데, 남성들에게는 '남'이 붙지 않는다는 것을 인지하게 되었다. 이 외에도 아래 예시와 같은 남성의 기준에 맞춘 용어들이 일상 속에서 많이 사용되고 있었다는 점을 인식하게 되었다.

　누군가는 굳이 이런 사소한 용어들까지 바꿔야 할 필요를 못 느낄 수도 있다. 하지만 말과 생각을 떼어놓을 수는 없다는 말이 있다. 우

성차별 언어 (바꾸고 싶은 말)	시민 제안 (이유)	성평등 언어 (쓰고 싶은 말)
여○○ -직업 등 앞에 '여'를 붙이는 것 Ex) 여의사, 여배우, 여직원, 여교수, 여대생, 여기자, 여군, 여경 등	"나는 여씨가 아닙니다!"	여○○ -직업 등 앞에 붙이는 '여' 빼기 ex) 의사, 배우, 직원, 교수, 대학생, 기자, 군인, 경찰 등
여자고등학교 -여자에게 고등학교 교육과정을 실시하는 학교	"남자고등학교는 없는데 왜 여자고등학교만 있나요?" (국어사전에도 여자고등학교만 등재)	고등학교 -여자고등학교를 남자고등학교처럼 '여자'를 빼고 고등학교로 명칭하기
처녀○○ -일이나 행동 등을 처음으로 한다는 의미에서 앞에 '처녀'를 붙이는 것 Ex) 처녀작, 처녀출판, 처녀비행 등	"처녀작을 총각은 못 만드나요?"	첫 ○○ -행동 등에 붙이는 '처녀'를 '첫'으로 사용 ex) 첫 작품, 첫 출판, 첫 비행 등
유모차(乳母車) -어린아이를 태워서 밀고 다니는 수레	"아빠는 유모차를 끌 수 없나요?"	유아차(乳兒車) -유아를 중심으로 표현하는 '유아차'로 사용
그녀(女) -주로 글에서, 앞에서 이미 이야기한 여자를 가리키는 삼인칭 대명사로 그(우리말)+녀(한자어)의 결합형태	"그녀이라는 말은 없어요." ※영어 she를 번역한 일본어 피녀(彼女)가 어원. 남성을 중심에 두고 여성을 지칭	그 -여성을 대명사로 지칭할 때 '그' 사용 -상황과 문맥에 따라 '그 여자' 등 사용
저출산(低出産) -(여성이)아이를 적게 낳는 것	인구문제의 책임이 여성에게 있는 것으로 오인될 소지	저출생(低出生) -'저출산 문제' 등을 표현할 때 아기가 적게 태어난다는 의미의 '저출생' 사용
미혼(未婚) -아직 결혼하지 않음. 또는 그런 사람	"결혼을 못한게 아니라 안한 것입니다."	비혼(非婚) -결혼을 하지 않은 상태라는 의미가 명확하게 나타나는 '비혼' 사용
자궁(子宮) -여성의 생식관의 일부가 발달해서 된 것으로 태아가 착상하여 자라는 기관	"자궁은 남자아이를 품는 집만이 아닙니다."	포궁(胞宮) -특정 성별이 아니라 세포를 품은 집이라는 뜻의 '포궁' 사용
몰래카메라 -촬영을 당하는 사람이 촬영을 당한다는 사실도 모르는 상태에서 촬영하는 카메라. 또는 방식	"몰래한 장난이 아니라 카메라를 이용한 성범죄입니다."	불법촬영 -가볍게 생각할 수 있는 '몰래카메라' 대신 범죄임이 명확한 '불법촬영'으로 사용
리벤지 포르노(revenge porno) -헤어진 연인에게 보복하기 위해 유포하는 성적인 사진이나 영상 콘텐츠	"가해자 입장의 용어입니다." "포르노가 아닙니다."	디지털 성범죄 -포르노의 유통이 아니라 범죄임을 명확히 드러내는 용어 사용

리가 평소 내뱉는 말은 자주 쓰이는 만큼 우리의 생각을 반영하기 때문이다. 생각을 바꾸면 말이 바뀌고, 거꾸로 말이 바뀌면 생각이 변한다는 말처럼 지금부터라도 성차별적인 용어를 사용하지 않도록 주의해야겠다는 생각이 들었다.

차별이 익숙해진 사회

성차별적인 용어 외에 당연하게 생각했던 것들 중 또 다른 성차별적인 요소가 있을까 생각해봤다. 그렇게 접하게 된 영상이 요즘 큰 이슈가 되고 있는 엘레노르 푸리아 감독의 단편영화 〈억압받는 다수(Oppressed Majority)〉이다. 남녀의 성 역할을 반전시켜 표현하여 현재 여성들이 겪고 있는 차별과 폭력을 드러내고 비판하는 내용이다. 실제로 등장인물 중 남성은 홀로 아이를 돌보고, 여성에 의해 자신의 옷차림을 강요당하며, 지나가던 여성들에게 성희롱과 성폭력을 당한다. 처음에는 성 역할이 반전된 모습이 신기해서 웃으며 보기 시작했지만, 이야기가 전개될수록 불편하고 왠지 이상하다는 생각이 들었다. 여성들이 당하는 폭력과 차별을 다룬 영화들을 볼 때는 안타깝고 화가 났지만 이상하다는 생각은 안 했었다. 그런데 현재 여성들이 당하는 폭력과 차별을 남성들이 겪으니 나도 모르게 이상하다고 생각한 것이다. 차별과 폭력을 당하는 건 여성이라는 사실에 무의식적으로 익숙해져 있었던 것 같다. 그런 점에서 이 영화는 여성들이 당하는 차별과 폭력이 잘못되었다고 느끼면서도 익숙해져 있는 우리의 모습을 발견하게 한다.

하지만 이 영화에서 조금 아쉬운 부분이 있다. 성 역할이 바뀌었음에도 여성들은 여전히 화장을 하고 귀걸이를 하는 등 자신을 꾸민 모습이고, 남성은 편한 바지와 티셔츠를 입고 다닌다. 자신을 꾸민다는 것 자체를 성차별의 요소로 간주할 순 없지만 현재 대부분 여성들이 남의 시선을 의식하며 어쩔 수 없이 화장을 하고, 꾸미지 않는 여성을 비난하는 사람들 때문에 딱 붙는 유니폼을 입고 굽 높은 구두를 신고 일한다. 성 역할을 바꾸었음에도 이런 점은 바뀌지 않은 채 묘사된 점이 아쉬웠다. 그래도 이 영화를 통해 성차별을 인식하고 있는 사람들이 세계적으로 늘고 있다는 것을 알게 되어 뜻깊은 경험이었다.

아직도 세상에는 내가 인식하지 못하고 무의식적으로 당연하게 여기는 성차별이 무수히 많이 존재할 것이다. 하지만 사소한 것이라도 내가 인지하기 시작하면 점점 많은 차별과 폭력의 실상과 문제점을 깨닫게 될 것이다. 앞으로 페미니즘을 비롯한 많은 사람들의 생각을 더 열심히 접하고 탐구해야겠다는 생각이 들었다.

우리 역사수업의 현주소

선생님의 수업 방식은 앞서 언급한 이상적인 수업 방식을 향한 좋은 시도라고 생각한다. 과거와 현재를 연결하여 진행하는 수업은 학생들의 흥미를 끌고, 자신의 의견을 표출하게 해주기 때문이다. 그리고 이런 수업 방식을 계속해온 지금, 학생들은 자신의 의견을 발표하는 것에 대한 부담이나 거부감이 많이 사라졌다. 전보다 더 많은 학생들이 발표에 참여하여 다양한 관점의 의견을 들을 수도 있게 되었다.

다만, 충분히 토론을 하기에는 수업시간이 짧은 것이 아쉽다. 자신의 의견이 정립되지 않은 상태에서 선생님이 정리해주시는 결론을 수동적으로 수용하는 경우가 생기기 때문이다. 논리가 부족한 의견도 공유하고 그 의견을 수정해가는 과정이 필요한데도 생략되는 경우가 있어, 토론 수업임에도 답이 정해져 있다는 느낌이 들기도 한다. 그래서 토론 방식의 역사수업을 제대로 진행하려면 지금보다 더 많은 시간을 할애하는 방안을 고려할 필요가 있다.

역사교육에도 변화가 필요하다

역사를 잘 이해하였는지 파악하는 데는 지금의 평가 방식만 있는 것이 아니다. 있는 그대로의 사실을 정확히 알고 있는가보다는 역사의 사건들이 우리에게 어떤 의미를 띠며 현재의 삶과 어떻게 관련지을 수 있는지에 초점을 맞추면 좋겠다. 그렇게 되면 학생들은 암기 위주의 역사수업에서 벗어나 역사에 대한 다양한 접근과 해석을 해볼 수 있다.

평가 방식은 현재 기준보다 낮추어, 역사에 대한 기본 지식을 확인하는 용도로만 쓰이면 좋겠다. 이런 변화를 위해 학생들은 능동적으로 수업에 참여하고 역사교육에 대해 자신의 목소리를 낼 수 있는 성숙한 사고가 필요하다. 학생들이 자신이 받는 교육에 대해 지금보다 더 관심을 갖고 자신의 의견을 편다면 교육도 지금보다 더 변화할 것 이다.

역사교육은 한정된 목적지가 아닌
올바른 길을 찾아주는 지도가 되어야 합니다

하안중학교 학생 정선우

역사는 무엇을 위한 것일까요? 사실 이 점에 대해 깊이 생각해본 적은 없습니다. 그렇지만 저 같은 젊은 세대에는 역사를 딱딱하고 어려운 학문으로 받아들이는 사람들이 많아 상당히 아쉽습니다. 이 글이 역사수업의 방향성과 비전을 제시할 기회가 되면 좋겠습니다.

역사수업은 아무래도 '지도'라고 생각합니다!

역사란 쉽게 말해 '과거에 일어났던 일'이자 우리 선조들을 중심으로 일어난 일을 기록 해둔 것입니다. 저는 역사가 저 자신과 더불어 인생에서 한 번쯤 어려움을 겪는 이들이 스스로를 성찰하고, 그 어려움을 헤쳐갈 수 있게끔 '생각하는 힘'을 길러준다고 봅니다(실제로 동양의 역사서 가운데는 『자치통감』같이 문헌 끝에 '거울 감(鑑)' 자를 붙인 역사서가 많습니다). 역사는 다양한 역사가들의 해석이 뒷받침되어 기록에 대한 다양한 해석을 맛볼 수 있기에, 역사수업은 다른 과목의 수업들과는 차별점이 있을 수밖에 없습니다.

역사는 딱딱한 암기 과목으로 느껴졌으며, 연표를 외우고 사건들을 배우는 수업이 과연 도움이 될지 늘 의구심이 들었습니다. 마침 중학교에 와서 토론식 수업을 접하면서 역사라는 과목은 암기해야 할 것들도 있지만, 학생들이 쉽게 접하고, 수업을 통해 우리가 나아가야 할 지표를 깨닫는 것이 진정한 목표라고 생각하게 되었습니다. 특히 과목의 특성상 역사적 사건이나 문물을 교과서의 시각에서 '옳다, 그르다'라고만 정의하는 것은 잘못되었다고 생각했습니다.

물론 시험이나 특정 목표를 위해 역사를 배우는 분들도 많지만, 역사는 입시나 취업 등 '한정적인 목적지'에 이르는 수단이 되어서는 안 됩니다. 암기를 통해 역사적 지식을 습득하는 것이 잘못된 것은 아니지만, 다양한 시각으로 보아야 하는 역사가 폐쇄성을 지니면 안 됩니다. 역사에 대한 관점의 다양성이 인정될 때, 역사가 비로소 한 곳에 국한된 목적지가 아닌 내가 가고픈 모든 방향 즉 인생의 목표를 찾아갈 수 있는 '지도'로서 역할을 할 수 있을 것입니다.

그러므로 역사수업은 선생님들이 학생들에게 역사 사건을 가르쳐주는 것만이 아닌, 역사적인 사건을 통해 현재를 돌아보며, '현재 어떤 사건이 과거를 바라보는 시각에 영향을 미쳐 기록이 왜곡되지는 않았을까?', '이 기록은 기득권 세력에 의해 조작되었을 수 있지 않을까?' 하는 식으로 역사를 탐구할 수 있어야 합니다. 그러기 위해서라도 친구, 선생님들과 자유롭게 토론하며 서로의 의견에 공감할 수 있어야 역사수업이 참된 의의를 지니며 우리에게 큰 힘이 되어줄 수 있다고 생각합니다.

자르느냐 마느냐, 그것이 문제로다

역사 수업시간의 토론 수업 주제 중에 가장 흥미로웠던 것은 단연 '여성 단발 논쟁'입니다. 우리 역사에서 단발이라고 하면 조선 후기의 단발령이 떠오르는 분들이 많을 겁니다. 실제로 당시에는 많은 사람들이 유교적 관습 등을 이유로 단발 문화를 받아들이기를 거부했습니다. 그런데 여성 단발은 그로부터 훨씬 뒤에 논란이 벌어졌으며, 단발령 본래 사건과 성격이 살짝 다르다고 볼 수 있습니다. 단발령과 기본적으로는 같은 맥락이기는 한데, 이것이 여성 인권 신장 문제와도 맞물려, 이전의 단발령 문제가 '전통 문화'와 '새로운 문화'의 충돌이었다면, 여성 단발 문제는 현대의 페미니즘 운동처럼 여성의 자각과 여성 권리 신장이라는 성격까지 띠는, 더욱 복잡한 문제입니다.

우선 이 주제를 접했을 때는 어이가 없었습니다. 그러나 본질적으로 보면 여성 단발 논쟁은 여성의 인권이 제대로 보호받지 못한 상황에서 '여성이 단발을 해야 하는가'라는 주제를 가지고 시작된 논쟁입니다. 그러니 여성 인권에 대한 인식이 부족했던 과거에는 이런 논쟁이 당연한 것이기도 합니다. 지금은 누구나 원할 때 미용실에 가서 요구 사항을 미용사분께 말씀드리고 머리카락을 자르면 그만입니다. 그러니까 중요한 건 지금은 남녀 구분 없이 모두가 원할 때 원하는 모양으로 머리카락을 자를 수 있습니다. 이렇게 일상적인 평범한 일이, 과거에는 심각한 사회 문제로 분류되었다니, 주제를 접한 당시에는 솔직히 당황스러웠습니다.

이런 점에서 저는 친구들이 저와 같은 생각을 했는지 매우 궁금했기에 토론 주제 선택에서 이 주제가 좀 더 끌렸습니다. 실제로 3학년 4반 친구들 대부분이 '이 주제에 대해 어떤 생각이 드는가?'라는 질문에 '이해할 수 없다'는 등의 답을 냈습니다. 선생님께서는 현재 사람들과 과거 사람들이 사회 문화적 인식에서 많은 차이를 보이는 것과, 앞서 언급했듯이 이 문제가 현재도 자주 논란이 일고 있는 여성 인권 문제 등과 비슷한 맥락임을 가르쳐주려고 하신 것으로 생각합니다.

실제로 이 논쟁은 당시 상황을 고려하면 좀 더 이해하기 쉬워집니다. 1917년 러시아 제국이 무너지고, 레닌이 마르크스의 사회주의 이론을 바탕으로 하는 사회주의 연방공화국을 세우게 되는데, 이 소련이라는 사회주의 국가가 탄생함으로써, 조선에도 사회주의가 큰 영향을 미치게 된 것입니다. 사회주의 사상을 수용함으로써 식민지 조선에서 지주와 자본가들인 친일파들을 배척할 수 있는 힘, 즉 계급투쟁을 통해 독립을 이끌어갈 수 있는 열쇠가 사회주의에 있음을 사람들이 깨닫게 되었습니다. 실제로 암태도 소작쟁의, 원산 총파업 같은 사건들은 사회주의의 계급투쟁 사상을 통해 약자들이 강자들을 상대로 대항하는 힘을 준 예입니다. 이러한 계급투쟁의 모습은 노동자들만이 아닌 약자들이었던 여성과 백정들에게까지 퍼져나가, 그들에게

'자유'라는 개념을 심어주게 된 것입니다. 그러면서 백정들은 조선형 평사를 조직하여 인권을 보호하고, 여성들은 근우회를 조직하여 여성 인권 신장을 위한 활동을 했는데, 이런 사회적 상황에 의해 백정의 형평 운동은 물론, 제가 말하려는 여성 단발 논쟁이 시작되게 된 것입니다.

여성 단발 논쟁은 1920년대에 사회주의가 큰 영향을 미치게 되면서 일어난 논쟁으로, (김활란 등의 여성들은 자유주의로부터 더 많은 영향을 받았다고 합니다) 과거에는 심각한 사회 문제였습니다. 일제강점기 당시 여성이라서, 조선인이라서, 노동자여서, 그리고 가난하여 더욱 차별받아 왔기에 여성들은 이런 논쟁에 더욱 민감할 수밖에 없었습니다. 아래 내용은 『별건곤』이라는 잡지에서 여성 단발 논쟁을 다루며 토론한 내용 중 일부입니다.

장난치던 아동배들도 "야, 단발 미인 간다 이거 봐라!" 하고 떠들어대고 가게 머리에서 물건 팔던 사람들도 구경거리나 생긴 듯 멍하니 서서 그들의 가는 양을 유심히 본다(『별건곤』, 1926)).

이 외에도 '단발은 하면 머리가 몇 년 내로 다 빠져버린다'는 괴이한 의견이 있는 등으로 보아 당시 여성 단발이 얼마나 조롱과 따가운 눈총을 받는 일이었는지 알 수 있습니다. 물론 여성 단발이 위생적이고, 경제적일 수 있다는 긍정적인 의견도 있었기에 남성뿐 아니라 같은 여성들끼리도 단발을 해야 하는지 말아야 하는지 논쟁을 이어갔다고 합니다.

저는 여성들 역시 자유롭게 단발을 해야 했다고 생각합니다. 여성들 역시 사람이고, 사람이면 자신의 생각을 바탕으로 확고한 결정을 내릴 수 있어야 하니까요. 이런 점에서는 페미니즘 사상을 떠나서, 모든 인간이 갖는 인권과 관련된 문제라고도 크게 생각해볼 수 있을 것 같습니다. 물론 당시에는 여성의 인권 의식 수준이 현재보다 낮았고, 유교적 관습에 여성들은 차별받아 왔기 때문에 여성 단발이 받아들여지기 쉽지 않은 분위기였다는 것이 아쉽게 다가왔습니다.

사실 이런 논쟁은 오늘날까지도 이어지고 있는 문제이기도 합니다. 여성 단발 논쟁은 본질적으로 여성의 인권이 보장되지 않았던 사회 분위기에서 일어났습니다. 그리고 당시에도 여성 단발에 찬성하는 자들과, 부정하는 자들로 나뉘었습니다. 이런 점에서 현재 사회에서 여성 인권이 더욱 보호받아야 한다는 '페미니즘'이 여성 단발 찬성론자들과 비슷한 분위기를 띤다는 점에서(물론 본질적으로 페미니즘이 더욱 적극적이지만) 두 경우는 상당한 공통점이 있습니다. 한편 현재 여성 인권 문제로는 직장 내 여성들의 승진과 관련된 유리 천장 차별부터 명절에는 여성들이 일하는 유교적 관습 등의 여러 가지 예를 들 수 있겠네요. 그럼 페미니즘의 실체는 무엇일까요?

'The belief and aim that women should have the same rights and opportunities as men; the struggle to achieve this aim.'
'여성이 남성과 같은 권리와 기회를 누려야 한다는 믿음과 목표, 혹은 이를 성취하기 위한 투쟁'(옥스퍼드 영어 사전에 명시된 페미니즘에 대한 정의에서).

위에 서술된 페미니즘의 정의와 같이, 페미니즘은 18세기 무렵 여성들이 남성들과 같은 권리를 주장하며 일어난 운동입니다. 당시는 여성들에게만큼은 인권이 적용되지 않는 등 여성들이 상당히 핍박받던 시기였습니다. 안타깝게도 대다수 여성들은 핍박받는다는 것을 느끼지 못했으며, 이러한 사회적 분위기가 당연하다고 여겼습니다. 그러나 이런 상황에서도 몇몇 여성들은 자신들과 남성들은 엄연히 똑같은 사람인데 자신들만 사회적으로 핍박받는 것은 차별이라고 생각하게 되었고, 이것이 페미니즘 운동의 계기가 된 것입니다. 실제로 과거 많은 여성 작가와 학자들 그리고 현재에도 세계적인 유명 인사들 역시 페미니즘에 동의하며, 이를 실천해가고 있습니다.

이렇게 보면 페미니즘은 상당히 의미 있는 사상입니다. 그러나 최

좌측의 베네딕트 컴버배치(Benedict Cumberbatch)와 우측의 엠마 왓슨(Emma Watson)은 페미니스트로 유명하다. (사진 출처-구글 이미지)

근 페미니즘을 보는 시선은 그다지 호의적이지 않습니다. 심지어 가까운 또래들에게도 페미니즘은 욕설의 대상이며, 유튜브, SNS 등의 매체에서도 페미니즘은 큰 비난거리이거나 조롱의 대상으로 여겨지는 것을 볼 수 있습니다. 물론 현대 사회에서 페미니스트들의 태도에 관련된 여러 가지 논란이 일어나기도 했고, 이 때문에 많은 편견과 비판을 받기도 하는 등 여러 가지 문제들이 일어났습니다. 그러나 이러한 문제들로 인해서 가끔씩은 페미니즘의 본질마저 비판받는 것 같아서 개인적으로 아쉬운 느낌이 들었습니다. 그리고 앞서 말했듯이 페미니즘은 소수를 위한, 평등을 위한 사상이기 때문에 몇몇의 과격한 입장과 사례로 인해서 페미니즘의 전체적인 이미지가 부정적으로 변해가는 것 역시 잘못된 부분이라고 생각합니다. 따라서 위와 같이 인터넷 등의 매체에서 서로가 서로를 헐뜯으면서 싸우는 것보다는 서로가 적절한 대화를 통해 갈등을 해소해나가면서, 이해하는 것이 중요하다고 생각합니다. 무조건 싸우기만 한다고 해결되는 문제가

페미니즘과 관련된 여러 논란 중 대표적인 예시가 벡델 테스트(Bechdel test)이다. 이는 1985년 한 만화가가 고안한 영화의 성평등 정도를 파악하는 간단한 검사로, 세 가지 질문으로 이루어져 있으며, 영화 내에서 여성의 위치가 축소되어 있음을 보여주기 위한 건전한 취지로 개발되었다. 그러나 최근에는 영화의 작품성 전체를 페미니즘 성향의 질문을 통해 제한적으로 평가한다는 논란과 더불어 모순적인 검사 결과로 인해서 비판받기도 한다. (사진 출처-구글 이미지)

아니기 때문이죠.

한편 저와 같은 남성들의 입장에서도 이러한 문제를 볼 수 있습니다. 남성이 화장하는 것이나, 남성 의무 군 입대 문제 등의 논란 역시 페미니즘과 비슷한 맥락에서 비롯된 '성 평등' 문제입니다. 이러한 문제들과 페미니즘의 갈등을 바탕으로 여전히 여러 매체에서는 갑론을박이 펼쳐지고 있습니다. 이처럼 일제강점기에 큰 사회 문제였던 여성 단발 논쟁은 21세기에도 아직 끝나지 않은 문제인 듯합니다. 언제 끝날지 모르는 논쟁이고, 쉽지는 않겠지만, 부디 페미니즘에 대한 오해도 풀리고, 페미니스트들 역시 지나친 언사를 줄이면서, 남녀 서로가 이해할 수 있는 결과를 만들어나가면 좋을 것 같습니다.

데자뷰
(수업 내용이 왜 내 경험이랑 묘하게 비슷한가?)

"역사가 되풀이되고, 예상치 못한 일이 반복해서 일어난다면 인간은 얼마나 경험에서 배울 줄 모르는 존재인가." (조지 버나드 쇼의 격언)

앞에서도 말했듯이 역사는 상당히 민감하고 유동적인 학문입니다. 같은 문헌이라도 여러 시각에서 보면 해석도 다양하게 나오며, 답이 정해지지 않았습니다. 따라서 역사는 절대로 '한정된 목적지'를 향해서는 안 되는 것입니다. 이런 점에서 역사는 학문이기를 넘어 삶에서 훌륭한 멘토가 될 수 있습니다. 역사에 대한 시각을 통해 삶에서 일어나는 여러 일들을 다양한 시각으로 볼 수 있고, 역사적 사건을 거울삼아 비참한 일이 되풀이되지 않게 할 수도 있습니다. 이런 식으로 역사수업을 통해 묘하게 자신의 경험과 비슷한 구조의 사건을 배우는 경우도 있었을 겁니다.

앞에서 언급한 여성 단발 논쟁같이 인상 깊었던 토론식 수업은 앞으로 살아가는 데 많은 도움이 될 것 같습니다. 이 수업 전까지 저는 페미니즘에 대해 상당히 부정적이었고, 페미니스트의 'ㅍ'만 들어도 거부반응을 일으키는 등 페미니즘에 많은 편견이 있었습니다. 그렇지만 이 수업을 통해 페미니즘의 본질만큼은 명확하게 이해할 수 있으며, 페미니즘이 남녀평등을 실천하기 위한 정당한 방법 중 하나라고 생각하게 되었습니다.

이 글에는 언급하지 않았지만, 개화기를 배우면서 당시 조선에 유입된 신문물이었던 시계를 가지고 '과연 시계는 우리 생활을 유익하게 해주는가?'라는 주제로 토론을 한 적이 있습니다. 저는 이 토론 주제를 접하기 전까지 시계가 생활을 유익하고 올바르게 이끌어준다고 생각했습니다. 그러나 반대로 시계는 우리 생활에 '시간'이라는 제한을 가하여 삶의 여유를 빼앗고 있을 수도 있다는 생각이 들었습니다. 이런 토론 주제는 '개화'나 '발전' 등이 반드시 유익하지만은 않은 것임을 말해줍니다. 이와 같이 '의심하는' 역사는 저의 생각을 다시금 성찰하게 해주었습니다. 그리고 무엇보다도 친구들 역시 역사에 대한 태도가 많이 바뀜으로써 사회 문제를 바라보는 태도 역시 바뀌었다는 점이 상당히 고무적입니다.

저는 2학년 1학기 때부터 현재까지 토론식 역사수업을 받아왔습니다. 역사를 대하는 태도가 크게 변하여 상당히 의미 있었습니다. 저에게 역사수업이란 삶에서 '지도'가 될 수 있을 때 가장 큰 의의가 있다고 생각합니다. 그래서 역사수업은 문헌, 학생, 선생님과의 다양한 해석, 교류로 이루어져야 합니다(실제로 저희가 수업할 때 자연스럽게 많은 의견을 주고받고, 이에 대한 반론이 오갑니다). 그런 점에서 저는 토론식 역사수업이 이상적인 수업 방식 중 하나라고 생각합니다. 다만 선생님이 작성하신 글로 된 활동지 중심으로 수업이 진행되다 보니 요즘 학생들이 더 친숙해하는 영상 같은 복합적인 텍스트나 매체가 많이 활용되지 못하는 것 같아 아쉽긴 합니다. 또한 친구들이 의견을 나눌 때 한정된 시간 때문에(물론 선생님은 최대한 많은 의견을 듣고자 하시지만) 어려움을 겪는 점은 아쉽습니다. 그럼에도 이러한 토론식 역사수업은 제가 생각하는 이상적인 역사수업, 즉 지나치게 성과 중심적으로 수업이 진행되지 않고, 서로의 생각을 조금이라도 쉽게 공유할 수 있다는 점에서, 상당히 만족스럽습니다.

향후 우리 세대와 더불어, 모든 세대에게 역사교육은 딱딱한 암기식 교육으로만 이루어져서는 안 되겠습니다. 또한 역사교육은 입시 등 소기의 목적을 위해서만 가르쳐서도 안 됩니다. 그럼에도 현재 우리 역사교육은 지나치게 결과 중심적으로 가르치고 있어 아쉽습니다. 역사교육은 교과서에서 정해진 틀로 이루어지는 것이 아닌, 학생들의 자유로운 해석과 더불어서 비판이 공존해야 한다고 생각합니다. 그런 수업이 이루어질 때 비로소 학생들이 스스로 역사를 배우는 진정한 이유를 깨우칠 수 있을 것이기 때문입니다. 마지막으로 역사교육의 바람직한 변화를 위해서라도 학생들이 역사에 많은 관심을 가지고, 역사를 무조건 딱딱하고 어렵게 여기지 않으면 좋겠습니다. 이런 인식이 차차 바뀌어 모든 학생들이 역사라는 지도로 길을 개척할 수 있으리라 믿습니다.

역사수업? 대체 뭘 위해서?

하안중학교 학생 함보현

역사수업이란 '새끼손가락'이다

새끼손가락은 손가락 중 가장 얇고 작으며 끝에 있는 손가락이다. 그래서인지 우리는 새끼손가락의 필요성을 잘 느끼지 못한다. 하지만 새끼손가락은 우리가 글씨를 쓸 때 가장 밑에서 나머지 손가락을 지탱한다. 이처럼 우리는 잘 느끼지 못하지만 역사는 우리의 삶에 기반이 되어준다. 이런 점에서 역사수업은 앞으로 살아가며 우리를 지탱해줄 기반을 다지는 것이라 생각한다.

나는 암기 과목을 정말 싫어했다. 시간이 필요하고, 꾸준히 노력해야 성과가 나타나기 때문이다. 토론 형식의 역사수업을 받기 전에는 역사란 무조건 외워야 하는 암기 과목이라고만 생각했다. 나에겐 역사는 이해하는 것보다 외우는 것이 점수를 받기에 유리했고 외우는 것이 더 편하기도 했기 때문이다. 하지만 토론 형식의 역사수업을 접하며 나의 생각이 바뀌기 시작했다. 다양한 관점으로 역사를 탐구하며 역사에 대한 나의 관점이 생기기 시작하고, 평소 역사를 설명할 때 사용하던 단어들에 대해 의문을 품어볼 수도 있게 되었다.

역사를 배우는 사람이라면 역사를 배우는 이유에 대해 한 번쯤 의문을 품어보았을 것이다. 나는 역사를 배우는 이유는 나의 미래를 위해서라고 생각한다. 역사는 단순히 말해 지나간 시대의 이모저모에 대한 기록이다. 많은 사람들은 그 기록에서 해로운 것들은 경계하고 이로운 것들은 받아들이기 위해 역사를 배운다고 말한다. 그의 예로, 역사의 한 페이지인 전쟁을 배우는 것은 다시는 그러한 비극이 되풀이되지 않게 하려는 것에 있고, 만약 그러한 상황에 처했을 때 좀 더 현명하고 지혜롭게 대처할 수 있게 하기 위해서이다.

이러한 취지가 실현되려면 역사수업이 단순히 연도와 인물, 사건들을 외우는 것이 아닌 역사를 배우는 의미가 학생들에게 더욱 효과적으로 전달되고 이해하기 쉽게 설명될 필요가 있다. 학생들에게 쉽게 전달하고 이해시키려면 수업 내용을 재치 있게 풀어가는 것이 중요하다. 가상의 인물을 만들어 당시 상황을 설명하게 하거나 학생들의 관심사, 취향, 유행 등을 분석하여 수업에 반영하는 것은 학생들에게 새로운 자극을 주고 그들의 흥미를 끌어 주의를 집중시키고 재미를 느끼게 하는 것이다. 또한 마지막에 요점들을 정리해주는 것으로 시험 기간에 시간을 절약할 수 있게 하면 학생들은 더 이상 역사를 지루한 과목으로만 생각하지 않을 것이다.

1년 반 정도 선생님의 수업에 참여하며, 특정 시대의 가상인물의 이름에 학생들의 이름을 기입해주는 등의 변화가 이루어지기도 했지만 요점정리 칸은 키워드를 한눈에 보기 힘들다는 점에선 아직도 아쉬운 점이 있다. 하지만 학생들은 토론 형식의 수업 방식에 서서히 적응하며 전체적인 수업 분위기도 2학년 때보다는 많이 좋아졌고, 역사에 흥미를 갖게 된 학생들도 점차 늘고 있다. 3학년생 대부분은 역사수업에 흥미가 생겼다는 긍정적인 반응을 보이며, 일부를 제외하면 역사에 대한 반감은 많이 사라졌다고 대답했다. 대부분의 학생들이 역사수업이 토론, 한 가지 사건에 대한 자신의 생각 쓰기 등은 다른 과목의 수업에서 자주 볼 수 없는 수업 방식으로 신선하다는 등의 긍정적인 반응을 보였지만, 모둠활동의 경우 수업에 관심이 없는 학생들이 한 모둠에 몰려 있어 피해가 갈 수 있기에, 모둠활동에는 아직도 개선되어야 할 점이 있다고 한다.

잘라버려, 머리머리!

나는 가장 기억에 남는 주제로 백정의 형평 운동과 여성 단발 논쟁 중 후자를 선택했다. 그 이유는 이번 활동에서 적극적으로 내 의견을 표현할 수 있을 듯한 데다가 우리 반에 나와 생각이 같은 학생이 있는지 궁금하여 이 주제를 선택했고, 주변에 개방적인 사고를 지닌 사람들이 많아서, 당시의 여성 단발같이 사회에서 눈초리를 받는 남자 화장과 여자 숏컷과 같은 주제에 관심이 많았기에 자연스레 서로 의견을 주고받으며 관심을 가지고 있었다. 여성 단발 논쟁 또한 사회에서 눈초리를 받던 사건일 것 같아 나의 의견을 더 자세하게 주장할 수 있을 것 같았기 때문이다. 그리고 같은 반 학생들은 백정의 형평 운동보단 자신들과 더 친숙한 단발 논쟁을 골랐다.

일제강점기 조선의 대부분 여성들은 국적, 자산, 남녀 차별로 인해 이중 삼중으로 차별을 받았다. 그러던 중 러시아 제국이 무너지고 사회주의 사상을 바탕으로 한 소련이 탄생하며 식민지였던 우리나라에도 사회주의라는 사상의 영향을 받은 약자들이 목소리를 내는 과정에서 발생한 논쟁 중 하나가 단발 논쟁이다. 사회주의가 주장하는 자유는 당시 사회적 약자들이 원하는 '모두가 평등하고 자유로운 세상'과 비슷한 의미이기에 많은 약자들이 사회주의를 주장하며 자본, 출생, 성별의 제약에 저항했다. 이때 여성들은 단발을 해야 한다는 측과 단발은 불가하다는 측으로 나뉘었다.

이 주제를 가지고 토론할 때, 많은 궁금증이 생겼다. '현재 우리가 단발을 해도 아무렇지도 않게 보는 것도 이런 투쟁이 있었기 때문인가'부터, '그때 그들이 목소리를 내지 않았다면 현대 사회는 어떤 모습일까'라는 여러 가지 의문점이 생겼고, 그렇게 관심이 있는 만큼 열심히 모둠활동과 개인 활동을 했다. 활동을 하며 여성 단발론은 일제강점기에 많은 차별을 받은 일부 조선 여성들이 주장하였고, 여성 단발에 대해 대립된 주장들이 제기되었음을 알았다. 나처럼 관심이 있는 학생들도 있었고, 이 활동을 통해 관심을 갖게 된 학생들도 있었다. 대다수 학생들은 단발을 해도 된다고 주장했다. 하지만 당시 사회 분위기라면 과거 단발 논쟁은 현시점의 여자 숏컷, 남자 화장 같은 주제였다. 과연 우리가 그 시대에 살았어도 당당히 지금처럼 단발을 주장할 수 있었을까 하는 궁금증이 생기기도 했다.

　토론 도중 한 친구는 "나는 여성은 단발을 하면 안 된다는 쪽"이라며 몇백 년간 이어진 '여성'이라는 틀을 깨부수기 두려웠을 것이고, 사회가 정한 '사회적 여성성'을 깨부수고 싶어도 사회의 눈초리가 모두 자신에게 향할 것 등을 고려하면 그럴 수밖에 없다며 자신의 주장을 뒷받침했다. 나는 신선한 충격을 받았고, 내가 지금까지 이런 관점으로 보지 못한 것에 대한 아쉬움이 있었다. 나와 우리 반 학생들은 두발이 자유로워진 현재를 살고 있기에 이러한 논쟁의 의미를 찾지 못한 학생들이 대부분이었다. 그때 단발 논쟁같이 여성의 인권을 위해 온 힘을 다한 분들처럼 내가 미래를 위해 실천하는 것들이 미래의 변화에 기여할 수 있다는 것 등을 깨닫게 되어 의미 있는 활동이었다.

역사라는 스마트폰으로
미래라는 미디어를 접해보자

　나는 단발론에 대한 토론이 가장 인상 깊고 의미가 있었다. 단발론은 당시 사회 분위기를 잘 나타내주는 사례 중 하나였다. 단발 논쟁이 있다는 것은 당시 여성 두발 같은 고정관념과 편견이 심했다는 것을 보여준다.

　앞서 역사수업의 의의와 역할을 말했다. 나는 현재의 역사수업을 긍정적으로 생각한다. 수업을 진행할 때 그 사건이 일어난 이유, 배경

등을 설명하고 다른 관점에서 그 기록을 바라볼 때의 해석 차이 같은 흔히 접하기 어려운 것을 설명해줄 때 학생들은 그 사건을 더 잘 이해할 수 있다. 다른 학생들도 마찬가지로 하나의 사건만 표면적으로 알려주는 것보다 그 사건의 배경과 이유 등 구체적으로 묘사해줄 때 더 이해가 잘된다고 한다.

현재 역사수업 덕분에 학생들의 일부분은 역사수업에 흥미를 붙이기 시작했다. 요즘 새로워진 학습지로 관심을 보이는 학생들이 있고, OX퀴즈 같은 새로운 형태의 문제에 긍정적인 반응을 보였다. 1학기 초에 비해 현재는 학생들의 수업 참여도가 높아졌다. 토론 주제가 요즘 유행하거나 사회의 주목을 받는 문제와 연관되며 유행에 민감한 학생의 흥미를 끌었기 때문이다. 학생들은 화제의 문제, 유행 등에 관심이 많기에 그런 것들이 학습지에 토론 주제로 나오면 자연스럽게 관심을 가지고 참여하기에 참여율도 올라간다.

학생들은 몇 초 만에 수백 개 정보가 들어오는 빠른 변화에 익숙하다. 선생님들도 이런 점을 고려해 너무 느린 수업 방식보다는 가볍게 훑고 지나간 뒤 반복 수업을 하는 것이 학생들이 흥미를 잃지 않고 집중력을 높일 수 있는 수업 방식임을 염두에 두시기를 바란다. 학생들은 아무리 힘든 일이어도 흥미 있는 일, 좋아하는 일, 자신에게 도움이 되는 일이면 마다하지 않는다. 그런 학생의 심리를 이용하는 것이다. 역사수업을 재미있고 유익한 시간이라고 인식시켜주면 학생들의 참여도는 훨씬 높아질 것이다. 또한 역사적 사실을 가르칠 때 그 사건으로 인해 일어난 사건이나 숨겨진 이야기 등을 알려주면 학생들의 집중력은 더욱 높아질 것이다.

사회는 학생들에게 역사에 대한 관점을 바꾸는 어느 정도의 시간은 제공해야 한다. 아무리 선생님들이 노력하신다 해도 학생들에게 '역사는 재미없고 지루해, 역사를 배워서 뭐 할까? 역사 따위 몰라도 잘 먹고 잘 살 수 있어!' 같은 생각이 자리 잡고 있다면 아무리 훌륭한 역사 선생님이 수업을 하셔도 거들떠보지도 않는 과목이 될 수도 있다. 자신의 관점을 선생님들이 가르치는 것에 끼워 맞춰 꾸역꾸역 수업을 듣는 것보다 배울 내용에 대한 뒷이야기 같은 흔히 접할 수 없는 것들을 먼저 알려줌으로써 역사에 관한 자신의 관점을 바꿀 시간여유를 준 다음 재미있게 수업을 듣게 하는 것이 바람직하다.

처음에는 역사를 재미있는 이야기로 만들어 학생들에게 들려주는 등, 학생들의 관점을 바꾸고 역사에 흥미를 붙이는 것에 집중하면 학생들이 역사를 대하는 관점이 바뀔 수 있다(적어도 역사 과목에 대한 반감을 줄어 줄 수 있다).

현시대의 역사교육은 평면화되어 있다. 교과서에 나온 것만 외우고 시험 보면 끝. 이런 것은 교과서가 정답이라는 의식을 심어주기에 자칫하면 역사를 왜곡된 채 배울 수 있다. 대부분의 교사들은 시험을 위해 학생들을 가르친다. 수행에서 수능까지. 과연 이렇게 교육받고 시험에 통과한 사람들이 역사를 다양한 관점으로 볼 수 있을까? 그들이 과연 역사에 대해 잘 안다고 할 수 있을까? 교과서는 하나의 관점밖에 담지 못한다. 그렇다고 교과서에 실리지 않은 견해가 거짓은 아니고, 교과서에 실렸다고 모든 것이 진실이라고 볼 수도 없다. 이러한 이유로 교과서는 출판사마다 하나의 기록을 실어도 다양하게 실릴 수밖에 없는데, 우리는 다른 출판사의 교과서를 사지 않는다. 그럼 우리는 하나의 시선으로만 그 기록을 바라보아야 한다. 선생님들이 그렇게 공부하라 시켰고 시험도 그렇게 나온다. 과연 하나의 시선으로만 바라본 역사가 우리의 미래의 주춧돌이 될 수 있을까? 걸림돌이 되지 않으면 다행이다. 우리가 역사를 배우는 진정한 의미는 무엇일까? 과거에서 교훈을 얻어 미래에 똑같은 실수를 반복하지 않고 더 나은 세상을 만들어가는 것이다. 하나 지금 사회는 역사를 이렇게 바라보고 있지 않다. 그냥 많은 시험 과목 중 하나로 취급할 뿐이다. '모든 역사는 현재의 역사이다.' 이 문장처럼 역사를 삶에서 교훈을 줄 수 있는 동행자로 대해야 한다. 역사를 수많은 과목 중 하나라 보는 것이 아니라 우리의 발전에 도움을 줄 주춧돌 같은 역할을 해준다고 생각하며 역사를 공부해야 한다.

앞으로 역사교육의 방향성에 대해

하안중학교 학생 장윤서

나에게 손석영 쌤과 함께하는 역사수업은
'아파트 반상회'이다

역사수업을 생각해보면, 학생들 모두가 지루해하고 수업을 듣는 것보다는 강의를 듣는 것처럼 듣고 교과서에 밑줄 치고 외우고 시험 보고 잊어버린다. 적어도 내가 그랬다.

우리 아파트에서는 한 달에 한 번 주민들이 경비아저씨와 동반장 아줌마와 함께 반상회를 열어서 어떻게 하면 우리 아파트가 더 살기 좋아질까, 생활하면서 불편한 점이 있었던가, 단지 내에 어떤 시설을 갖추어야 주민들이 좋아할까, 주민들의 민원을 줄일 수 있는 방법은 있을까 같은 주제를 가지고 해결책을 세워나간다. 그 결과 우리 아파트에 있던 커뮤니티센터가 바뀌었다. 예전엔 운동기구와 골프장, 탁구장, 샤워실만 있었던 반면 커피숍, 북카페가 생겨나고 샤워실을 정비했을 뿐 아니라, 더 다양한 운동 프로그램이 생겼다. 또한 매년 아파트 사진 찍기 대회를 열어 수상자에겐 상품이 주어지기도 한다. 나에게 이런 아파트 반상회는 역사수업을 떠올리게 했다.

역사수업에서, 한 주제를 가지고 자신의 생각 혹은 모둠의 생각을 발표해봄으로써 다른 사람에게 내 의견을 최대한 궁금증이 없도록 전하려고 고민하며 내 생각을 적어 내려갈 수 있다. 친구들의 발표를 들어보고 한 문제를 바라보는 다양한 관점을 생각해볼 수 있고 더 좋은 의견이 있으면 그 의견에 대해 더 생각하게 된다. 또, 그에 대해 선생님이 해주시는 피드백을 통해 지식의 폭을 넓힐 수 있다.

물론 과거에 있었던 일이라 더 좋은 해결책이 있다 해도 바꿀 수는 없다. 하지만 이렇게 토론 형식으로 수업을 진행해가면서 이전의 주입식 역사교육보다는 훨씬 재미있고 생각을 좀 더 깊게 할 수 있다는 점에서 나에게 의미 있다. 또, 친구들과 10~15분간 그 주제에 대해 가볍게 토론하는 것이라 부담 없이 이야기할 수 있는 점에서 아파트 반상회 같다고 느꼈다.

이렇게 손석영 선생님과 수업을 하면서 역사는 기록된 모든 것이 사실만은 아닐 수도 있겠다는 생각이 들었다. 그렇다면 교과서에서는 왜 두 가지 이상의 관점을 명시하지 않는 것일까, 나라에선 이 역사를 배우는 이들에게 무엇을 원하는 것일까, 역사를 가르침으로써 학생들에게 어떤 효과가 있을까, 같은 생각을 하게 되었다.

3학년 4반 친구들아,
역사는 왜 배우는 거야?

"역사를 잊은 민족에게 미래는 없다." 이 문구는 많이 들어봤을 것이다. '경기가 나빠져도 세금은 그대로'라는 현재의 문제를 영조의 균역법('세금의 빈익부 부익빈')을 참고하여 고칠 수 있을 것이다. 왕족들의 비자금을 걷고 백성에게는 세금을 반으로 줄이는 식이다. 옛 정책들, 곧 과거의 역사에서 보여진 것을 본받아 현재의 문제점을 해결할 수 있는 여지는 많다.

전쟁 같은 비극적인 일은 다시는 일어나지 말아야 하고, 나라를 운영하면서 성공적이었던 정책을 후손에게 남겨서 후대에 도움이 됐으면 하는 점 때문에 역사를 배워야 한다고 많은 사람들이 말한다.

하지만 난 궁극적으로 왜 우리가 역사를 배워야 하는지 아직 잘 모르겠다. 나에게 직접적으로 다가오는 위기들이 없어서, 역사에서 참고해서 해결해야 할 문제가 없어서 그런지 모르겠지만, 나에게 역사는 '배우면 도움이 되는 과목'이었다. 그렇지만 역사를 배워서 우리가 어떻게 살아왔는지, 왜 일본은 독도에 대해 영유권 주장을 하는지, 일제강점기는 어떻게 진행됐는지, 유관순 열사 말고도 다른 독립운동가는 누가 있으며 어떤 활동을 했는지, 이한열과 박종철 말고도 우리가 모르는 희생자가 있었는지 등등, 역사를 배워 역사적 사실에 대해 잘못 알고 있는 사람에게 올바른 우리의 역사를 알려주고 싶다.

그러기 위해서 있는 역사를 올바르게 가르쳐주는 것이 중요하다.

내가 생각하는 가장 이상적인 역사수업의 모습은 역사를 왜 배워야 하는지부터 알려주며 시작하는 것이다. 그래서 하나의 역사적 사실을 알려준다 해도 '당시 사람들이 이렇게 해야만 했을까? 네가 그때 살았다면 어떤 선택을 했을 것 같아?' 하는 질문을 던지며 흥미를 유발하면서 학생이 적극적으로 수업에 참여할 수 있도록 수업을 이끌어가야 한다고 본다.

내가 생각하는 이 수업 방식은 손석영 선생님의 수업 방식과 같다. 우리는 역사적 흐름만 대충 알고 있는 상태로 수업이 시작됨과 동시에 학습지를 받는다. 내가 생각하기에 손석영 선생님의 학습지를 받으면 처음엔 '왜 이렇게 생각하시지?'라는 생각이 들면서 내 머리에서는 나오지 않는 생각들이 선생님을 존경하게 만든다. 대단히 인상 깊었던 구절들이 있다. "학생은 성숙한 사회의 주체가 될 수 있는가?, 우리는 왜 약자의 목소리에 귀 기울여야 할까?, 그들은 무엇을 위해 총을 들었는가?" 등, 우리 사회가 더 생각해봐야 할 문제들을 제시해주시니까 확 집중이 된다(이게 바로 제목의 힘 이 아닐까 싶다). 자신이 관심 있는 주제에는 더 집중하기 마련이니까(그래서 2학년 때부터 지금까지 받은 프린트는 하나도 버린 게 없다).

약 1년 8개월간 선생님의 수업을 들으면서 솔직히 말문이 막히는 수업이라는 생각이 들었다. 선생님의 수업 방식은 전체적인 내용을 다루고 개념 잡기(프린트에 있는 내용을 읽고 빈칸을 채우는 것)로 개념을 정리한 후, 발표하고 싶은 친구들이 발표를 한다. 모둠으로 토의해서 발표하는 형식도 있는데, 한 주제를 가지고 친구들이 다양하게 생각하고 발표하며 들을 수 있는 점이 대단히 매력적이다.

　사실 2학년 때 처음 선생님 수업을 듣고 불만이 있었다. 어차피 지금 하는 공부를 토대로 대학에 가는데 굳이 이렇게 토론해서 좋을 게 없다고 생각했다. 또, 2학년 때 우리 반이 너무 소란스러워서 수업조차 진행하기 어려운 상태에서 토론 수업을 하니까 엉망이었다. 그러나 2학기가 시작되자 수업에 참여하는 친구들이 점점 많아졌고, 토론 수업이 잘 진행되면서 역사수업이 재밌어지기 시작했다. 처음에는 도장을 받아서 점수를 채우려고 열심히 참여했지만, 이를테면 특정 주제에 대한 선생님의 반박을 듣고 싶지 않아서 그 오기 때문에 더 열심히 하게 되었다.

　중학교 3학년이 되고 계속 이런 수업을 하다 보니 자소서를 쓰는 순간 '내가 이렇게까지 생각의 폭이 넓어졌구나', '내가 생각하는 게 전보다 많이 성숙해졌구나' 하는 생각이 들면서 선생님의 수업 방식에 대해 감사하는 마음이 들기 시작했다(책 읽는 것을 좋아하지 않아서, 역사 시간에 하는 토론에서 나의 배경지식과 의견을 말하는 능력이 길러졌다). 선생님의 수업 방식은 역사 지식을 배우는 것보다 그 역사가 어떻게, 왜 일어났을까 하는 근본적인 것들을 파악하는 것에 더 치중되어 있다. 예전의 나는 그냥 교과서와 프린트를 외우고 시험 보는 게 편했지만 지금은 '그게 왜 그럴까, 왜 그렇게 생각하지', '내 생각은 이건데' 하는 식으로 정해져 있는 틀을 깨고 생각하는 능력이 많이 자란 것 같다.

네? 저 오늘 우울해서 단발 하고 싶은데
안 된다고요?

   21번 학습지를 받고 암태도 소작쟁의, 원산 총파업, 강주룡의 을밀대 투쟁, 여성 운동 근우회, 어린이 운동 등에 대해 배우고 있었다. 수업을 듣다가 선생님이 두 가지 주제 중에 하나만 선택해서 토론한다고 하셨다. 백정의 형평 운동 그리고 여성의 단발론이었다.

   백정의 형평 운동은 대충 내용이 짐작되었다. 예전부터 백정들은 사람대접을 못 받고 살았다고 들었는데 충분히 형평 운동을 할 수 있다는 생각을 하게 되었지만, 여성의 단발론? 대체 어떤 것일지 궁금해서 이 주제를 선택했다.

   우리 모둠 친구들은 백정의 형평 운동을 주제로 삼으면 생각해야 할 게 더 많아서 여성의 단발론을 선택했다고 했다. 선생님은 왜 이런 주제를 제시하게 되셨을까 생각해보았는데, 당시 배우고 있던 주제가 '우리는 왜 약자의 목소리에 귀 기울여야 할까?'였다. 일제강점기에 여러 약자들이 차별받았고, 사회주의 사상이 들어오며 약자들의 각성이 있었는데, 당시 사회에서 최약자 중 하나가 여성이었다. 여성은 조선인이라서, 여성이라서, 노동자라서 이중 삼중으로 차별받았는데, 이에 저항하는 과정에서 여성 단발 논쟁이 있었다고 한다. 이 주제를 학생들과 함께 생각해보면서 우리는 당시의 논쟁에 대해 어떻게 생각하는지 선생님이 궁금해하셨을 것 같았다. 그래서 이 주제를 백정 형평 운동과 함께 주제로 삼으셨으리라는 생각이 들었다.

솔직히 이 논쟁이 실제로 있었던 논쟁이라고 믿겨지지 않았고, 그래서 이 주제를 가지고 토론할 때 '당시 사회 모습은 어땠을까' 궁금해하며 토론에 참여한 것 같다. 사실 이 논쟁은 지금 생각해보면 불필요한 논쟁인데, 당시 사람들 입장에서 보면 여성이 단발을 한다는 것을 의아해하고 이상한 눈으로 보았을 것 같다.

각자 개성을 인정받고 존중받는 오늘날 하나의 사례를 들어 이야기해보자. 방과 후 귀갓길에 길 한복판에서 한 남성이 긴 머리에 하이힐과 크롭티, 짧은 반바지 차림에다 망사 스타킹을 신고 길을 걸어간다고 해보자. 당연히 개인의 개성이고 스타일이니까 그럴 수도 있겠다는 생각이 들지만 시선은 그 남성에게 꽂혀 있고 '왜 저러고 다니지?'라는 생각을 할 것이다. 단발론을 예로 들었던 당시와 비슷한 정도의 시선이었을 것 같다. 전통적인 사고방식에 젖어 받아들이기 힘든 사람들의 관점에서는 단발론이 못마땅해 보일 수도 있는데, 이는 인식과 도덕규범(관습)의 차이이고, 모든 사람이 저렇게 생각한다면 관습이라 할지라도 단발을 하지 말라 하겠지만 다양한 문화가 꽃핀 지금으로서는 개성으로 받아들이며 존중해야 마땅하다고 생각한다.

래퍼 치타, 가수 이소라가 머리를 짧게 하고 나오는데도 대중은 그들을 좋아한다는 것, 물론 그들의 음악성이 매우 뛰어나서 그럴 수도 있지만 기존 '여성'의 모습인 긴 머리에서 벗어나 그들의 스타일인 숏컷이 '다른 모습'인데도 대중이 좋아하는 것을 보면 현재 사람들의 인식은 이전과 많이 달라졌다고 본다. 또, 당시 심각하게 인권 탄압을 받고 있었음에도 여성들이 자신의 주장을 펴며 발언했다는 것 자체가 대단하게 느껴졌다.

지금은 어때?

현재의 논쟁거리 가운데 학생 화장, 남성 화장에 대한 사회적 시선, 탈코르셋과 페미니즘에 대한 사회적 논쟁이 내가 생각하는 여성 단발 논쟁과 유사하다.

하이힐을 신고, 머리를 기르고, 화장을 하고 파인 옷과 망사옷을 입고
춤을 가르치는 제이블랙

트랜스젠더 풍자(유튜버)의 광고 촬영 현장

트랜스젠더 선생님 김기홍 씨

뷰티 유튜버 후니언의 화장하는 모습

이 외에도 많은 사례가 있지만, 남들의 달갑지 않은 시선을 마다하고 사회에 나온 사람들을 예로 들어보았다. 이분들이 유튜브를 비롯한 매체에 등장하면서 우리 사회에서 이분들을 색안경을 끼고 안 좋게 보는 시선이 조금 수그러든 것 같다. 여성 단발론 문제가 종결되어 지금 여성들이 단발을 할 수 있는 것처럼 이들도 사회에서 아무 거리낌 없이 살 수 있고, 비난받지 않고 살아가는 날이 오면 좋겠다.

손석영 선생님의 수업을 듣고 수업에 참여하면서 세상을 바라보는 나의 시선이 좀 달라진 것 같다. 이전엔 생각할 수 없었던 생각과 발상들이 떠올랐고, 그게 계속되다 보니 내 '주관' 곧 나만의 철학이 생겼다.

여성 단발 논쟁 수업 외에 가장 기억에 남는 수업은 '노래로 역사 배우기'였다. 〈우리가 홀로 서기까지-UMC/UW〉라는 역사노래를 듣고 학습지를 작성하는 것이었다. 역사 시간이 5교시여서 많이 피곤하고 졸렸는데, 노래를 들으며 잠도 깨고 수업도 할 수 있어서 신기했다. '미술+국어', '독서+수학' 같은 융합수업은 해보았는데 '역사+음악'

은 처음이어서 신선했다.

또, 평소 당연하다고 생각하던 것들(학생 화장 규제, 귀걸이 규제, 염색 규제 등)이 불공평하다고 느껴졌고, 이런 문제점을 개선하기 위해 우리가 어떤 노력을 해야 할지 또한 생각하게 되었다.

학교에서 필수로 한 시간은 토론 수업에서 했으면 좋겠다고 생각하게 되었다. 학생이 30명가량이라면 토론 수업에 자신이 할 일이 없다고 생각해 참여하지 않는 친구들도 있지만, 그중 몇 명은 그 토론 수업으로 인생의 모토와 방향과 생각이 바뀔 수도 있다고 본다. 요즘 학생들은 시험 준비하랴 수행평가 챙기랴, 책 읽을 시간이 거의 없다. 학교 독서 시간에 설문조사를 했을 때도 한 달에 한 권 이상 책을 읽는 친구들이 6명이 안 되었다. 학생들에게 생각의 깊이를 길러주고 싶다면 어떤 수업이든 상관없이 토론 수업을 하는 것이 좋다고 생각한다.

우리나라 교육의 마침표는 대학이다. 성적에 목숨 걸고 열심히 공부해서 대학을 가면 이 경주는 끝난다. 지금 중간고사 기간인데, 시험이 끝나는 순간 지우개로 삭 지워지듯 머릿속에서 삭제된다. 우리나라에서는 대학에 가지 않으면 인간 취급을 하지 않고 덜 떨어진 사람으로 본다. 고졸이라 해서 들어갈 수 있는 직장이 한정되어 있고, 심지어 알바도 대학생과 고졸은 철저히 차별한다.

우리나라 교육정책에서 대학 가는 것을 무조건적인 목적으로 삼지 않고, 학생들이 자신이 하고 싶어 하는 공부에 대해 넓고 깊게 탐구하는 것을 목적으로 삼아야 한다고 생각한다.

역사 교과서에도 한 가지 주장만 제시하지 말고 다양한 주장을 함께 실어 '이렇게 생각하는 사람들도 있었다'고 알려주는 게 옳다. 손석영 선생님의 수업 방식 중 하나인 '이것이 실제 있던 일일까'라고 생각하며 역사적 사실을 의심해보는 것도 나쁘지 않다. 역사수업에서 이런 것들은 학생들의 사고방식을 넓혀주는 데 효과적이라고 생각한다. 향후 역사수업이 함께 다방면으로 생각해보는 수업이 되면 좋겠다.

삶의 행복을 꿈꾸는 교육은 어디에서 오는가?

● 교육혁명을 앞당기는 배움책 이야기 혁신교육의 철학과 잉걸진 미래를 만나다!

한국교육연구네트워크 총서

 01 핀란드 교육혁명
한국교육연구네트워크 엮음 | 320쪽 | 값 15,000원

 02 일제고사를 넘어서
한국교육연구네트워크 엮음 | 284쪽 | 값 13,000원

 03 새로운 사회를 여는 교육혁명
한국교육연구네트워크 엮음 | 380쪽 | 값 17,000원

 04 교장제도 혁명
한국교육연구네트워크 엮음 | 268쪽 | 값 14,000원

 05 새로운 사회를 여는 교육자치 혁명
한국교육연구네트워크 엮음 | 312쪽 | 값 15,000원

 06 혁신학교에 대한 교육학적 성찰
한국교육연구네트워크 엮음 | 308쪽 | 값 15,000원

 07 진보주의 교육의 세계적 동향
한국교육연구네트워크 엮음 | 324쪽 | 값 17,000원
2018 세종도서 학술부문

 08 더 나은 세상을 위한 학교혁명
한국교육연구네트워크 엮음 | 404쪽 | 값 21,000원
2018 세종도서 교양부문

 09 비판적 실천을 위한 교육학
이윤미 외 지음 | 448쪽 | 값 23,000원
2019 세종도서 학술부문

 10 마을교육공동체운동:
세계적 동향과 전망
심성보 외 지음 | 376쪽 | 값 18,000원

한국교육연구네트워크 번역 총서

 01 프레이리와 교육
존 엘리아스 지음 | 한국교육연구네트워크 옮김
276쪽 | 값 14,000원

 02 교육은 사회를 바꿀 수 있을까?
마이클 애플 지음 | 강희룡·김선우·박원순·이형빈 옮김
356쪽 | 값 16,000원

 03 비판적 페다고지는
세상을 변화시킬 수 있는가?
Seewha Cho 지음 | 심성보·조시화 옮김 | 280쪽 | 값 14,000원

 04 마이클 애플의 민주학교
마이클 애플·제임스 빈 엮음 | 강희룡 옮김 | 276쪽 | 값 14,000원

 05 21세기 교육과 민주주의
넬 나딩스 지음 | 심성보 옮김 | 392쪽 | 값 18,000원

 06 세계교육개혁:
민영화 우선인가 공적 투자 강화인가?
린다 달링-해먼드 외 지음 | 심성보 외 옮김 | 408쪽 | 값 21,000원

 07 콩도르세, 공교육에 관한 다섯 논문
니콜라 드 콩도르세 지음 | 이주환 옮김 | 300쪽 | 값 16,000원
2019세종도서학술부문

 혁신학교
성열관·이순철 지음 | 224쪽 | 값 12,000원

 행복한 혁신학교 만들기
초등교육과정연구모임 지음 | 264쪽 | 값 13,000원

 서울형 혁신학교 이야기
이부영 지음 | 320쪽 | 값 15,000원

 혁신교육, 철학을 만나다
브렌트 데이비스·데니스 수마라 지음
현인철·서용선 옮김 | 304쪽 | 값 15,000원

 대한민국 교사, 어떻게 가르칠 것인가?
윤성관 지음 | 320쪽 | 값 15,000원

 아이들을 어떻게 가르칠 것인가
사토 마나부 지음 | 박찬영 옮김 | 232쪽 | 값 13,000원

 모두를 위한 국제이해교육
한국국제이해교육학회 지음 | 364쪽 | 값 16,000원

 경쟁을 넘어 발달 교육으로
현광일 지음 | 288쪽 | 값 14,000원

비고츠키 선집 시리즈 발달과 협력의 교육학 어떻게 읽을 것인가?

 생각과 말
레프 세묘노비치 비고츠키 지음
배희철·김용호·D. 켈로그 옮김 | 690쪽 | 값 33,000원

 도구와 기호
비고츠키·루리야 지음 | 비고츠키 연구회 옮김
336쪽 | 값 16,000원

 어린이 자기행동숙달의 역사와 발달 I
L.S. 비고츠키 지음 | 비고츠키 연구회 옮김
564쪽 | 값 28,000원

 어린이 자기행동숙달의 역사와 발달 II
L.S. 비고츠키 지음 | 비고츠키 연구회 옮김
552쪽 | 값 28,000원

 어린이의 상상과 창조
L.S. 비고츠키 지음 | 비고츠키 연구회 옮김
280쪽 | 값 15,000원

 비고츠키와 인지 발달의 비밀
A.R. 루리야 지음 | 배희철 옮김 | 280쪽 | 값 15,000원

 수업과 수업 사이
비고츠키 연구회 지음 | 196쪽 | 값 12,000원

 비고츠키의 발달교육이란 무엇인가?
비고츠키교육학실천연구모임 지음 | 412쪽 | 값 21,000원

 **비고츠키 철학으로 본
핀란드 교육과정**
배희철 지음 | 456쪽 | 값 23,000원

 성장과 분화
L.S. 비고츠키 지음 | 비고츠키 연구회 옮김
308쪽 | 값 15,000원

 연령과 위기
L.S. 비고츠키 지음 | 비고츠키 연구회 옮김
336쪽 | 값 17,000원

 의식과 숙달
L.S 비고츠키 | 비고츠키 연구회 옮김
348쪽 | 값 17,000원

 분열과 사랑
L.S. 비고츠키 지음 | 비고츠키 연구회 옮김
260쪽 | 값 16,000원

 성애와 갈등
L.S. 비고츠키 지음 | 비고츠키 연구회 옮김
268쪽 | 값 17,000원

 관계의 교육학, 비고츠키
진보교육연구소 비고츠키교육학실천연구모임 지음
300쪽 | 값 15,000원

 비고츠키 생각과 말 쉽게 읽기
진보교육연구소 비고츠키교육학실천연구모임 지음
316쪽 | 값 15,000원

 교사와 부모를 위한 비고츠키 교육학
카르포프 지음 | 실천교사번역팀 옮김 | 308쪽 | 값
15,000원

 혁신교육 존 듀이에게 묻다
서용선 지음 | 292쪽 | 값 14,000원

 다시 읽는 조선 교육사
이만규 지음 | 750쪽 | 값 33,000원

 대한민국 교육혁명
교육혁명공동행동 연구위원회 지음 | 224쪽 | 값 12,000원

 독일 교육, 왜 강한가?
박성희 지음 | 324쪽 | 값 15,000원

 핀란드 교육의 기적
한넬레 니에미 외 엮음 | 장수명 외 옮김 | 456쪽 | 값
23,000원

 한국 교육의 현실과 전망
심성보 지음 | 724쪽 | 값 35,000원

4·16, 질문이 있는 교실 마주이야기 통합수업으로 혁신교육과정을 재구성하다!

 통하는 공부
김태호·김형우·이경석·심우근·허진만 지음
324쪽 l 값 15,000원

 내일 수업 어떻게 하지?
아이함께 지음 l 300쪽 l 값 15,000원
2015 세종도서 교양부문

 인간 회복의 교육
성래운 지음 l 260쪽 l 값 13,000원

 교과서 너머 교육과정 마주하기
이윤미 외 지음 l 368쪽 l 값 17,000원

 수업 고수들
수업·교육과정·평가를 말하다
박현숙 외 지음 l 368쪽 l 값 17,000원

 도덕 수업, 책으로 묻고 윤리로 답하다
울산도덕교사모임 지음 l 320쪽 l 값 15,000원

 체육 교사, 수업을 말하다
전용진 지음 l 304쪽 l 값 15,000원

 교실을 위한 프레이리
아이러 쇼어 엮음 l 사람대사람 옮김 l 412쪽 l 값 18,000원

 마을교육공동체란 무엇인가?
서용선 외 지음 l 360쪽 l 값 17,000원

 교사, 학교를 바꾸다
정진화 지음 l 372쪽 l 값 17,000원

 함께 배움
학생 주도 배움 중심 수업 이렇게 한다
니시카와 준 지음 l 백경석 옮김 l 280쪽 l 값 15,000원

 공교육은 왜?
홍섭근 지음 l 352쪽 l 값 16,000원

 자기혁신과 공동의 성장을 위한
교사들의 필리버스터
윤양수·원종희·장군·조경삼 지음 l 280쪽 l 값 14,000원

 함께 배움 이렇게 시작한다
니시카와 준 지음 l 백경석 옮김 l 196쪽 l 값 12,000원

 함께 배움 교사의 말하기
니시카와 준 지음 l 백경석 옮김 l 188쪽 l 값 12,000원

 교육과정 통합, 어떻게 할 것인가?
성열관 외 지음 l 192쪽 l 값 13,000원

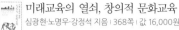 **미래교육의 열쇠, 창의적 문화교육**
심광현·노명우·강정석 지음 l 368쪽 l 값 16,000원

 주제통합수업, 아이들을 수업의 주인공으로!
이윤미 외 지음 l 392쪽 l 값 17,000원

 수업과 교육의 지평을 확장하는 **수업 비평**
윤양수 지음 l 316쪽 l 값 15,000원
2014 문화체육관광부 우수교양도서

 교사, 선생이 되다
김태은 외 지음 l 260쪽 l 값 13,000원

 교사의 전문성, 어떻게 만들어지나
국제교원노조연맹 보고서 l 김석규 옮김 392쪽 l 값 17,000원

 수업의 정치
윤양수·원종희·장군 지음 l 280쪽 l 값 14,000원

 학교협동조합,
현장체험학습과 마을교육공동체를 잇다
주수원 외 지음 l 296쪽 l 값 15,000원

 거꾸로 교실,
잠자는 아이들을 깨우는 수업의 비밀
이민경 지음 l 280쪽 l 값 14,000원

 교사는 무엇으로 사는가
정은균 지음 l 292쪽 l 값 15,000원

 마음의 힘을 기르는 감성수업
조선미 외 지음 l 300쪽 l 값 15,000원

 작은 학교 아이들
지경준 엮음 l 376쪽 l 값 17,000원

 아이들의 배움은 어떻게 깊어지는가
이시이 준지 지음 l 방지현·이창희 옮김 l 200쪽 l 값 11,000원

 대한민국 입시혁명
참교육연구소 입시연구팀 지음 l 220쪽 l 값 12,000원

 교사를 세우는 교육과정
박승열 지음 l 312쪽 l 값 15,000원

 전국 17명 교육감들과 나눈 교육 대담
최창의 대담·기록 l 272쪽 l 값 15,000원

 들뢰즈와 가타리를 통해 유아교육 읽기
리세롯 마리엣 올슨 지음 l 이연선 외 옮김 l 328쪽 l 값 17,000원

학교 혁신의 길, 아이들에게 묻다
남궁상운 외 지음 | 272쪽 | 값 15,000원

프레이리의 사상과 실천
사람대사람 지음 | 352쪽 | 값 18,000원
2018 세종도서 학술부문

혁신학교, 한국 교육의 미래를 열다
송순재 외 지음 | 608쪽 | 값 30,000원

페다고지를 위하여
프레네의 『페다고지 불변요소』 읽기
박찬영 지음 | 296쪽 | 값 15,000원

노자와 탈현대 문명
홍승표 지음 | 284쪽 | 값 15,000원

선생님, 민주시민교육이 뭐예요?
염경미 지음 | 244쪽 | 값 15,000원

어쩌다 혁신학교
유우석 외 지음 | 380쪽 | 값 17,000원

미래, 교육을 묻다
정광필 지음 | 232쪽 | 값 15,000원

대학, 협동조합으로 교육하라
박주희 외 지음 | 252쪽 | 값 15,000원

입시, 어떻게 바꿀 것인가?
노기원 지음 | 306쪽 | 값 15,000원

촛불시대, 혁신교육을 말하다
이용관 지음 | 240쪽 | 값 15,000원

라운드 스터디
이시이 데루마사 외 엮음 | 224쪽 | 값 15,000원

미래교육을 디자인하는 학교교육과정
박승열 외 지음 | 348쪽 | 값 18,000원

흥미진진한 아일랜드 전환학년 이야기
제리 제퍼스 지음 | 최상덕·김호원 옮김 | 508쪽 | 값 27,000원

폭력 교실에 맞서는 용기
따돌림사회연구모임 학급운영팀 지음 | 272쪽 | 값 15,000원

그래도 혁신학교
박은혜 외 지음 | 248쪽 | 값 15,000원

학교는 어떤 공동체인가?
성열관 외 지음 | 228쪽 | 값 15,000원

학교 민주주의의 불한당들
정은균 지음 | 276쪽 | 값 14,000원

교육과정, 수업, 평가의 일체화
리사 카터 지음 | 박승열 외 옮김 | 196쪽 | 값 13,000원

학교를 개선하는 교장
지속가능한 학교 혁신을 위한 실천 전략
마이클 풀란 지음 | 서동연·정효준 옮김 | 216쪽 | 값 13,000원

공자뎐, 논어는 이것이다
유문상 지음 | 392쪽 | 값 18,000원

교사와 부모를 위한
발달교육이란 무엇인가?
현광일 지음 | 380쪽 | 값 18,000원

교사, 이오덕에게 길을 묻다
이무완 지음 | 328쪽 | 값 15,000원

낙오자 없는 스웨덴 교육
레이프 스트란드베리 지음 | 변광수 옮김 | 208쪽 | 값 13,000원

끝나지 않은 마지막 수업
장석웅 지음 | 328쪽 | 값 20,000원

경기꿈의학교
진흥섭 외 지음 | 360쪽 | 값 17,000원

학교를 말한다
이성우 지음 | 292쪽 | 값 15,000원

행복도시 세종, 혁신교육으로 디자인하다
곽순일 외 지음 | 392쪽 | 값 18,000원

나는 거꾸로 교실 거꾸로 교사
류광모·임정훈 지음 | 212쪽 | 값 13,000원

교실 속으로 간 이해중심 교육과정
온정덕 외 지음 | 224쪽 | 값 13,000원

교실, 평화를 말하다
따돌림사회연구모임 초등우정팀 지음 | 268쪽 | 값 15,000원

학교자율운영 2.0
김용 지음 | 240쪽 | 값 15,000원

학교자치를 부탁해
유우석 외 지음 | 252쪽 | 값 15,000원

국제이해교육 페다고지
강순원 외 지음 | 256쪽 | 값 15,000원

교사 전쟁
다나 골드스타인 지음 | 유성상 외 옮김 | 468쪽 | 값 23,000원

 인공지능 시대의 사회학적 상상력
홍승표 지음 | 260쪽 | 값 15,000원

 시민, 학교에 가다
최형규 지음 | 260쪽 | 값 15,000원

 학교를 살리는 회복적 생활교육
김민자·이순영·정선영 지음 | 256쪽 | 값 15,000원

 교사를 위한 교육학 강의
이형빈 지음 | 336쪽 | 값 17,000원

 새로운학교 학생을 날게 하다
새로운학교네트워크 총서 02 | 408쪽 | 값 20,000원

 세월호가 묻고 교육이 답하다
경기도교육연구원 지음 | 214쪽 | 값 13,000원

 미래교육, 어떻게 만들어갈 것인가?
송기상·김성천 지음 | 300쪽 | 값 16,000원
2019 세종도서 교양부문

 교육에 대한 오해
우문영 지음 | 224쪽 | 값 15,000원

 학교를 살리는 회복적 생활교육
김민자·이순영·정선영 지음 | 256쪽 | 값 15,000원

배움의 독립선언, 평생학습
정민승 지음 | 240쪽 | 값 15,000원

 선생님, 페미니즘이 뭐예요?
염경미 지음 | 280쪽 | 값 15,000원

 평화의 교육과정 섬김의 리더십
이준원·이형빈 지음 | 292쪽 | 값 16,000원

 수포자의 시대
김성수·이형빈 지음 | 252쪽 | 값 15,000원

 혁신학교와 실천적 교육과정
신은희 지음 | 236쪽 | 값 15,000원

 삶의 시간을 잇는 문화예술교육
고영직 지음 | 292쪽 | 값 16,000원

 혐오, 교실에 들어오다
이혜정 외 지음 | 232쪽 | 값 15,000원

 혁신교육지구와 마을교육공동체는 어떻게 만들어지는가?
김태정 지음 | 376쪽 | 값 18,000원

 선생님, 특성화고 자기소개서 어떻게 써요?
이지영 지음 | 322쪽 | 값 17,000원

 학생과 교사, 수업을 묻다
전용진 지음 | 344쪽 | 값 18,000원

혁신교육지구 현장을 가다
이용운 외 4인 지음 | 344쪽 | 값 18,000원

살림터 참교육 문예 시리즈 영혼이 있는 삶을 가르치는 온 선생님을 만나다!

 꽃보다 귀한 우리 아이는
조재도 지음 | 244쪽 | 값 12,000원

 성깔 있는 나무들
최은숙 지음 | 244쪽 | 값 12,000원

 아이들에게 세상을 배웠네
명혜정 지음 | 240쪽 | 값 12,000원

 밥상에서 세상으로
김흥숙 지음 | 280쪽 | 값 13,000원

 우물쭈물하다 끝난 교사 이야기
유기창 지음 | 380쪽 | 값 17,000원

 선생님이 먼저 때렸는데요
강병철 지음 | 248쪽 | 값 12,000원

 서울 여자, 시골 선생님 되다
조경선 지음 | 252쪽 | 값 12,000원

행복한 창의 교육
최창의 지음 | 328쪽 | 값 15,000원

 북유럽 교육 기행
정애경 외 14인 지음 | 288쪽 | 값 14,000원

 시험 시간에 웃은 건 처음이에요
조규선 지음 | 252쪽 | 값 15,000원

교과서 밖에서 만나는 역사 교실 상식이 통하는 살아 있는 역사를 만나다

전봉준과 동학농민혁명
조광환 지음 l 336쪽 l 값 15,000원

남도의 기억을 걷다
노성태 지음 l 344쪽 l 값 14,000원

응답하라 한국사 1·2
김은석 지음 l 356쪽·368쪽 l 각권 값 15,000원

즐거운 국사수업 32강
김남선 지음 l 280쪽 l 값 11,000원

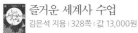
즐거운 세계사 수업
김은석 지음 l 328쪽 l 값 13,000원

강화도의 기억을 걷다
최보길 지음 l 276쪽 l 값 14,000원

광주의 기억을 걷다
노성태 지음 l 348쪽 l 값 15,000원

선생님도 궁금해하는 한국사의 비밀 20가지
김은석 지음 l 312쪽 l 값 15,000원

걸림돌
키르스텐 세룹-빌펠트 지음 l 문봉애 옮김
248쪽 l 값 13,000원

역사수업을 부탁해
열 사람의 한 걸음 지음 l 388쪽 l 값 18,000원

진실과 거짓, 인물 한국사
하성환 지음 l 400쪽 l 값 18,000원

우리 역사에서 사라진 근현대 인물 한국사
하성환 지음 l 296쪽 l 값 18,000원

꼬물꼬물 거꾸로 역사수업
역모자들 지음 l 436쪽 l 값 23,000원

즐거운 동아시아사 수업
김은석 지음 l 240쪽 l 값 15,000원

교과서 밖에서 배우는 역사 공부
정은교 지음 l 292쪽 l 값 14,000원

팔만대장경도 모르면 빨래판이다
전병철 지음 l 360쪽 l 값 16,000원

빨래판도 잘 보면 팔만대장경이다
전병철 지음 l 360쪽 l 값 16,000원

영화는 역사다
강성률 지음 l 288쪽 l 값 13,000원

친일 영화의 해부학
강성률 지음 l 264쪽 l 값 15,000원

한국 고대사의 비밀
김은석 지음 l 304쪽 l 값 13,000원

조선족 근현대 교육사
정미량 지음 l 320쪽 l 값 15,000원

다시 읽는 조선근대 교육의 사상과 운동
윤건차 지음 l 이명실·심성보 옮김 l 516쪽 l 값 25,000원

음악과 함께 떠나는 세계의 혁명 이야기
조광환 지음 l 292쪽 l 값 15,000원

논쟁으로 보는 일본 근대 교육의 역사
이명실 지음 l 324쪽 l 값 17,000원

다시, 독립의 기억을 걷다
노성태 지음 l 320쪽 l 값 16,000원

한국사 리뷰
김은석 지음 l 244쪽 l 값 15,000원

경남의 기억을 걷다
류형진 외 지음 l 564쪽 l 값 28,000원

더불어 사는 정의로운 세상을 여는 인문사회과학 사람의 존엄과 평등의 가치를 배운다

 밥상혁명
강양구·강이현 지음 | 298쪽 | 값 13,800원

 도덕 교과서 무엇이 문제인가?
김대용 지음 | 272쪽 | 값 14,000원

 자율주의와 진보교육
조엘 스프링 지음 | 심성보 옮김 | 320쪽 | 값 15,000원

 민주화 이후의 공동체 교육
심성보 지음 | 392쪽 | 값 15,000원
2009 문화체육관광부 우수학술도서

 갈등을 넘어 협력 사회로
이창언·오수길·유문종·신윤관 지음 | 280쪽 | 값 15,000원

 동양사상과 마음교육
정재걸 외 지음 | 356쪽 | 값 16,000원
2015 세종도서 학술부문

 교과서 밖에서 배우는 철학 공부
정은교 지음 | 280쪽 | 값 14,000원

 교과서 밖에서 배우는 사회 공부
정은교 지음 | 304쪽 | 값 15,000원

 교과서 밖에서 배우는 윤리 공부
정은교 지음 | 292쪽 | 값 15,000원

 한글 혁명
김슬옹 지음 | 388쪽 | 값 18,000원

 우리 안의 미래교육
정재걸 지음 | 484쪽 | 값 25,000원

 왜 그는 한국으로 돌아왔는가?
황선준 지음 | 364쪽 | 값 17,000원
2019세종도서교양부문

 공간, 문화, 정치의 생태학
현광일 지음 | 232쪽 | 값 15,000원

 인공지능 시대의 사회학적 상상력
홍승표 지음 | 260쪽 | 값 15,000원

동양사상과 인간 그리고 사회
이현지 지음 | 418쪽 | 값 21,000원

 좌우지간 인권이다
안경환 지음 | 288쪽 | 값 13,000원

 민주시민교육
심성보 지음 | 544쪽 | 값 25,000원

 민주시민을 위한 도덕교육
심성보 지음 | 500쪽 | 값 25,000원
2015 세종도서 학술부문

 교과서 밖에서 배우는 인문학 공부
정은교 지음 | 280쪽 | 값 13,000원

 오래된 미래교육
정재걸 지음 | 392쪽 | 값 18,000원

 대한민국 의료혁명
전국보건의료산업노동조합 엮음 | 548쪽 | 값 25,000원

 교과서 밖에서 배우는 고전 공부
정은교 지음 | 288쪽 | 값 14,000원

 전체 안의 전체 사고 속의 사고
김우창의 인문학을 읽다
현광일 지음 | 320쪽 | 값 15,000원

 카스트로, 종교를 말하다
피델 카스트로·프레이 베토 대담 | 조세종 옮김
420쪽 | 값 21,000원

 일제강점기 한국철학
이태우 지음 | 448쪽 | 값 25,000원

 한국 교육 제4의 길을 찾다
이길상 지음 | 400쪽 | 값 21,000원
2019세종도서학술부문

 마을교육공동체 생태적 의미와 실천
김용련 지음 | 256쪽 | 값 15,000원

● 평화샘 프로젝트 매뉴얼 시리즈 학교폭력에 대한 근본적인 예방과 대책을 찾는다

학교폭력 어떻게 만들어지는가
문재현 외 지음 | 300쪽 | 값 14,000원

아이들을 살리는 동네
문재현·신동명·김수동 지음 | 204쪽 | 값 10,000원

학교폭력, 멈춰!
문재현 외 지음 | 348쪽 | 값 15,000원

평화! 행복한 학교의 시작
문재현 외 지음 | 252쪽 | 값 12,000원

왕따, 이렇게 해결할 수 있다
문재현 외 지음 | 236쪽 | 값 12,000원

마을에 배움의 길이 있다
문재현 지음 | 208쪽 | 값 10,000원

젊은 부모를 위한 백만 년의 육아 슬기
문재현 지음 | 248쪽 | 값 13,000원

별자리, 인류의 이야기 주머니
문재현·문한운 외 지음 | 444쪽 | 값 20,000원

우리는 마을에 산다
유양우·신동명·김수동·문재현 지음 | 312쪽 | 값 15,000원

동생아, 우리 뭐 하고 놀까?
문재현 외 지음 | 280쪽 | 값 15,000원

누가, 학교폭력 해결을 가로막는가?
문재현 외 지음 | 312쪽 | 값 15,000원

● 남북이 하나 되는 두물머리 평화교육 분단 극복을 위한 치열한 배움과 실천을 만나다

10년 후 통일
정동영·지승호 지음 | 328쪽 | 값 15,000원

선생님, 통일이 뭐예요?
정경호 지음 | 252쪽 | 값 13,000원

분단시대의 통일교육
성래운 지음 | 428쪽 | 값 18,000원

김창환 교수의 DMZ 지리 이야기
김창환 지음 | 264쪽 | 값 15,000원

한반도 평화교육 어떻게 할 것인가
이기범 외 지음 | 252쪽 | 값 15,000원

● 창의적인 협력 수업을 지향하는 삶이 있는 국어 교실 우리말 글을 배우며 세상을 배운다

중학교 국어 수업 어떻게 할 것인가?
김미경 지음 | 340쪽 | 값 15,000원

토론의 숲에서 나를 만나다
명혜정 엮음 | 312쪽 | 값 15,000원

토닥토닥 토론해요
명혜정·이명선·조선미 엮음 | 288쪽 | 값 15,000원

인문학의 숲을 거니는 토론 수업
순천국어교사모임 엮음 | 308쪽 | 값 15,000원

어린이와 시
오인태 지음 | 192쪽 | 값 12,000원

수업, 슬로리딩과 함께
박경숙 외 지음 | 268쪽 | 값 15,000원

언어던
정은균 지음 | 268쪽 | 값 15,000원
2019 세종도서 교양부문

민촌 이기영 평전
이성렬 지음 | 508쪽 | 값 20,000원

감각의 갱신, 화장하는 인민
남북문학예술연구회 | 380쪽 | 값 19,000원

참된 삶과 교육에 관한
생각 줍기